图解经济学丛书

王则柯　主编

图解信息经济学

DIAGRAM

欧瑞秋　王则柯　著

中国人民大学出版社

本书力图运用图形方法讲述信息经济学的基本内容，所使用的图形，绝大部分是平面上的二维图形，也有极少数三维空间里的立体图形。我们希望通过这些图形分析，展开信息经济学的基本内容和基本思想，使读者学起来比较直观而有趣味，因为对于多数读者来说，图形总是比方程和演算来得亲切一些。

现代经济有时被一些人称为"信息经济（information economy）"。这种说法固然很不准确，却也不是无迹可寻：一方面，诸如计算机和互联网等信息技术的高速发展，使得人们可以迅速收集、分析和传输大量的信息；另一方面，信息在个人和企业的决策中越来越重要，大量的经济行为围绕着收集、处理和传播信息进行。可是，无论人们拥有多少信息，与他们想要知道的相比，通常还是会觉得少。也就是说，人们对信息的掌握，通常是感觉不足够的。为了获取更多的信息，人们需要支付成本，包括金钱、时间和精力等。人们对信息的掌握不仅是不完全的，而且往往是不对称的，不同的人拥有不同程度的信息。例如，汽车的卖主通常比买主更清楚汽车的毛病；工人通常比雇用他的企业更了解自己的长处和短处；借方往往比贷方更明白某些可能影响还款能力的突发事件等等。

经济学家很早就注意到，人们对信息掌握的不完全性和不对称性会对市场运作产生重大的影响。现代经济学之父亚当·斯密（Adam Smith，1723—1790），在他的名著《国富论》（*The Wealth of Nations*，1776）中写道：

必须注意，法定利息率虽应略高于最低市场利息率，但亦不应高得过多。比方说，如果英国的法定利息率规定为百分之八或百分之十，那么，就有大部分待借的货币被借到挥霍者和投机家手里去，因为只有他们这一类人愿意出这样高的利息。理性人只能以使用货币所获的利润的一部分作为使用货币的报酬，所以不会冒险和他们竞争。这样，一国的资本将有大部分不是用在有利的用途上，而是用在浪费和破坏资本的用途上。[1]

这种经济现象，其实就是我们后面将会谈到的"逆向选择"现象。可是在此后将近两百年的时间里，经济学家在建立经济模型时，一直不自觉地将整个讨论放在假设人们掌握完全信息的基础上。虽然这些经济模型揭示了经济学的许多基本原理，但它们的结论与现实世界时常存在一定的差距，有时甚至存在巨大的差距。

到了最近的三四十年，经济学家开始逐渐将信息因素引入到传统的经济模型中。他们的研究表明，与人们掌握完全信息的情形相比，人们对信息掌握的不完全性和不对称性，有时候会从根本上改变个人和企业的理性行为，以及相关市场的运行方式、均衡结果和企业的内部治理。经济学家的这些研究成果，弥补了传统经济模型的许多缺陷，缩小了经济学理论与现实世界的差距，并逐渐形成了经济学的一个重要分支——信息经济学（the economics of information）。

2007 年度诺贝尔经济学奖授予明尼苏达大学的莱昂尼德·赫维茨（Leonid Hurwicz）教授、美国普林斯顿高等研究院的埃里克·马斯金（Eric S. Maskin）教授，以及芝加哥大学的罗杰·迈尔森（Rojer Myerson）教授，表彰他们在创立和发展机制设计理论所作出的贡献。机制设计理论是信息经济学的重要内容。在此之前，2001 年度诺贝尔经济学奖授予美国的三位经济学家：美国伯克利加州大学的乔治·阿克洛夫（George A. Akerlof）教授、斯坦福大学的迈克尔·斯彭思（Michael Spence）教授和哥伦比亚大学的约瑟夫·斯蒂格利茨（Joseph Stiglitz）教授。他们是信息经济学的奠基人。1996 年度诺贝尔经济学奖，授予英国剑桥大学的詹姆斯·莫里斯（James A. Mirrlees）教授和美国哥伦比亚大学的威廉·维克瑞（William Vickrey）教授，表彰他们在信息经济学等领域的前驱性工作。如果追溯得远一些，更早获得经济学诺贝尔奖的肯尼思·阿罗（Kenneth J. Arrow）教授和乔治·斯蒂格勒（George J. Stigler）教授，对于信息经济学也有很大贡献。

本书不打算详细讲述信息经济学的所有内容，相反，我们将主要以 1996 年和 2001 年几位诺贝尔经济学奖获得者的一些经典论文为基础，集中精力在这些领域讲述若干重要的专题，包括二手车市场的"逆向选择"问题，保险市场的"逆向选择"问题和"道德风险"问题，教育的"信号示意"作用和"信号甄别"作用，委托—代理关系问题，以及拍卖理论，一共五个这样的专题。我们这样做，目的是希望广大读者能够通过有针对性的学习来掌握信息经济学的基本内容、基本思想和基本方法，为将来进一步学习信息经济学的前沿发展或者进行这方面的研究打好基础。

我们曾经说过，在经济学的最新发展中，信息经济学是比较容易入门的一个分支。了解信息经济学的一些最深刻的架构和最基础的方法，并不需要太多的预备知识。阅读过《信息经济学平话》（北京，北京大学出版社，2006）的读者不难形成这样的判断。但是我们也要指出，进一步深入学习并且运用信息经济学，不能够停留在《平话》的技术水平上。

《图解微观经济学》完成的时候，闻洁工作室和我们策划了图解经济学丛书，但是与《图解微观经济学》所对付的中级微观经济学相比，信息经济学毕竟是最新的发展，整个技术难度自然会增加，许多地方需要综合运用中级微观经济学的不同方法。所以，一方面我们努力从几何的角度进行信息经济学的演绎，很大地降低了信息经济学门槛的高度；另一方面这个门槛还是比中级微观经济学本身要高。这是需要预先跟读者讲清楚的。但是，只要你准备认真学习信息经济学的基本理论和方法，特别是准备在学术的意义上把握信息经济学，你就要努力跨过这个门槛。

这本书的初稿是欧瑞秋完成的，我也从中学到许多东西。我是欧瑞秋的老师，可以说是他进入信息经济学的引路人。但是现在，他沿着我强调的几何路线，已经走在我的前面。这是让人非常高兴的事情。

最后说明，图解经济学丛书计划原来包括《图解微观经济学》、《图解宏观经济学》、《图解信息经济学》和《图解经济博弈论》，现在前面三本已经在中国人民大学出版社出版，至于《图解经济博弈论》，是为经济学专业的教师和学生、以及非经济学专业读者而写，难度要大于目前市面上已出版的有关博弈论读本。要完成大体说得上能够反映博弈论全貌的《图解经济博弈论》，恐怕还需要相当长的时间。

我的电子信箱是 Lnswzk@mail. sysu. edu. cn，欧瑞秋的电子信箱是ou-qiu100@gmail. com，敬祈读者和专家继续帮助和批评。

王则柯

识于丁亥年

第 1 章

引　论

本章是全书的热身，主要介绍信息经济学的一些基本的概念、思想和预备知识，为后面的叙述做好铺垫。不过，对于微观经济学的许多概念、知识以及各种相关图形，大家已经熟悉，我们将直接使用，基本上不再进行讲解，顶多只作简单说明。读者如果对这些内容不了解，可以阅读我们编写的《图解微观经济学》或其他有关教材和读物。

本章具体安排如下：1.1 节阐释私有信息和信息不对称这两个重要的信息经济学概念。1.2 节初步讲述由信息不对称引发的两种常见的经济现象——逆向选择和道德风险。1.3 节专门解说利益是交易的前提。乍看起来，这一节似乎游离于全章之外，但是我们感到，如果不把微观经济学的这个专题说清楚，信息经济学的一些重要内容就无法展开，而多数微观经济学著作却对这个问题阐发不足。1.4 节介绍期望效用理论。在信息不对称的条件下，我们主要使用期望效用来刻画人们对满意程度的预期。1.5 节介绍博弈论的必要知识。事实上，博弈论的思想贯穿信息经济学讨论的始终，博弈论方法是信息经济学的重要工具。在最后一节，我们简单介绍两种基本的经济体制，并且大致交代本书后续章节的内容安排。

1.1　私有信息与信息不对称

所谓**信息**（information），归根结底是关于某些指定事实的一些消息。根据人们对所论信息的了解情况的不同，我们将信息分成公共信息和私有信息两类。如果一则信息为大家所共知，或者为所有有关的人所共知，这则信息就叫做**公共信息**（common information）；相反，如果一则信息只有一些人知道，而其他人不知道，那么相对而言，这则信息就叫做前者的**私有信息**（private information）。举例来说，如果我知道一些你不知道的东西，那么我之所知就是我"私自拥有"的私有信息。

一则信息要成为私有信息，基本前提是它本身具有隐蔽性。具体来说，私有信息一般只能被熟悉相关事实的人获取，而那些不熟悉相关事实的人则无法获取，或者很难获取。比如你驾驶自己的小轿车已经有一段时间，那么关于这辆小轿车是否省油、是否适合长途行驶等信息，往往是你的私有信息，其他人一时之间很难了解这些信息。相反，有关这辆小轿车的大小和颜色等信息，没有隐蔽性，一眼就可以看出来，因而不太可能成为你的私有信息。所以，我们又常常将私有信息称为**隐蔽信息**（hidden information）。对于不了解情况的人来说，别人的私有信息是他难以观察的信息，是隐藏起来的信息。

现代市场经济是法治条件下的契约经济，经济活动常常采取达成合同关系的形式进行。这里所说的**合同**（contract），泛指合同双方达成的关于经济活动具体如何进行以及双方相关责任与收益的协议（agreement），不仅包括法律约束力很强的正式协议（formal agreement），也包括法律约束力较弱的非正式协议（informal agreement）或隐含协议（implicit agreement）。合同的具体形式可以是书面的，也可以是口头的，甚至采用只是双方默契的形式。以你去商店买一样商品这样简单的经济活动为例，你与商店实际上已经成立了这样的合同：你按照商店确定的价格或者你与商店商定的价格付钱给商店，商店按照确定的规格和质量向你提供所需要的商品。虽然这个合同只是口头的合同，甚至是未曾明显意识的合同，但是合同关系已经成立，而且理应受到法律的保护。一句话，我们讨论的是法治条件下的契约经济，所有的合同都依法成立，受法律保护。

我们关心的私有信息，主要是与合同双方的利益相关的那些信息。如图1—1所示，依据相关事实发生在合同订立之前和之后，私有信息可以分成两类：一类是关于订立合同时的既存事实和历史的私有信息，体现某人某事的特点或特征，称为**隐蔽特征**（hidden character）；另一类指订立合同后发生的事实的隐蔽信息，主要是别人难以观察到的行为或活动，称为**隐蔽行为**（hidden action）。隐蔽特征和隐蔽行为没有绝对的界限，随着时间的转移，隐蔽行为可以变成隐蔽特征。举例来说，如果一个业主无法观察员工的工作情况，那么签订劳动合同时，员工将来在合同期间的工作活动就是员工的隐蔽行为，等到劳动合同结束之后，相关的信息便成了员工的隐蔽特征。我们区分隐蔽特征和隐蔽行为，主要是因为它们会引起不同的经济现象。不过，为了行文的简便，我们有时会笼统地把二者都概括为私有信息。这个时候，读者一般容易从上下文判断当时所谈的是隐蔽特征还是隐蔽行为。另外注意，为了照顾读者的语言习惯，有时候会把隐蔽特征叫做隐蔽信息。

图 1—1　隐蔽特征与隐蔽行为的区别

私有信息的存在导致了**信息（的）不对称**（information asymmetry）：合同的一方了解的情况比另一方要多。像天平称东西一样，把你掌握的关于某个事物的信息放在天平的一边，把对方掌握的关于同一事物的信息放在天平的另一边，一边"轻"一边"重"，就是所谓的信息不对称。

为了更加明确信息不对称的概念，我们谈谈所谓的一阶信息和二阶信息。如果一种信息是由另一种比较原始的信息综合起来得到的，就叫做**二阶信息**（second-order information），作为基础的那些比较原始的信息，称为**一阶信息**（first-order information）。因此你可以说二阶信息是由一阶信息统计得来的信息。像楼梯那样，"二阶"建筑在"一阶"之上。

一阶信息和二阶信息是相对而言的。在 2004 年雅典奥运会上，中国代表团一共获得 63 枚奖牌，包括 32 枚金牌、17 枚银牌和 14 枚铜牌，其中金牌有：刘翔的 110 米栏金牌、郭晶晶的 3 米板跳水金牌、中国女子排球队的女子排球金牌……这时候，我们可以将 32 枚金牌、17 枚银牌和 14 枚铜牌视为一阶信息，将 63 枚奖牌视为二阶信息，也可以把刘翔的 110 米栏金牌、郭晶晶的 3 米跳板金牌、中国女子排球队的女子排球金牌和其他项目的金牌看作一阶信息，把 32 枚金牌看作二阶信息。

照这么说，似乎可以有一阶信息（刘翔等人和女子排球队等队伍夺得金牌等）、二阶信息（中国代表团获得 32 枚金牌等）、三阶信息（中国代表团获得 63 枚奖牌），甚至四阶信息、五阶信息，等等。其实不然。经济学一般只讨论两个层次的信息，所以我们就讲到二阶信息为止。没有必要展开那么多层次，因为层次太多可能带来的概念上的麻烦，比我们可以得到的好处还多。

重要的是明确，从原理上说，二阶信息是一阶信息统计和提炼的结果：如果一阶信息清楚，二阶信息就一定会清楚。反过来，二阶信息清楚了，一阶信息不一定清楚。事实上，我们常常遇到二阶信息清楚，而一阶信息不清

楚的情况。比如有些人知道中国代表队在 2004 年雅典奥运会上获得 32 枚金牌，但具体到哪些运动员和队伍在哪些项目上获得金牌，就不一定十分清楚了。

以后分析具体的信息不对称问题时，我们将限于讨论两个层次的信息。讨论两个层次的信息，足以阐明信息经济学的许多重要原理和规律。这时候的信息不对称，就是指一方拥有一阶信息；另一方则只拥有二阶信息，不了解一阶信息。也就是说，我们多半假定二阶信息是双方的**公共知识（common knowledge）**，而一阶信息只是其中某一方的私有信息。如果双方都知道一阶信息，并且都清楚对方知道一阶信息，我们就说信息都是完全的，这种情况称为**完全（的）信息（complete information）**的情况。如果至少有一方只知道二阶信息而不知道一阶信息，我们就说信息是不完全的，这种情况称为**不完全（的）信息（incomplete information）**的情况。但是为了后面行文的方便，我们现在约定，以后谈到不完全信息都专指双方都只知道二阶信息而不知道一阶信息的情况。信息不对称指一方拥有完全信息；另一方拥有不完全信息，即双方拥有**不对称（的）信息（asymmetric information）**。双方拥有完全信息和双方拥有不完全信息的情况，都可以称为**信息对称（information symmetry）**，因为双方拥有相同的信息或对称（的）信息（symmetric information）。合同双方对相关信息的掌握情况，常常称为相关经济问题的**信息结构（information structure）**。按照我们的约定，不完全信息专指双方都只知道二阶信息而不知道一阶信息的情况，所以信息结构主要存在三种情况：信息不对称、完全信息和不完全信息。

在许多情况下，我们不必明确提及"一阶信息"和"二阶信息"这两个术语，但是读者容易从上下文判断哪些信息属于原始的一阶信息，哪些信息属于由原始信息综合得到的二阶信息。

1.2 道德风险与逆向选择

术语"**逆向选择（adverse selection）**"和"**道德风险（moral hazard）**"首先出现在研究保险市场的文献中，它们描述保险市场中的两种特定的经济现象。

设想一群人想买医疗保险或者人寿保险。其中一些人具有与生俱来的高风险，他们或者很容易得病，或者有家族病史，或者天生喜欢以比较危险的生活方式生活；而另外一些人则具有与生俱来的低风险，他们很少得病，家族寿命也比较长，而且很注意有规律的生活。在竞争性市场的条件下，如果保险公司知道投保人的风险信息，就会对高风险的投保人实行较高的保险费率，对低风险的投保人实行较低的保险费率。然而，投保人的风险信息常常是他自己的私有信息，保险公司很难获取。于是，高风险的投保人便可以利用自己的信息优势说谎，声称自己也是低风险的投保人，然后与低风险的投保人以同样的保险费率交纳保费。从道理上说，保险公司应该按照平均得病率或平均寿命来计算并确定保险费率。可是这样一来，低风险的投保人很可能会觉得保费过高而退出保险，剩下高风险的投保人留在在保险市场上。

这就是保险市场的逆向选择现象：由于是否具有高风险是当事人的私有信息，高风险的投保人就可能利用信息优势说谎，结果导致低风险的投保人退出市场。平常我们说的"选择"，是随着选择过程的进行，剩下来的人越来越少，同时也越来越好，越来越强，都是往好的方面选，而逆向选择恰恰相反，随着这种选择过程的进行，剩下来的人越来越少，但却越来越差，是往不好的方面"选"。本来，在完全信息的条件下，如果保险费率相同，保险公司会首先选择向低风险的投保人提供保险。但现在由于信息不对称，人们可以隐蔽其"坏"的特征，保险公司通过市场这么逆向选择"选择"出来的投保人，却是比较"不好"的高风险的投保人。

保险市场中的道德风险现象，则描述这样的情况：一旦人们办理保险，就会降低防范相关风险事故的努力程度，从而增加了保险公司赔付的风险。比如一个人购买了家庭财产保险，将不再像以前那样仔细地看管家中的财物。因为如果屋子失窃了或者着火了，他将获得保险公司的赔偿。作为极端的例子，有人甚至自己故意制造火灾来骗取保费。投保人之所以会这样做，是因为他们预料保险公司观察不到他们的相关行为。

一般来说，保险合同会规定或者至少隐含规定，投保人具有防范相关风险事故的责任和义务。但是，有时投保人为了自己方便或者为了骗取保费，没有承担自己的责任和履行自己的义务，从而导致保险公司蒙受额外的损失。这样的行为被认为是不道德的，因而我们说保险公司要面临道德风险，也把这种经济现象称为道德风险。

如上所述，保险行业引发逆向选择和道德风险的直接原因，主要是投保人对保险公司进行欺骗。高风险的投保人在自己的风险信息上撒谎，结果引发了逆向选择。投保人不遵守合同中的承诺，对于自己将来的行为撒谎，结果引发了道德风险。

说到欺骗，人们通常都很讨厌。的确，"欺骗"是个贬义词。不过因为经济学不直接讨论伦理道德问题，所以我们建议读者在这些话题的前面，尽可能避免先入为主的道德谴责。有道是"兵不厌诈"，这个"诈"字也是欺骗。同样，基于"诈"字的"空城计"和"声东击西"，你说是褒还是贬？况且，如果把善意的谎言和欺骗也算进来的话，可以说世界上绝大多数人，都曾经有过说谎或欺骗的行为。

建议避免先入为主的道德谴责，不等于不关心道德问题。大家知道，经济学论题依"是不是"的讨论和"该不该"的讨论，分为**实证经济学**（positive economics）问题和**规范经济学**（normative economics）问题。经济学通常是在把"是不是"的实证经济学问题分析清楚以后，才讨论"该不该"的规范经济学问题。比起随后的规范讨论，前面的实证分析更加要紧，因为它能够揭示经济运行的规律。

所以，我们更加关心这样的问题：什么因素导致欺骗行为发生？答案是：信息不对称和利益驱动。信息不对称，是欺骗得逞的基本前提。如果保险公司事先知道投保人的风险信息，高风险的投保人就无法说谎。同样，如果保险公司能够观察到投保人的相关行为，就可以监督投保人履行合同。但是，如果投保人违反合同的行为在法律上是不可证实的（unverifiable），那么即使能够观察到投保人的相关行为，投保人仍然有可能不遵守合同。因为按照"无罪推定"中的"疑罪无从"原则，投保人可以"逍遥法外"，不受惩罚。这时候的信息不对称，是指仲裁方不了解当事人的情况，无法裁断当事人的行为。类似地，如果经理无法观察员工的工作活动，员工们就可能偷懒少干活。

不过，信息不对称不一定会引发欺骗行为。只有存在获利的可能性时，人们才有进行欺骗的动机。比如你昨天喝了几杯水是你的私有信息，但是你一般不会刻意在这样的事情上撒谎，因为你不能从中获得什么好处。相反，如果某君喝了一点儿酒，酒后驾驶闯了祸被警察抓住，这时候是否能够隐藏他喝过酒的事实，对他的利益关系很大，他就可能隐瞒开车前喝过酒的事实。所以警察要使用测酒器。在这个例子中，我们特别强调喝了"一点儿"酒，这"一点儿"的分量，界定在既违规又不容易"视诊"出来的程度。如果那"一点儿"本身并不违规，他就没有必要说谎。如果不是喝了"一点儿"而是喝得醉醺醺，同样也没有必要撒谎，因为撒谎也没有用。如果喝得醉醺醺，那么就是否喝酒这个具体问题来说，这时候已经不存在信息不对称。

总而言之，在信息不对称的条件下，如果有利益的驱动，拥有信息优势的一方就很可能会利用信息优势进行欺骗。

理性主体人在交易活动中为了自己的利益的最大化而进行欺骗，用经济学的术语说就是一种**机会主义**（opportunism）的行为。按照是在合同订立前说谎还是在合同订立后不遵守合同的界线，机会主义可以划分为**合同前（的）机会主义**（pre-contractual opportunism）和**合同后（的）机会主义**（post-contractual opportunism）。合同前机会主义是利用隐蔽信息进行欺骗，提供虚假的信息，用俗话说就是说谎（lying）；合同后机会主义是利用隐蔽行为进行欺骗，不遵守承诺（commitment），用俗话说就是欺诈（cheating）。

回到本节的主题，起源于保险市场的术语"逆向选择"和"道德风险"，现在泛指两种具有具体特征的经济现象。逆向选择指这样的经济现象：在交易活动中，拥有信息优势的一方为最大化自身的利益而说谎，结果导致"不好"的交易商品将"好"的交易商品"驱逐"出市场。举例来说，在二手商品市场上，商品的质量状况是卖者的私有信息，所以所有的商品只好都以相同的"平均"水平价格出售，结果导致质量较好的商品退出市场。在劳动力市场上，工作能力是求职者的私人信息，由于不掌握求职者能力的一阶信息，企业只能付给所有工人相同的"平均"水平工资，最终导致工作能力较强的求职者退出市场。

道德风险则指在存在隐蔽行为的情况下，合同中拥有信息优势的一方为追求自身的利益，不遵守合同中的承诺，欺诈合同的另一方，致使后者蒙受损失。例如现代公司管理中的**"委托—代理"**（principal-agent）问题：股东委托经理管理公司，但股东很难观察到经理的行为，于是经理追求的往往不是合同规定的股东利益最大化，而是他自己的利益最大化。这里，股东是**委托人**（principal），经理是**代理人**（agent）。

有时候，同一个市场还会同时出现逆向选择和道德风险两种现象。比如在保险市场上，保险公司常常要同时面临投保前的逆向选择问题和投保后的道德风险问题。又比如在经理市场上，股东同样面临签约前的逆向选择问题和签约后的道德风险问题。

概念上非常清楚，逆向选择是由合同前机会主义引起的，道德风险是由合同后机会主义引起的。

逆向选择和道德风险的经济模型通常假设人们不会永远受骗。意思是如果有人老是欺骗你，他可以骗你一次、两次，但最终你会明白和他的交往是不可信的。这个假设实际是古语"可愚人一时，不可愚人一世"的现代经济学版本。

在逆向选择的经济模型中，这个假设是**理性预期**（rational expectation）的另一种说法。尽管在个别具体的情况下，人们的判断会出错，但就大量事件统计的社会平均情况而言，人们总是能够做出比较准确的判断。基于这样的假设，在人群中存在骗子这一事实的后果，是最终降低了人们的社会交往中信息的真实性方面的质量，使得人们不敢轻易相信别人。所以，谎言的最后结果，并不是能够系统地一直愚弄他人，而是减弱了或破坏了传递私有信息的社会机制的有效性，使人们不敢互相信任。试想，明明是好东西拿出来卖，但是因为你说它好，反而引起别人怀疑，交易没有做成；明明是看到他的电器或设备有隐患想帮他修好，但是因为你显得热心，同样引起别人怀疑，本来是互利的交易也没有做成。这样的情况不是很多吗？最终，无论是掌握信息的一方，还是缺乏信息的一方，都因为信息沟通的成本剧增而遭受损失。归根结底，谎言使整个社会遭受损失。

类似的分析适用于道德风险的经济模型。你可能永远也不会发现自己在某个具体的时候和场景中受过骗，但经验、惯常的观察和常识将告诉你，欺骗在什么时候可能会发生。结果，我们必须假设人们意识到了危险的存在，并且具有警惕其他人会为了他们自己的利益而欺骗的自我防卫意识。例如到自由市场上去买东西，或者请人给你即将入住的新居装修时，也许你并不需要观察到实际的欺骗行为，但是只要你明白其他人如果欺骗得逞就会得到好处，你就会意识到要警惕这些人弄虚作假。于是，人们便倾向于寻找办法保护自己，尽可能地减少受骗的可能性。这样做的结果只能是交易各方都会因此而受损失。

总的来说，谎言和欺骗的最后结果，都是破坏互利的交易，导致市场萎缩甚至瓦解。

1.3 利益是交易的前提

大家知道，交易是互利的行为。对你有好处，对他也有好处，交易就做成了。本来，交易利益是交易的前提，可是对于这一点，人们有时候并不那么清醒。

何以见得？这只要看老太太买东西常常唠叨"又吃了亏"就知道了。

买东西是自愿的行为。如果你觉得吃亏，不买就是了。一方面唠叨吃亏；另一方面却还是要买，那不是口是心非是什么？没有人强迫你买呀。真的觉得吃亏，不掏钱就是了，为什么自愿掏钱买亏吃？

不过，我们也不要过多责备老太太，更不要讥笑老太太。如果说老太太口是心非，那是不自觉的口是心非，因为她不明白。虽然她并不吃亏，但是她真的觉得自己吃亏。她的感觉是失真的，但是她的话语却是她的感觉的忠实反映。值得注意的是，饱受经济学教育的学子和学者，也会犯老太太这样的糊涂。事实上，虽然我们的经济学教育也孤立地讲了交易利益，但是在融会贯通方面做得很差，以至于常常自觉或者不自觉否定了这样一个重要的事实：交易利益是交易的前提。

因为交易是自愿的，我们可以建立下面这样的命题：

命题 在交易的当时，交易各方都不会真的吃亏。

证明 若不然，只要有一方真的吃亏，他就没有道理参与和实施这笔交易。

这是很简单的反证法的证明。

既然交易一定是互利的，为什么却有那么多人感觉因为交易而吃亏了呢？这可能是两个因素在作怪：一是人们混淆了事实需求和心理期望；二是人们混淆了当时需求和事后检讨。

关于事实需求和心理期望，要注意人们是否有吃亏的感觉，有两个层次，一个是事实上是否吃亏；一个是心理上是否吃亏。

举例来说，你到一个生疏的地方旅游或者探险，渴得不得了。这时候你遇到一个卖瓶装水的小贩，一瓶 350 毫升的纯净水卖 5 元钱。这种瓶装水你很熟悉，往常在你知道的一些超市，撑死了也就卖 1 元，想不到现在居然卖 5 元。"这小贩可真黑！"虽然你心里这么想，可是眼下你嗓子冒烟，渴得不得了。救命要紧，5 元就 5 元，咬咬牙，你还是买了。

整个过程，是一番紧张的权衡取舍：5 元钱留在兜里好，还是拿出去换来一瓶纯净水好？反复权衡取舍的结果，最后你掏钱了。不管你心里怎么感觉，掏钱的行为说明你认为 5 元钱买一瓶水值，因为这是你权衡取舍的结果。可见，你事实上并不吃亏。

买了纯净水，你咕噜咕噜就灌了下去。久旱逢甘雨，你痛快极了，仿佛从来没有喝到过这么甘甜的纯净水似的。

那么，为什么你内心却还是愤愤不平念叨被宰了呢？这就是心理因素在作怪了。前面说了，你感觉好像从来没有喝到过这么甘甜的纯净水。本来，这应该是你那 5 元"大价钱"的心理补偿，可惜你算不过这个账来。买东西谁不想便宜？最理想的情况，是有人知道你要到这里来"巡视"，老远把瓶装水替你运到这个地方来，等候你口渴的时候光顾，而且价钱还像城里的超市一样，1 元钱 1 瓶。可是你想想，谁会做这样辛苦赚吆喝的生意？——除非他对你另有所求。不过，那将是他宁愿现在吃小亏要在将来占你大便宜的营销策略了。那是钓鱼放出的鱼饵，不是独自完整的交易。

所以，经济学家更加注视人们的行为而不是人们的言辞。

把故事接着讲下去：掏出 5 元钱买了一瓶纯净水，你咕噜咕噜就灌了下去。你不是在旅游吗，你不是还要走下去吗？想不到往前没走几步，刚拐了个角，你就看到一个小卖部，同样的纯净水在那里只卖 3 元钱一瓶。这下你真的火了："被那个家伙坑了，我真是亏得紧！"

可不是？再走两步就可以买到 3 元钱一瓶的纯净水，你却买了 5 元钱一瓶的，真的很亏。可是，这仍然没有违反我们的上述命题，因为命题强调"在交易的当时"，交易各方都不会真的吃亏。

讨论人们的经济行为，不可不注意其中的信息要素。在你嗓子冒烟，渴得不得了，并且不知道旁边不远就有价钱合理得多的店铺的时候，权衡取舍的结果，你自愿掏出 5 元钱买下小贩的一瓶纯净水。这里，你不知道旁边不远就有价钱合理得多的店铺这一信息因素，至关重要。当信息因素变化的时候，人们的以货币表达的需求也要变化（股票市场是突出的例子）。事实上，

如果你知道旁边不远有便宜许多的店铺，哪怕你嗓子已经冒烟，渴得不得了，但是再熬半分钟，你是熬得起的，从而你不会买5元钱一瓶的纯净水。可惜你先前决策买下那瓶纯净水的时候，你并不掌握旁边不远有便宜许多的店铺这一信息。

信息结构变了，一切都可能变化。谈生意为什么要讲究签订合同？就是为了防止因为信息结构变化和其他变化而变卦。

实际经济生活中，岂止在交易的当时交易各方都不会真的吃亏，而且在交易的当时通常各方都得到**交易利益**（trade benefit）。这也是一个可以证明的命题，同样可以用反证法证明：如果没有交易利益，人们没有道理参与交易。

回到我们的故事来。当你和那个小贩交易的时候，你已经渴得不得了，如果不是遇上这个出价5元钱的小贩，而是遇上暂时没有竞争对手的一个开价6元钱的小贩，甚至遇上开价8元钱的小贩，可能也会买，因为你不是守财奴，不至于因为不愿意被宰，就宁可渴死。好了，据此我们可以知道，这时候你对于一瓶纯净水的**保留价格**（reservation price）至少是8元钱。为简单起见，就算是8元钱吧。

反过来，那个利用信息优势欺负你的小贩，他把那么些瓶装水老远运来，也不容易。购水成本加上运费和辛苦，合起来每瓶水的经济成本姑且算是2元钱吧。这样我们就知道，小贩出售瓶装水的保留价格，是2元钱。只要售价在这个保留价格上面，小贩做的就是盈利的生意。

这里注意，**经济成本**（economic cost）不是**会计成本**（accounting cost），经济成本通常比会计成本高，要把自己劳动的辛苦费等等加上去。还要注意，买方的保留价格，是指他为了买这个商品顶多愿意支付多少钱；而卖方的保留价格，是指你至少给我这么多钱我才肯把商品卖给你。简单说来，交易价格在卖方的保留价格上面，卖方就赚钱；交易价格在买方的保留价格下面，买方就买得值。

现在，买方的保留价格是8元钱，卖方的保留价格是2元钱。那么，如果他们交易成功一瓶纯净水，他们就共同实现了8－2＝6元钱的交易利益。

至于这总数6元钱的交易利益在买卖双方之间如何分割，那就要看具体的交易价格了。现在是以5元钱的价格成交，那么小贩得到5－2＝3元钱的交易利益，你得到8－5＝3元钱的交易利益。如果小贩再狠一点要价6元钱，你不知道旁边不远还有地方可以买到纯净水，只好接受这个价格成交，那么总数6元钱的交易利益将按照小贩得6－2＝4元钱、你得8－6＝2元钱来分割。

总起来说，交易利益等于买方的保留价格减去卖方的保留价格。至于交易利益如何在买卖双方之间分割，则取决于具体的成交价格。具体的成交价格由市场决定。这里注意，只由一个卖方和一个买方组成的市场，应该说是最小的市场。不过人们常常不把这种只有一个买方和一个卖方的情况看做是一个市场，而是说"没有市场"。如果我们接受这样的说法，那么在没有市场的情况下，具体的成交价格，由买卖双方的讨价还价决定。整个过程，是双方讨价还价能力的角力。信息因素，自然是讨价还价能力的组成部分。如果你知道旁边不远就有价钱公道得多的铺子，你的讨价还价力量将大大提升。但是还有别的一些重要因素会影响讨价还价能力。

经济学讲究买卖双方对交易标的物的**评价**（valuation），即交易标的物对于买卖双方各值多少。

但是，一样东西或者一件商品对于交易当事人值多少钱，是当事人的私有信息。我们说人们对于同一标的物的评价是私有信息，包含两层意思：首先，对于同一标的物的评价，因人而异，非常个性化。你渴得嗓子冒烟，愿意出最高 8 元钱的价格买一瓶纯净水；另外一个游客有备而来，饮用水原来就带得比较多，不那么渴，如果有 2 元钱一瓶的纯净水，他乐意补充一些，超过这个价位，他就不接受。在这个例子里面，对于同样一瓶纯净水，你的评价是 8 元钱，他的评价是 2 元钱，很不相同。

我们说人们对于同一标的物的不同评价是私有信息的另一层意思，则是他们不肯轻易把自己的评价说出来。经常有这样的情况：小贩其实赚得很开心，嘴里却说"亏了亏了，亏本卖给你了"，就是这个道理。反过来，设想你在跳蚤市场看中了一件小玩意儿，如果你让卖方知道你对这件小玩意儿喜欢得不得了，即你对这件东西评价很高，那么你是讨不到好价钱的。事实上，出于追求更大交易利益的考虑，买卖双方都有隐蔽自己对于交易标的物的真实评价的动机。

人们对于商品的评价，就像人们消费一件商品所获得的"效用"即满意程度一样，具有主观心理特征，难以给予客观的度量。但是我们在前面说过，在经济学家眼里，人们是以他们的行动而不是以他们的言辞说话，所以经济学把买卖各方对于作为交易标的物的商品的保留价格，看做是他们对于商品的评价。撇开保留价格作为私有信息的隐蔽性，保留价格至少在理论上具有可度量性。

这样，设 x 为交易标的物，记卖方对交易标的物的评价为 $v_s(x)$，买方对交易标的物的评价为 $v_b(x)$，这里下标 s 和 b 分别是英文卖者（seller）和买者（buyer）的头一个字母，那么，双方就标的物 v 达成交易的前提条件是：

$$v_b(x) > v_s(x) \tag{1—1}$$

或者：

$$v_b(x) = tv_s(x), t > 1 \tag{1—2}$$

而买卖双方交易这件标的物所实现的交易利益是 $v_b(x)-v_s(x)$。

现在，我们讨论交易利益如何在买卖双方之间分割的问题。

对于一种商品，"潜在的买者愿意按照他的保留价格 P^* 购买数量为 Q^* 的商品"这一事实，可以在"数量—价格" $Q-P$ 平面上表示为一条具有一个下行阶梯的折线：折线沿 P 轴从上面走下来，在 $P=P^*$ 的位置向右水平行走 Q^* 的距离，然后垂直下行到达 Q 轴结束。这条下行一个阶梯的"曲线"，就是这位潜在的买者个人的需求曲线。同样，"潜在的卖者愿意按照他的保留价格 P^* 出售数量为 Q^* 的商品"这一事实，可以在"数量—价格" QP 平面上表示为一条具有一个上行阶梯的折线：折线沿 P 轴从下面走上来，在 $P=P^*$ 的位置向右水平行走 Q^* 的距离，然后一直垂直上行。这条上行一个阶梯的"曲线"，就是这位潜在的卖者个人的供应曲线。这是大家在微观经济学课程中已经熟悉的事情。

在对于一种商品"存在市场"的情况，即对于一种商品具有众多买者和众多卖者的情况下，这种商品的市场需求曲线，由众多潜在的买者的个人的需求曲线水平相加而得，而这种商品的市场供应曲线，则由众多潜在的卖者的个人的供应曲线水平相加而得。商品的市场需求曲线和市场供应曲线相交或者重合的位置，决定该商品的交易价格和成交数量。这也是我们在微观经济学中熟悉的事情。上行下行两条阶梯曲线未必相交于一个点，可能重合于一条线段。在这两条阶梯曲线重合于一条线段的时候，如果这条线段垂直，那么两条曲线的重合部位决定的不是一个交易价格而是一个价格范围；如果这条线段水平，那么两条曲线的重合部位决定的不是一个成交数量，而是一个成交数量范围。

在"存在市场"的具有众多买者和众多卖者的条件下，众多卖者所分享的交易利益的总和，就是微观经济学所说的**生产者剩余**（producers' surplus），众多买者所分享的交易利益的总和，就是微观经济学所说的**消费者剩余**（consumers' surplus）。

在微观经济学里面我们已经熟悉，在竞争的情况下，对于一种商品的单一市场，供给曲线 S 和需求曲线 D 的交点决定商品的交易价格 P^* 和成交数量。有了这个市场价格，买卖双方不必每次再讨价还价，实际上由于竞争，进一步的讨价还价已经没有意义。

虽然上述同质商品的市场价格 P^* 是划一的，但是参与这个市场的众多买者和众多卖者的保留价格并不一样。实际上，正是由于众多市场交易参与人的保留价格不一样，最后才合成一条下降的需求曲线和一条上升的供给曲线。这样，由于各人的保留价格不同，他们分享的交易利益也不相同。对于保留价格远远高于市场价格的买者，他分享的交易利益就很多，因为他原本愿意出很高的价钱买这种商品，但是现在只需付低得多的市场价格；相反，对于保留价格刚刚高于市场价格的买者，他分享的交易利益就很少，因为他原来就只愿意出差不多的价钱买这种商品，现在没有得到多少好处。同样，对于保留价格远远低于市场价格的卖者，他分享的交易利益很多，因为他原本很低的价钱也愿意接受，所幸市场价格那么高；相反，对于保留价格略低于市场价格的卖者，他分享的交易利益就很少。

具体来说，对于保留价格是 $v_b(x)$ 的买者，因为最坏的情况他愿意出 $v_b(x)$ 这个价钱，但是现在托市场的福他只需付 P^* 这个价钱，从而他享受的交易利益是 $v_b(x) - P^*$；对于保留价格是 $v_s(x)$ 的卖者，因为最坏的情况他愿意接受 $v_s(x)$ 这个价钱，但是现在托市场的福他实现了 P^* 这个价钱，从而他享受的交易利益是 $P^* - v_s(x)$。如图 1—2 所示，许许多多这样的卖者享受到的交易利益和买者享受到的交易利益，合成纵轴和供求曲线围成的表征总的交易利益的曲边三角形。这个三角形被表征市场价格的水平线分割成上下两个曲边三角形，上面的三角形给出总的消费者剩余，下面的三角形给出总的生产者剩余。

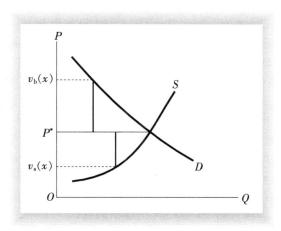

图 1—2　交易利益与市场得益

基于以上讨论，我们觉得"消费者剩余"和"生产者剩余"翻译得并不准确。我们建议把 consumers' surplus 和 producers' surplus 意译为**消费者市场得益**和**生产者市场得益**。有了市场，买方和卖方不但不必花费那么大力气搜寻对方，而且节省了许多讨价还价的功夫。买方和卖方都得益于市场。这样翻译，还因为英文 surplus 本身在经济学的另一个场合表示过剩，与表示短缺的 shortage 相对。

在演示交易利益与市场得益的供求曲线分析图中，条形 $v_b(x) - P^*$ 表示一个买者因为在市场上购买一件商品所实现的市场得益，条形 $P^* - v_s(x)$ 表示一个卖者因为在市场上出售一件商品所实现的市场得益。我们特意把这两个条形画得错开。请读者仔细琢磨错开的含义。

如果"没有市场",买卖双方要想相互发现配起对来,并不容易。开放集市贸易就是提供相互发现的机会的重要制度设置。就算好不容易实现了相互发现,也只是甲知道了乙想卖,乙知道了甲想买,接下去的讨价还价,通常更加艰苦。虽然买卖双方都希望交易成功,以实现交易利益,但是双方都想得个好价钱,希望自己分享的交易利益大一些。事实上,双方固然都希望达成交易以便实现交易利益,但是对于交易价格的"好"、"坏",双方却处于利益对立的位置:买方希望成交价越低越好,卖方希望成交价越高越好。

在一对一交易的情况,交易利益的分割,取决于双方的讨价还价能力。这一点我们以后会谈。讨价还价能力的构成十分复杂,例如,有时候忍耐力就是讨价还价能力的重要组成部分。

想象两家农户组成一个偏僻的小村落。现在两家的经济都不同程度地发展了,急需改善与外界的交通。这需要两家合伙投资。可是投资如何分摊,就是很大的问题。如果两家的关系比较疏远并且都想自己少出点钱,那么忍耐力比较强的一家通常占便宜。再想象大热天一个卖鱼虾的小贩和一个顾客讨价还价,眼看再也没有其他顾客,小贩的忍耐力就非常薄弱。他只得接受比较低的价格,不然鱼虾热死的话,他的损失将更加惨重。这里要十分注意,即使小贩的鱼虾卖得比进货价格还低,在交易的当时,他仍然多少是获得一些交易利益的,因为这时候鱼虾已经不那么鲜活了,鱼虾已经贬值。如果他嫌成交价格低不肯出售,到头来可能血本无归。

至此我们应该已经清楚,人们不会在交易的当时真的吃亏,因为交易利益的存在是交易实现的前提。但是为什么人们还是常常对于不"如意"的交易耿耿于怀,认为自己吃亏呢?这主要是因为利益预期太高,但是实际实现的没有这么高,包括自己的东西已经贬值,却还想卖个好价钱的情况。在本节的结尾,我们将专门讨论这个问题。

我们还是集注于一对一交易的情形,但是不再限于交易一种商品,而是两个主体人一对一同时交易多种商品。从微观经济学的学习中我们已经知道,多商品的情形的讨论,常常可以简化为二商品情形的讨论。二商品情形讨论的结果,具有很好的一般性。

考虑主体人 A 和主体人 B 交换 x 和 y 两种商品,如图1—3中的艾奇沃斯盒(Edgeworth box)所示,在初始时刻,A 对商品 x 和 y 的持有量是 X_A 和 Y_A,B 对商品 x 和 y 的持有量是 X_B 和 Y_B。这样,商品 x 和 y 的总量是 $X = X_A + X_B$ 和 $Y = Y_A + Y_B$。

艾奇沃斯盒分析,是读者在学习微观经济学时已经熟悉的分析方法。在艾奇沃斯盒中,通过表征两位主体人 A 和 B 对商品 x 和 y 的存量的初始持有

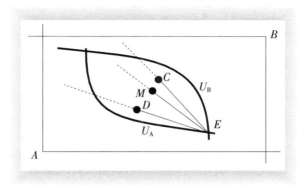

图1—3 互利大局下的利益冲突

点 E，主体人 A 的无差异曲线 U_A 和主体人 B 的无差异曲线 U_B 围成一个纺锤形的**交易互利区域**（region of mutual advantages）。对于两位主体人来说，互利区域里面的任何一点，都表示效用（即各自满意程度）比初始持有点 E 高的一种资源配置，并且这种配置可以通过交换而实现。在这个艾奇沃斯盒中，我们知道主体人 A 的效用沿右上方向上升，主体人 B 的效用沿左下方向上升。由此可知，如果通过交易从 E 走到互利区域里面的任何一点，双方的效用都将得到提高。这也按艾奇沃斯盒分析的方式再次验证了我们前面讲的交易互利的命题。

上述艾奇沃斯分析，深刻说明了人们的交易吃亏心理的根源：不是真的因为交易吃亏，而是比起期望来说得益不足，嫌好处还不够多。主体人 A 期望通过交易到达 C 的位置，实际上只到达 M 的位置；主体人 B 期望通过交易实现 D 的资源配置，实际上实现的却是 M 的资源配置。所以，虽然他们都在交易中得到好处，但是他们可能还是非常不满意。

可见，交易吃亏心理来自不能够分享更多交易利益的感觉。因为觉得分享交易利益少了，就觉得吃亏，就觉得不公平。

经济学非常讲究公平，但公平本身却是经济学上最难把握的概念。幸好，对上述"艾奇沃斯交换"的情形，经济学家有比较一致的看法，认为公平指的是这样一种"竞争均衡"：想象一位"拍卖师"或者"公证人"尝试地向两位主体人提出两种商品 x 和 y 的一个比价，按照这个比价，两位主体人各自盘算拿多少商品 x 换对方的商品 y 或者拿多少商品 y 换对方的商品 x，一直尝试到 A 愿意交换出去的商品 x 的数量和 B 愿意交换进来的商品 x 的数量相等，或者 A 愿意交换进来的商品 x 的数量和 B 愿意交换出去的商品 x 的数量相等，A、B 双方就按照这个"竞争均衡"价格交换，实现这个"纯交换经济"的竞争均衡。

如图1—4，这个竞争均衡是可以在艾奇沃斯盒内实现的：大家知道，通过初始持有点 E 的每一条直线，表示商品 x 和 y 的一个比价。准确地说来，通过初始持有点 E 的每一条直线的斜率，表示商品 x 和 y 的一个比价。按照任何比价进行的交换，是"资源配置"沿着相应的直线运动的过程，双方都力图沿着表征比价的直线运动到自己效用尽可能高的位置。如果"拍卖人"或者"公证人"给出的是上述"竞争均衡"的比价，那么双方按照各自的盘算沿着这条直线运动，最后到达的对于各自来说效用最高的位置，将正好重合。

明白了这一点，就知道上述竞争均衡最终可以由两位主体人的**提供曲线**（offer curve）F_A 和 F_B 的交点确定，交点就是竞争均衡点。主体人的提供曲线，是通过初始持有点 E 的每一条直线和该主体人的无差异曲线的切点的轨迹（作为微观经济学的一个练习，请描出图"互利大局下的利益冲突"，并且尝试按照这里提供曲线的定义，把两位主体人的提供曲线画出来）。在下面的艾奇沃斯盒中，主体人 A 的提供曲线是箭头指向右上方的曲线，主体人 B 的提供曲线是箭头指向左下方的曲线。两位主体人的提供曲线的交点 M，就是该纯交换经济的竞争均衡。

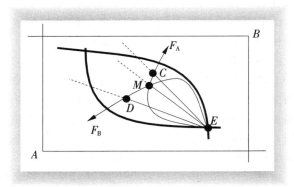

图1—4 艾奇沃斯交换的竞争均衡

前面说了，竞争均衡的情形，是想象为两位主体人听从"公证人"的价格尝试各自做效用最大化最后达到均衡的情形。如果不是某位"公证人"在主持"试价"，而是强势的一方决定价格，结果就不一样。例如，假设主体人 A 处于垄断的强势地位，理论上他可以在 B 的提供曲线上寻找自己效用最高的点，如图1—5 中 B 的提供曲线 F_B 和 A 的无差异曲线 U_A 的切点 C，按照从初始持有点 E 出发通过 C 的直线提出交换价格，让 B 处于要么接受要么拒绝的位置。这时候，因为只有接受或者拒绝这样两种选择，主体人 B 出于自身的利益，将接受主体人提出的垄断价格。结果，资源配置从原来的 E 走到 A

垄断下的均衡点 C。

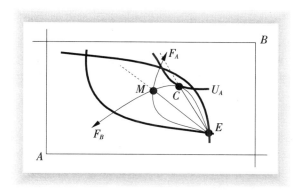

图 1—5 艾奇沃斯交换的垄断均衡

艾奇沃斯盒的垄断均衡,清楚地演示了交易仍然互利但是很不公平的情形。交易互利,说的是通过交易主体人 A 和主体人 B 的效用都得到提高,这从两位主体人的无差异曲线的情况可以看得很清楚;不公平,说的是因为主体人处于交易的强势位置,所以他分享了绝大部分交易利益。事实上,在图1—5 的情况中,主体人 A 处于垄断的交易位置。

当前世界的国际贸易中,发达国家常常处于强势位置。设想一个只有初级产品可以出口的国家 B 与一个拥有某种垄断技术的国家 A 进行贸易谈判,谈判内容主要就是国家 B 购买国家 A 的这种垄断技术产品。可以进一步假设国家 B 的初级产品并不享有垄断的地位,即其他国家也向国际市场供应这种初级产品。这时候,虽然还是一对一的谈判,但是双方的地位不对等:国家 B 有求于国家 A,但是反过来国家 A 并不一定要从国家 B 进口此种初级产品。

总起来说,利益是交易的前提,在理性人的条件之下,自愿的交易总是互利的。只是需要注意,虽然交易总是互利的,但是互利的交易未必公平。

1.4 期望效用理论

上一节谈到的交易利益,是确定性的收益和效用。但是在信息不完全或者信息不对称的条件下,交易双方在交易当时常常无法确定最终得到的收益或效用是多少。为了研究经济主体人在这种不确定性条件下如何进行决策,我们需要知道他们如何评价不确定情况下的收益或效用。

让我们从一个简单的抽奖例子说起。假设在一次抽奖活动中,可能的结果有 n 个,每个结果的奖金和出现的概率分别依次为 $X_1, X_2, \cdots, X_n$ 和 π_1,

π_2，$\cdots$，π_n。所以，在抽奖当时从一次抽奖中得到的奖金 X 是一个随机变量，它的期望值（expected value）是：

$$E(X) = \sum_{i=1}^{n} \pi_i X_i \qquad (1—3)$$

非常清楚，期望值 $E(X)$ 是各个可能奖金的加权平均值，权数是各个奖金出现的概率。所以，期望值 $E(X)$ 是一次抽奖的"平均"奖金——如果重复抽奖很多次，那么平均一次得到的奖金基本上都与 $E(X)$ 八九不离十。事实上从概率论的知识可以知道，当抽奖的次数趋于无穷时，平均奖金依概率收敛于 $E(X)$，即平均奖金等于 $E(X)$ 的概率为 1。

将上述例子一般化，我们就得到期望收益的概念。假设一个主体人面临的（未来的）收益 X 是一个随机变量，那么这个随机变量的期望值 $E(X)$ 就是主体人将要得到的"平均"收益，称为**期望收益**（expected revenue）或**平均收益**（average revenue）。为表述方便，我们约定，如果收益是一个随机变量，就称之为**不确定性收益**。[2]

无疑，期望收益是评价不确定性收益的一个重要指标。但它忽略了人们对不确定性或风险的偏好。考虑这样的公平赌博（fair bet）：张三和李四同意掷一次硬币，如果正面朝上，张三付给李四 1 元钱；反之，如果背面朝上，李四付给张三 1 元钱。张三和李四面临的情况是一样的，并且他们的期望收益都是 0，平均来说谁都没有占谁的便宜。按理说，人们不应该拒绝参加这种公平的赌博。事实上，如果赌金只是 1 元钱，还真有不少人愿意玩一玩，过过瘾。但是，如果赌金很大，大部分的人都将会拒绝参加，以回避可能出现的风险。

一个更加能够引起我们思考的例子，是瑞士的著名数学家丹尼尔·伯努利（Daniel Bernoulli，1700—1782）在 1738 年发表的、由其堂兄尼古拉斯·伯努利（Nicolas Bernoulli，1795—1726）在 1713 年提出的**圣彼得堡悖论**（St. Petersburg paradox）。这个悖论是一个赌博问题：赌博的参与人掷一个硬币，直到出现正面朝上为止。如果第 n 次掷硬币才第一次出现正面朝上，则参与人得到 2^{n-1} 美元。现在的问题是：人们愿意出多少钱来参加一次这样的赌博？

如果掷一次硬币出现正面的概率为 1/2，那么由概率论的知识可以知道，参与人在一次赌博中得到 2^{n-1} 美元的概率为 $1/2^n$，所以参与人从这个赌博中得到的期望收益为：

$$\sum_{n=1}^{\infty} (1/2^n) \times 2^{n-1} = 1/2 + 1/2 + \cdots + 1/2 + \cdots = \infty$$

等于无穷大！可是，现实生活中没有什么人愿意花很多钱去参加这个期望收益无穷大的赌博。也就是说，虽然该赌博产生的期望收益是无穷的，但人们对它的实际评价（愿意为参加赌博而支付的最高的价格）却是有限的。

对圣彼得堡悖论的思考，引导经济学家提出**期望效用理论**（expected utility theory）。具体来说，期望效用理论认为，人们并不直接关心得到多少钱，而是关心这些钱所带来的效用。相应的，人们直接关心的不是不确定性收益的期望值，而是由不确定性收益产生的不确定性效用的期望值。用数学的语言来说，如果主体人对确定性收益 x 的效用为 $u(x)$，那么主体人对不确定性收益 X 的效用就为 $E(u(X))$。$E(u(X))$ 称为 X 的**期望效用**（expected utility），常记为 $EU(X)$。将 X 看作自变量，$EU(X)$ 称为**期望效用函数**（expected utility function）。容易证明，如果不确定性收益 X 退化成确定性收益 x，则 $EU(X) = u(x)$，所以 $EU(X)$ 可以同时表示主体人对确定性收益和不确定性收益的效用。

期望效用理论很好地解答了圣彼得堡悖论。比如一个主体人对确定性收益的效用函数 $u(x) = \ln x$，那么这个主体人从一次上面描述的赌博中得到的期望效用为：

$$\sum_{n=1}^{\infty} (1/\,2^n) \times \ln 2^{n-1} = \ln 2$$

等于该主体人从 2 美元的确定性收入获得的效用。所以，这个主体人最多愿意花 2 美元来参加一次赌博。

直观上看，期望效用理论是相当合理的，但是否能站得住脚，却要接受理论上和实证上的双重考验。不过，我们不打算深入探讨这些问题；相反，我们要告诉读者，美国普林斯顿高等研究院（Institute for Advanced Study，Princeton，USA）的约翰·冯·诺伊曼（John Von Neumann）教授和奥斯卡·摩根斯顿（Oscar Morgenstern）教授已经证明了，期望效用理论可以从基本的"理性"行为公理中推导出来。所以，使用期望效用理论研究人们在不确定性环境中的决策，具有相当的合理性。更加重要的是，期望效用函数的形式非常简单，用它来研究相关的经济问题很方便。事实上，期望效用函数 $EU(X) = E(u(X))$，完全由确定性收益的效用函数 $u(x)$ 给出，$u(x)$ 已经包含主体人对不确定性收益的偏好的所有信息。为纪念冯诺伊曼和和摩根斯顿的贡献，经济学家将期望效用函数中的确定性收益的效用函数称为**冯诺伊曼—摩根斯顿效用函数**（Von Neumann-Morgenstern utility function）。

与期望收益相比，期望效用不仅能够刻画人们对不确定性或风险的偏好，而且非常巧妙地将这些信息嵌入到冯诺伊曼—摩根斯顿效用函数中去。所以，只要知道冯诺伊曼—摩根斯顿效用函数的性态，就可以知道主体人对风险的偏好情况。

从微观经济学我们知道，人们的风险偏好有三种：**风险厌恶**（risk aversion）、**风险喜好**（risk loving）和**风险中性**（risk neutral）。在期望收益相同的情况下，风险厌恶的人讨厌不确定性高的收益，风险喜好的人喜欢不确定性高的收益，风险中性的人觉得只要期望收益相等，收益的不确定性是高还是低都无所谓。具体来说，对于任意给定的不确定性收益 X 和确定性收益 $E(X)$，风险厌恶的人会偏好于后者，风险喜好的人则偏好于前者，而风险中性的人觉得两者无差异。将上述文字表达转化成数学语言，依次得到 $E(u(X)) < u(E(X))$，$E(u(X)) > u(E(X))$ 和 $E(u(X)) = u(E(X))$。据此可以进一步证明，风险厌恶的冯诺伊曼—摩根斯顿效用函数曲线凹向原点；风险喜好的冯诺伊曼—摩根斯顿效用函数曲线凸向原点；风险中性对应的冯诺伊曼—摩根斯顿效用函数曲线是一条射线。[3] 当然，三种情况的效用函数曲线都是向上倾斜的，因为收益越高，人们的效用就越高。图1—6画出了这三种不同的情况。在图1—6中，X 是有两种可能情况的不确定性收益，一种情况的收益是 X_1，另一种情况的收益是 X_2，而期望收益为 $E(X)$。通过对比 $EU(X)$ 和 $u(E(X))$ 的大小不难知道，左上方的图表示风险厌恶，右上方的图表示风险喜好，下方的图表示风险中性。

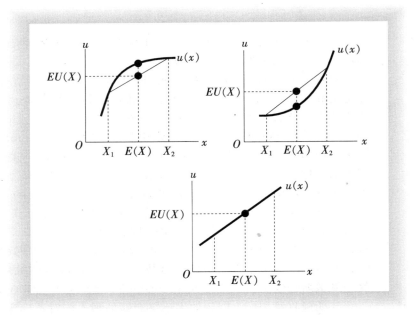

图1—6　风险偏好与冯诺伊曼—摩根斯顿效用函数

仔细观察图1—6我们还会发现，风险厌恶、风险喜好和风险中性分别对应（确定性）收益的边际效用递减、边际效用递增和边际效用不变三种不同的情况。以风险厌恶的情况为例，我们沿着效用函数曲线画一些底边相等的小曲边三角形，可以看到，曲边三角形离纵轴越远，它的高就越小。由此可见，主体人的收益越大，增加相同收益所产生的效用就越小。图 1—7 展示了我们对风险厌恶的分析，请读者自己画图分析风险喜好和风险中性的情况。

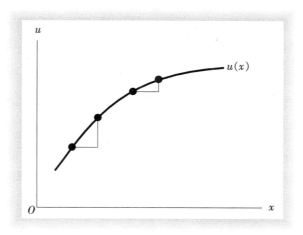

图 1—7　风险厌恶与收益的边际效用

如图 1—8 所示，在现实生活中，人们的行为是非常复杂的，许多人风险厌恶和风险喜好兼而有之。面对工资等日常生计，多数人表现出风险厌恶。但同样是这些人，可能喜欢买几张彩票玩玩，在他买彩票的时候就表现为风险喜好，因为大家都知道，彩票的中奖几率很低。但总体来说，正如社会研究

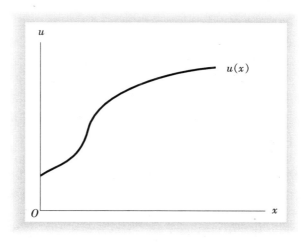

图 1—8　风险厌恶和风险喜好兼而有之的偏好

所表明的，人们在大部分情况下表现为风险厌恶。事实上，风险厌恶是经济学中所说的**边际效用递减律**（law of diminishing marginal utility）的自然要求。但是，在以后分析问题时，我们常常假设主体人是风险中性的，因为这样的假设会给分析带来简便，却不会损害分析结论的一般性。

本书将在期望效用理论的框架下分析主体人的行为决策。需要说明的是，我们不仅使用期望效用函数来表达人们对不确定性收益的偏好，也使用期望效用函数来表达人们对不确定性消费的偏好，或者其他不确定性条件下的偏好。但无论哪种情况，最关键的都是要清楚，效用的期望值就是期望效用。

作为练习，我们建议读者将本书 1.3 节的命题和结论改写成在不确定性环境下决策的版本，并证明之。比如命题"在交易的当时，交易各方都不会真的吃亏"的具体含义，就是"在交易的当时，交易各方都会得到非负的期望效用"。值得注意的是，交易各方得到非负的期望效用，并不意味着交易各方最终得到的效用一定是非负的，而是指各方将要得到的效用的期望值是非负的。

1.5 博弈论基础知识简介

主体人在信息不对称的环境下做决策，实际上是在不同的行动策略中加以选择（比如说谎还是不说谎，监督还是不监督），以求最大化自己的利益。博弈论为解释和处理这种策略对局问题提供了合适的工具。在博弈的策略对局环境下，每个参与人的收益不仅取决于他自己的策略选择，还受其他参与者的决策的影响。

在后续的章节里，尽管我们很少直接运用博弈论方法来分析具体的信息经济学问题，但是博弈论的思想却贯穿信息经济学的始终。欺骗之所以会发生，也可以说是博弈策略选择的结果。所以，我们打算在本节简单介绍博弈论的一些基础知识。希望进一步了解博弈论知识的读者，可以参考《博弈论教程》（王则柯、李杰编著，北京，中国人民大学出版社，2004）或其他博弈论教材和读物。

让我们从著名的**囚徒困境**（prisoners' dilemma）谈起。这个富有经济寓意的故事出自于大半个世纪以前的美国经济学家，不同的博弈论著作有不同的演绎。我们描述如下：一次严重的仓库纵火案发生后，警察在现场抓到甲乙两个犯罪嫌疑人。事实上正是他们为了报复而一起放火烧了这个仓库，但是警方没有掌握足够的证据。于是，警方把他们隔离囚禁起来，要求坦白交代。如果他们都坦白招供，则每人将入狱 3 年；如果他们都不坦白，由于证据不充分，他们每人将只入狱 1 年；如果一个抵赖而另一个坦白并且愿意作证，那么抵赖者将入狱 5 年，而坦白者将得到宽大释放，免除刑事处罚。

　　甲乙两个囚徒面临的处境，可以用图 1—9 的"矩阵"表达出来。每一个格子表示一种对局的情况。例如左上方的格子表示双方都坦白，左下方的格子则表示甲抵赖乙坦白。在每个格子中，左下角的数字和右上角的数字分别表示甲和乙在相应对局下的得益。比如在左下方的格子中，左下角的数字和右上角的数字分别为 —5 和 0，表示在甲抵赖乙坦白的情况下，甲将入狱五年而乙将被释放。

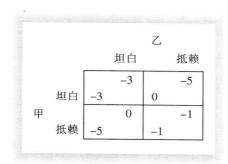

图 1—9　囚徒困境

　　在这个模型里面，甲和乙都会选择坦白。先分析甲面临的情况。如果乙坦白，则甲坦白要比抵赖好，因为坦白只入狱 3 年，而抵赖会入狱 5 年。如果乙抵赖，则甲坦白还是比抵赖好，因为坦白将被无罪释放，而抵赖却要入狱一年。所以，无论乙坦白还是抵赖，甲都应该坦白。由同样的分析可知，无论甲怎么做，乙都会坦白。于是，甲乙两人就面临一个困境：尽管两人都选择抵赖各入狱 1 年要比两人坦白各入狱 3 年好，但他们却在私利的驱动下都选择坦白。"囚徒困境"因此得名。

　　囚徒困境描述的，实际上是一个**同时决策博弈**（simultaneous-move game）。这里的"同时"，不必是物理意义上的同时。即使甲的决策时刻比乙晚，但是甲决策的时候并不知道乙"已经做出"的决策，那么在博弈论的讨论中，甲乙仍然算是同时决策。这里的关键在于，乙决策的时候固然不知道甲的决策，因为甲的决策时刻比乙晚，但是甲决策的时候同样不知道乙的决策，所以他们在有关博弈的信息方面，处于同等的位置。

　　同时决策博弈，简称同时博弈，也叫做**静态博弈**（static game），它描述的是某个"时点"进行的博弈。

　　要完整表达一个同时博弈，关键在于讲清楚三个基本要素：博弈的**参与人**（player）；可供参与人选择的**策略**（strategy）；在各种策略对局下诸参与人的**支付**（payoff）。注意，支付不是付出，而是得益。所谓**策略对局**（strategy profile），又简称对局，是指所有参与人各选一个策略所形成的一个**策略**

组合（strategy combination）。参与人的对局决定了博弈的**结果**（outcome），从而决定了诸参与人的支付。

在囚徒困境博弈中，博弈的参与人是甲和乙，可供他们选择的策略都是两个：坦白和抵赖。二二得四，所以囚徒困境博弈一共有四种对局情况。如图1—9所示的，我们用"矩阵"的形式展示博弈的对局情况，每个格子表示一种对局的情况，格子里的两个数字分别表示甲和乙在相应对局下的支付。由于"矩阵"的每个格子里都有两个数字，所以称之为**双矩阵**（bi-matrix）。事实上，它可以拆分成两个矩阵，一个由甲的支付构成，一个由乙的支付构成。

双矩阵是表述二人有限同时博弈的简单方法。所谓有限，是指参与人的数目和可供每个参与人选择的（纯）策略数目都有限。至于具体如何表示，读者在参考图1—9之后，应该能写出来。这种表示方法来自2005年诺贝尔经济学奖得主托马斯·谢林（T. C. Schelling），这位博弈论的先驱者著有《对抗的策略》（The Strategy of Conflict）、《抉择与后果》（Choice and Consequence）、《军备与势力范围》（Arms and Influence）和《策略分析与社会问题》（Strategic Analysis and Social Problems）等多本专著，为博弈论的实际应用做出了很大的贡献。

前面已经分析过，在囚徒困境博弈中甲和乙都会选择坦白，因为无论对方坦白还是抵赖，自己坦白总是比抵赖好。事实上，坦白是他们的优势策略。所谓**优势策略**（dominant strategy），是指不管其他人选择什么策略，参与人选择这个策略总是最好的。在理性人的假设之下，参与人总是愿意选择自己的优势策略，因而如果每个参与人都有自己的优势策略，那么每人都选择自己的优势策略，自然就组成一个稳定的策略对局；这个稳定的对局称为**优势策略均衡**（dominant strategy equilibrium），往往就是博弈的结果。所以在囚徒困境博弈中，甲和乙都选择坦白，就构成一个优势策略均衡。

优势策略均衡的合理性是毋庸置疑的。但是，不是所有的博弈都存在优势策略均衡。例如下面谈到的情侣博弈，就找不到优势策略均衡。情侣博弈也有很多版本，我们介绍的版本描述如下：大海和丽娟是一对热恋中的情侣，他们打算一起度过周末。大海是个超级球迷，他希望丽娟和他一起观看足球比赛。但是，丽娟是一个芭蕾舞的爱好者，她希望大海和她一起观看芭蕾舞表演。这样一来，他们便要面临一场温情笼罩下的"博弈"。

我们不妨这样给大海和丽娟的"满意程度"即效用赋值：如果大海观看足球比赛丽娟观看芭蕾舞表演，因为两人分开，双方的满意程度都为0；如果两人一起去看球赛，大海的满意程度为2，丽娟的满意程度为1；如果两人一起去看芭蕾，大海的满意程度为1，丽娟的满意程度为2。应该不会有大海观看芭蕾而丽娟观看球赛的可能，不过人们还是把它写出来，并设想双方的满意程度都是一1。这样，我们可以用图1—10的双矩阵来描述大海和丽娟关于

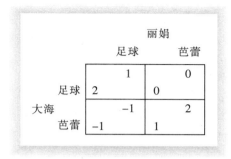

图 1—10　情侣博弈

周末节目安排的情侣博弈。

在这个情侣博弈中，双方都没有优势策略，因而博弈没有优势策略均衡。那么，是否存在其他性质的稳定对局，可以用来合理地预测博弈的结果呢？

优势策略均衡说的是：所有参与人都愿意选择自己的优势策略，从而形成一个稳定的对局。但是，一个稳定的对局只要求参与人不愿意偏离自己当时选择的策略就可以了，并不要求各个参与人所选择的策略都是优势策略。从这个思路出发不难发现，大海和丽娟都选择观看球赛，是一个稳定的对局。在这个对局下，大海得 2，丽娟得 1；如果大海单独改变去看芭蕾，变成双方都得 -1，大海没有得到好处；如果丽娟单独改变去看芭蕾，变成双方都得 0，丽娟也没有得到好处。由同样的分析可以知道，两人都选择观看芭蕾，也是一个稳定的对局；相反，大海选择观看芭蕾而丽娟选择观看球赛和大海选择观看球赛而丽娟选择观看芭蕾，都不是稳定的对局。

上述的思考引导我们认识**纳什均衡**（Nash equilibrium）的概念。具体来说，参与人单独改变策略不会得到好处的对局，就叫做纳什均衡。约翰·福布斯·纳什（John Forbes Nash, Jr.）是在 1950 年建立这一概念的数学家，由于对博弈论作出奠基性的贡献，他在 1994 年荣获诺贝尔经济学奖。可以证明，优势策略均衡必定是纳什均衡，但纳什均衡未必是优势策略均衡。在情侣博弈中，双方一起观看球赛，或者一起观看芭蕾，是博弈的两个纳什均衡。

非常清楚，一个对局要成为纳什均衡，必须在这个对局下所有博弈参与人都没有单独改变策略选择的动机；反之，只要有一个博弈参与人有单独改变策略选择的动机，则此对局就不是博弈的纳什均衡。所以我们不难想象，博弈的结果应该是一个纳什均衡，否则总会有参与人希望改变自己的策略选择。

纳什均衡是博弈论中最重要的概念之一，它能够用来很好地预测博弈的结果。纳什均衡的概念对于信息经济学来说同样非常重要。实际上，后面谈到的各种经济均衡，都是纳什均衡。

前面我们主要谈了静态博弈。如果一个博弈的参与人决策有先后之分，

那么这个博弈就称为**动态博弈**（dynamic game）或**序贯决策博弈**（sequential-move game），或简称序贯博弈。

表述一个动态博弈，关键也在于讲清楚博弈的三个基本要素——博弈的参与人、可供参与人选择的策略和在各种对局下诸参与人的支付。需要注意的是，我们使用的纳什均衡，是经过精练的所谓**子博弈精炼纳什均衡**（sub-game perfect Nash equilibrium）。至于什么是子博弈精炼纳什均衡，为什么要使用子博弈精炼纳什均衡，我们就不展开论述了，请读者阅读《博弈论教程》或其他的博弈论著作。

1.6　经济学的基本问题与信息经济学

这是本章的最后一节，我们先谈一谈经济学的两个基本话题——**分工**（specialization）和**交换**（exchange），然后介绍激励和协调人们分工和交换的两种基本经济体制，并说明这两种体制都存在信息问题，最后简单交代信息经济学的研究内容和后续章节的内容安排。

分工和交换是两种重要的经济活动，它们紧密地联系在一起，促进社会经济的发展。分工使得人们各有专长，极大地提升了社会的劳动生产力。比如古代的"男耕女织"，就是一种典型的社会分工，男女双方都发挥了自己的专长，生产出一个家庭所需的基本生活用品。现代社会为了实现经济活动的高效率，更加要求社会角色的专业分工。比如大学老师主要专注于研究和教学，而他们吃的、穿的、住的、用的，则基本上都是别人生产的东西。这就是社会分工，我们每个人都在享受由它带来的好处。如果没有社会分工，每个人吃的穿的住的用的都要自己生产，那么，人们顶多只能像原始人一样勉强生活下来，电话、电脑、广播、电视肯定不会有了，文具书籍也一定很不像样。总之，如果没有社会分工，我们的社会只能远离现代文明。

现代社会的交换，主要是法治条件下的市场交易。市场交易使得人们可以互通有无，合理地配置资源，极大地促进社会福利。从前面1.3节的学习中我们已经知道，公平条件下的自愿交易，总是能够给交易双方带来好处。而市场经济带来的世界繁荣，也已经成为不争的事实，无须过多论述。

分工和交换不仅非常重要，而且紧密联系在一起，相辅相成。一方面，社会分工带来的好处，需要通过以市场交易为主的交换来实现。社会分工越细致，需要市场交易就越多。另一方面，市场交易的发展，特别是全球经济日趋一体化，使得社会分工可以更加细致，可以在更大的范围内进行。

总的来说，现代经济的繁荣，主要得益于社会分工和市场交易的发展。

为实现市场交易和社会分工会带来好处，我们需要一定的**经济体制**（eco-nomic system）去激励和协调人们完成这些交易和分工活动。现代社会有两种基本的经济体制：一种是以市场交易为基础的**市场体制**（market—based sys-tem）。这种体制包括从传统的自由市场到拍卖行拍卖等等许多不同形式的交易机制，它们的共同点是主要都通过"价格信号"来发生作用，通过"价格信号"传递有关的信息。如果商品的市场价格高，消费者对这种商品的购买量通常将减少，但是企业更愿意生产和出售这种商品；相反，如果商品价格低，消费者一般愿意多买一些，而企业却不是那么高兴生产。市场制度大体上就是这样自行解决激励和协调问题的。现代经济学一个很富智慧的成果，是运用数学上的拓扑学方法阐明了，在理想的条件下，市场是人类最好的经济制度选择。问题是，包括完全信息在内的理想条件很难达到。

另一种是基于等级关系的**等级体制**（hierarchy-based system）。从苏联全国的中央计划体制到欧美现代大公司内部的管理体制，都属于这一类型。按照等级制度，决策者进行决策时，信息通过等级结构一步一步地到达最高决策人那里，决策以后，再一级一级地向下贯彻实施。也就是说，等级制度是通过**权威**（authority）来进行分工协调的。与此同时，等级制度主要通过奖励和惩罚来解决人们的激励问题。

在实现生活中，上述两种经济体制一直并存于社会。比如我们国家既有广大的开放市场，同样又有大庆石油公司、联想集团和海尔集团那样的等级制度组织。1991 年诺贝尔经济学奖获奖者、美国芝加哥大学法学院教授罗纳德·哈里·科斯（Ronald H. Coase）指出：在企业外部，价格的变化和运动引导着生产，通过市场上一系列交换和交易来协调。在企业内部不依靠市场交易，企业家成为协调者，他们发布命令以代替复杂的市场结构。

之所以既要有市场又要有企业这样等级制度组织，是因为它们都可以协调生产和人们的相互作用，并且各有所长。事实上，两种经济体制的运作都要产生交易成本。简而言之，经济运行中价格和工资以外的成本，都可以称为交易成本（transaction cost）。从交易成本的角度考虑，有些事情由市场完成比较合算，有些事情最好依靠等级制度去完成。从理念上说，企业管理者的任务，就是找出企业适合做的事情，把这些事情做好，而把其他事情都交由市场处理。

在市场体制中，人们以交易者的身份相互作用；在等级体制中，人们以组织成员的身份相互作用。从经济学的意义来说，这些相互作用的关系，都是通过合同建立的。然而，无论在哪种经济体制中，合同双方都常常出现信息不对称或信息不完全的情况。至于为什么会出现这样的信息问题，原因可能有很多，我们特别指出如下两个原因：

（1）许多信息天生就是私有信息，而拥有信息优势的人没有去披露这些信息，甚至还有动机去隐瞒和扭曲这些信息。比如人们在购买商品时，就常常隐瞒自己的偏好，明明很喜欢所选购的商品，却装作并不十分在意的样子。这样做，无非是想增加自己的谈判筹码，以便争取一个较低的价钱。企业也希望保密自己的财务状况、技术储备和营销战略，以求在激烈的市场竞争占据更加有利的位置。

（2）人们的能力和精力是有限的，只能掌握和处理有限的信息。特别是随着社会经济的发展，生产技术越来越复杂，分工越来越细致，人们一般都只专注在一个狭小的领域里。所谓隔行如隔山，对于非自己本行或专业的东西，人们往往知之甚少。在乡土经济的年代，不少人是样样在行的"全才"，而如今，每个人都有他自己不懂得的东西。事实上，日益细化的社会分工，还在不断加剧了信息不对称的程度。

从本书 1.2 节的论述中我们已经初步看到，信息不对称引发的机会主义，会对市场运行和企业治理产生许多不良的影响。人们非常希望了解这些不良影响的发生机理，以及如何克服它们，这些内容就是信息经济学最重要的基本研究内容。用张维迎教授的话来说，信息经济学是关于"如何让人讲真话，如何让人不偷懒"的学问。[4] 所以，我们安排本书五个专题中的前四个专题讲述这些内容。前两个专题讲解合同前机会主义对市场运行的影响，第三个专题讲述披露私有信息以克服信息不对称的方法，第四个专题讲解"委托—代理"关系中由合同后机会主义引起的道德风险问题。最后一个专题讲述拍卖理论。拍卖理论是信息经济学的一个极其精彩的专题。

至于"如何让人讲真话，如何让人不偷懒"，我们觉得可以改善为"如何让人讲真话，如何让人守诺言"，请大家斟酌。

需要指出的是，信息经济学的内容相当丰富，可是"鱼与熊掌不可兼得"，我们必须有所**权衡取舍**（trade-off），所以对于信息经济学的其他内容如"价格分散"、"效率工资"等，我们基本上不展开讨论。另外需要说明的一个取舍是，我们的讨论大部分集中在市场的信息不对称问题，只在本书第 9 章研究企业中的道德风险问题。

习题 **1**

1—1. 在学习本书之前你对信息经济学有所了解吗？如果有，请谈一谈那时你对信息经济学的理解。

1—2. 请列举私有信息和公共信息各一个例子。

1—3. 2003 年 4 月 1 日，当你从媒体上得知香港明星张国荣跳楼自杀的消息时，你怀疑这则消息的真实性吗？为什么？

1—4. 英国古典小说《名利场》（Vanity fair，1848）中的人物贝姬，说过这样一句话（已经略为简化）："如果我有 5 000 英镑，我也会是一个好女人"。对此，至少可以提出两种解释：

（1）贝姬想做一个好女人，可是因为缺 5 000 英镑，她做不成好女人；

（2）贝姬不想做一个好女人，可是如果你给她 5 000 英镑作为补偿，她也可以做一个好女人。

请问：贝姬属于上述哪一种类型的人的信息是公共信息，还是私人信息？你有办法弄清楚贝姬属于哪一种类型吗？

1—5. 请举一个二阶信息清楚但一阶信息不清楚的例子。

1—6. 在上一题你所举的二阶信息清楚但一阶信息不清楚的例子中，利益相关的人是否有必要去了解一阶信息？请说明原因。

1—7. 我们在导言部分引用了《国富论》中的一段话，请分析私有信息在这段话描述的现象中所起的作用。

1—8. 据中关村调研中心的调研报告，2005 年 7 月 MP3 的市场价格走势直线下滑，整体下降幅度接近 4 个百分点。而在此之前的 2005 年 6 月，广东省消委会发出 2005 年第 2 号消费警示：慎重选购 MP3。这个警示指出，MP3 产品质量差是第一大问题。为了降低成本，小型企业往往采用落后的、功耗大、失真度高的闪存芯片，劣质的屏幕、线路板，粗糙的手工焊接以及音质较差的耳机。

你怎么看待上述两个经济现象之间的关系？请用本章学到的知识进行分析。

1—9. 请从媒体的报道中找出一个欺骗并且得逞的案例，并分析欺骗发生和得逞的原因。

1—10. 近年来，各地的汽车经销商建立价格联盟统一定价，以避免发生价格战。你觉得这样的价格联盟会长期维持下去吗？请查找有关资料验证你的结论。

1—11. 我们谈了人们对于商品的评价的差异性和隐蔽性。试讨论差异性的意义和隐蔽性的根源及二者之间的关系。

1—12. 我们曾说过，在上述艾奇沃斯盒内，通过初始持有点 E 的每一条直线，表示商品 x 和 y 的一个比价。

请问：这条直线变陡，表示商品 x 比商品 y 贵了还是便宜了？这条直线变平，表示商品 x 比商品 y 贵了还是便宜了？

读者应该对于交易直线平陡与比价高低的关系建立类似"条件反射"的反应。

1—13. 在一个完全竞争的市场里面，请分析以下三类信息之间的关系：各潜在买主和潜在卖主的保留价格，市场的需求曲线和供给曲线，市场价格和市场交易数量。对于市场的交易者来说，他们需要了解上述所有的信息吗？

1—14. 请尝试画出以下风险偏好的冯诺伊曼—摩根斯顿效用函数曲线：喜爱参与金额较小的公平赌博，但厌恶参加金额较大的哪怕是公平的赌博。

1—15. 正文提到，囚徒困境是一个富有经济寓意的故事。你能找到可以用囚徒困境的模型来描述的经济案例吗？请在博弈论的框架下分析你找到的案例。

1—16. 我们知道，完全竞争市场的市场均衡是以供给量等于需求量为特征的**瓦尔拉斯均衡**（Walrasian equilibrium）。请分析这个均衡概念与纳什均衡概念的关系。

1—17. 请谈一谈互联网对于人们获取信息的作用，它能够根除信息的不完全性和不对称性吗？

1—18. 我们在编写本书时尽量做到"读者友好"，让读者读起来方便。请问我们是否真的有动机这么做？是什么因素激励我们这么做？

【注释】

［1］参见："The legal rate, it is to be observed, though it ought to be somewhat above, ought not to be much above the lowest market rate. If the legal rate of interest in Great Britain, for example, was fixed so high as eight or ten percent, the greater part of the money which was to be lent, would be lent to prodigals and projectors, who alone would be willing to give this high interest. Sober people, who will give for the use of money no more than a part of what they are likely to make by the use of it, would not venture into the competition. A great part of the capital of the country would thus be kept out of the hands which were most likely to make a profitable and advantageous use of it, and thrown into those which were most likely to waste and destroy it." Adam Smith, 1776, *The Wealth of Nations*, The Pennsylvania State University (publication in 2005), p292

这段文字的翻译参考了《国民财富的性质和原因的研究》（亚当·斯密著，郭大力、王亚南 译，商务印书馆，1974.6）。

［2］事实上，不确定性收益的含义比我们给出的定义要广泛得多。

［3］曲线凹向原点，是指曲线上任何两点的连线都位于曲线的下方；曲线凸向原点，是指曲线上任何两点的连线都位于曲线的上方。

［4］参见：张维迎著《博弈论与信息经济学》，上海，上海人民出版社，上海三联书店，2004。

逆向选择的阿克洛夫模型

中 奖获得一台高档手提电脑，你很高兴。可是就在几天前，你刚花9 000元买了一台新的手提电脑，而现阶段你只需要一台手提电脑。两相比较，你决定留下高档的奖品，出手转卖自己新买的手提电脑。请想想，你能兑现原来付出去的9 000元吗？还是只能兑现8 500元，或者8 000元？

经验告诉我们，从商店买回来的许多耐用品，哪怕只使用过一小会儿，甚至压根儿没有正经使用过，出手转卖的价格便要下降一个不小的幅度。比如在美国，仅使用了 3 个月的汽车的售价通常要比新车的售价低 20％。为什么会出现这种情况呢？是因为你手上的东西变旧了呢，还是因为你手上的东西被冠以"二手货"这个"不雅"的名称？

对于上述经济现象，美国伯克利加州大学的乔治·阿克洛夫教授以不完全信息为基础，提出了一种简单而有力的解释。这位 2001 年诺贝尔经济学奖得主，于 1970 年在《经济学季刊》上发表论文《次品市场：质量的不确定性与市场机制》[1]，通过建立模型分析了美国二手车市场的市场运作。这是信息经济学重要的开创性论文。论文指出，与新车市场相比，二手车市场的信息结构变了，出现了比较严重的信息不对称，卖主清楚自己的汽车的具体质量状况，而买主顶多只知道所有二手车的总体的和"平均"的质量状况，但不了解每一辆二手车的具体质量状况。换言之，卖主掌握二手车质量的一阶信息（原始信息），但是买主只掌握二手车质量的二阶信息（总体情况和平均情

况），并不掌握二手车质量的一阶信息。我们将会知道，基于这种信息结构的阿克洛夫模型（Akerlof Model），不仅能够解释为什么二手车的售价通常要比新车低很多，而且引导我们进一步去思考第一章谈到的逆向选择问题。

说到阿克洛夫的这篇开创性论文，还有一个有趣的故事。最早，阿克洛夫把他的这篇论文投给非常权威的《美国经济学评论》（American Economic Review），结果被拒绝，理由是"太浅显"。后来，他转投同样非常权威的《政治经济学学刊》（Journal of Political Economy），也被拒绝。第三次，他向《经济学研究评论》（Review of Economic Studies）投稿，又被退了回来，理由也是说它太浅显。几经挫折，几经拖延，最后才在比上述刊物地位似乎低一些的《经济学季刊》（Quarterly Journal of Economics）上发表出来。我们回顾这个故事，除了体会学术新发现面世的曲折以外，特别值得注意的是：新的思想，新的视角，对于学术的新发展非常重要。新的思想，新的视角，哪怕看起来不那么高深，却可能开创一个全新的领域。

本章将以《次品市场：质量的不确定性与市场机制》一文为蓝本，讲述二手车市场中的逆向选择现象，并分析其发生的机理。这些结论和思想可以推广到其他同样具备不对称信息特征的市场和领域。

本章的内容安排如下：2.1节首先阐明商品质量不确定性产生的原因，然后探讨二手车市场的信息结构并分析它对市场运作的影响。2.2节至2.4节，详尽介绍展现二手车市场逆向选择的阿克洛夫模型。2.5节对阿克洛夫模型的意义和不足进行讨论。

2.1 商品质量的不确定性与二手车市场

世界充满了不确定性，这是一个毋庸争辩的事实。在市场上，人们要面临商品质量的不确定性。造成这种不确定性的原因很多，其中最重要的原因有两个。首先，企业常常无法生产出质量完全一样的商品。现代企业的生产工艺发展得越来越完善，但还是有许多随机因素是不可控制的，因而"相同"的产品在质量上难免会有所参差。企业虽然可以通过各种检测来剔除大部分的次品，却无法保证"相同"的产品具有完全一样的质量。

其次，对于许多商品的质量状况，人们在购买之前常常无法做出准确的判断。人们在判断商品的质量时可能会出现以下三种情况：（1）在购买之前就了解商品的质量；（2）在购买之后才了解商品的质量；（3）在消费之后也很难知道商品的质量。按照上述三种情况，我们依次将商品称为**搜寻品**（search goods）、**经验品**（experience goods）和**信任品**（credence goods）。严格来说，大多数商品都是这三种商品的一个组合，它们所具有的特性有些在购买前就知道，有些在购买后才知道，有些则在消费之后还是无法知道。不过，按照上述方法对商品进行大致的分类，对于我们分析问题非常有用。比如说，大米和衣服比较接近搜寻品；罐头食品和汽车可以算是经验品；药物和医疗服务可以归为信任品。

面对具有经验品或者信任品特性的商品，人们虽然无法准确判断商品的质量，但仍然可以根据经验或某些市场统计数据，来估计所选购的商品的期望质量。当人们在市场上随意挑选一件商品时，统计学的知识告诉我们，这相当于从一个存有大量商品的"商品库"里随机抽取一个样本。于是我们有理由相信，经验和市场统计数据，可以帮助我们合理地估计出市场上具体某一商品的质量状况所服从的概率分布，进而计算出或者估算出它的期望质量。事实上，人们常常根据这样估计出来的期望质量来选购商品。交易完成以后，人们会发现，所购买到的商品的质量有时比期望高，有时比期望低。

既然质量有差异的商品会被买主当作相同的商品购买，那么我们不禁担心市场会出现这样的情况：卖主或商家故意向消费者提供那些质量较差的商品。这样的担心并非没有根据。比起买主，卖主或商家往往更容易判断具体某一商品的质量状况，因为他们具有更多的经验和专业知识。而且这样做，卖主或商家可以从中获利。

可喜的是，由于下述两个原因，在许多产品市场上人们不需要过分担心上述问题：（1）市场上同一品牌同一型号的商品，通常具有很高的质量稳定性，人们不必担心会买到品质非常不好的次品；（2）卖主或商家有时也很难准确判断具体某一商品的质量状况。对于后面这种情况不需要过分担心，事实上再怎么担心也没有多少用处。在下一章我们会知道，市场上还有其他机制保证商家提供质量可靠的商品。实际上，我们平时购买日用商品，大多数时候不需要担心商品的质量问题。

然而，经济学家和民众逐渐发现，在诸如二手货市场、劳动力市场、保险市场和借贷市场等市场上，商品或服务的质量不确定性以及买卖双方的信息不对称，对市场交易造成了极大的影响。特别引起我们注意的是，传统的关于同质商品的市场经济学理论，已经不能很好地解释这些信息不对称市场的运行。

二手车市场是典型的二手货市场，具备信息不对称市场区别于普通产品市场的一些本质特征。下面，我们专门讲述和分析二手车市场的运作，尝试从中得到一些重要的结论和思想。这些结论和思想，可以帮助我们进一步理解劳动力市场、保险市场、借贷市场和其他信息不对称市场的运行。

我们知道，汽车是一种经验品。在同一品牌同一型号的汽车中，某些汽车的质量可能比另一些差，但只有在车主使用一段时间之后，原来"隐藏"着的缺陷才会暴露出来，而在此之前买卖双方都很难作出准确的判断。这些有缺陷的汽车叫做次品，用美国的俚语来说就是"lemon"，它们经常出现各种故障。为了讨论和分析的简便，我们假设所讨论的汽车可以分成两类：一类是没有缺陷的正常车；一类是存在缺陷的次品车。

尽管保修可以降低买到次品车的维修成本，但是这并没有完全消除由此而产生的烦恼，例如把车带到修理厂要耗费时间、由于知道故障极易出现而产生焦虑，等等。于是，当车主发现自己的车是次品车时，就希望将车转手卖给他人，车的状况越糟糕，车主就越急于卖掉他们的车。在二手车的价格较高时，也有些车主想卖掉其质量较好的旧的正常车，以换购一辆新款式的汽车。这时候，二手车市场上也有两类车：一类是质量较好的二手正常车；一类是性能糟糕的二手次品车。

自然，二手的正常车的质量要劣于新的正常车，二手的次品车的质量也劣于新的次品车。但这不是二手车市场和新车市场的本质区别，它们的本质区别在于信息结构不同了。在新车市场上，买卖双方都不能区分正常车和次品车。但在二手车市场上，卖主清楚自己的汽车属于哪一类，但买主却分不清哪些是正常车哪些是次品车，买卖双方出现了信息不对称。在这样的信息结构下，质量较好的二手正常车和质量糟糕的二手次品车，都只能"一视同仁"地被潜在的买主当作"平均"质量的二手汽车看待，因此只能按照"平均"水平的价格进行交易。可是这样一来，许多二手正常车的车主都会觉得交易不划算，从而决定退出市场交易。结果我们不难想象，二手车市场上出售的二手车，大部分都是次品车，质量较好的正常车为数不多。可见，所谓的二手车市场，基本上就是二手的次品车市场。相比之下，在新车市场上，买卖双方都不能区分正常车和次品车，所以不会出现质量较好的正常车独自退出市场的情况。

现在，大家应该都清楚，为什么在美国仅使用了3个月的汽车的售价通常要比新车的售价低20％了。因为人们会非常理智地预料到，这些汽车中大部分都是质量糟糕的次品车。他们会这样想：如果是性能和质量比较好的正常车，车主怎么会只开3个月就拿到二手车市场出售呢？其实，我们不能否认，这些二手车中确实会有一些质量比较好的正常车。在美国，有些家庭经济情况比较好的青年，开新车上瘾，一两年就要换一部车，甚至几个月就想换新车，他们这些人急于脱手的二手车，性能和质量就比较好。如果你交上好运，说不定真的可以在二手车市场上用很低的价格买到质量不错的二手车。

前面已经分析过，如果质量较好的二手车要和质量较差的二手车混杂在一起，要一视同仁地以相同的"平均"水平的价格出售，就会导致许多质量较好的二手车退出市场交易。这种效应有可能会一直进行下去，使得市场进入一个恶性循环，最终完全瓦解。假设一开始市场上有各种质量的二手车，我们设想这个恶性循环是这样进行的：由于只能以"平均"水平的价格出售，质量"第一等"好的二手车首先退出市场交易。这样一来，留在二手车市场上的汽车的平均质量会有所下降，从而导致二手车市场的平均价格水平随之下降，于是质量"第二等"好的二手车也退出市场交易。结果，二手车市场的汽车的平均质量进一步下降，平均价格也随之进一步下降……就这样，质量"第三等"好的二手车，质量"第四等"好的二手车……也都相继纷纷退出市场交易。最后，市场上就只剩下质量最差的二手车，这些二手车几乎完全没有使用价值，很少人会对这个市场感兴趣，我们也很难设想还会在这里发生多少市场交易。经济学家常常用**稀薄**（thin）这一术语来描述这种只有很少买主和卖主的市场。

如上所述，由于存在信息不对称，好货得不到好价钱的赏识，从而导致二手车按质量从高到低相继退出市场，这个过程，就是经济学上的逆向选择过程，越"选"（剩）越差，好的东西先退出市场交易，剩下的都是不好的东西。

二手车市场上的逆向选择，表现为劣质的二手车"驱逐"优质的二手车，这在外观上与古典经济学中的"劣币驱逐良币"现象非常相似。但是它们之间有着本质的区别。劣质的二手车"驱逐"优质的二手车，是因为信息不对称导致好货得不到好价钱的赏识，从而导致优质的二手车退出市场交易。反观"劣币驱逐良币"，它的发生则与信息不对称无关。实际上，交易双方都可以辨认劣币和良币，他们之间不存在信息不对称问题。只是由于劣币和良币具有相同的法定交换率，人们基于成本最小化的原则，选择劣币而不是良币拿出去支付，才导致"劣币驱逐良币"现象的出现。"劣币驱逐良币"所蕴含的经济学原理，称为**格雷欣定律**（Gresham's law），以英国的托马斯·格雷欣（Thomas Gresham，1518—1579）爵士的名字命名，由麦克劳德（Henry Dunning Macleod，1821—1902）在其著作《政治经济学基础》（*Elements of Political Economy*，1858）中提出。

2.2 一个简单的分析模型

模型分析是经济学研究常用的方法。经济模型是高度概括现实经济活动的产物，旨在抓住经济现实的本质特征，但并不试图体现每一个细节的真实性。模型的某些方面甚至会被有意地推向极端的地步，以便更集中地展现我们要说明的特性。如果你说"肥料下得越多庄稼长得越好"，我就在一个小花

盘里倒下去 10 公斤氮肥或者别的什么肥料来验证你的命题对不对。这种极限思考方法或者极端思考方法，常会带来意想不到的效果，很有说服力。

下面，我们将介绍一个能体现上述逆向选择过程的模型，目的是展示不对称信息如何干扰市场机制的正常运作。这个模型，源自阿克洛夫的文章《次品市场：质量的不确定性与市场机制》，但经过摩尔荷（Ian Molho）[2] 简化，还经过我们的调整。自然，我们仍然把它称为阿克洛夫模型。

基本假设

阿克洛夫模型假设二手车市场有两类交易者：第一类交易者每人拥有一部汽车，他们要决定是否把它卖掉，是潜在的卖主；第二类交易者没有汽车，他们要决定是否购买二手车，是潜在的买主。下面以"潜在卖主"称呼第一类交易者，以"潜在买主"称呼第二类交易者。设这两类交易者的人数相同，都为 N。[3]

从第 1 章 1.3 节我们知道，交易利益的存在，是交易得以发生的基本前提。为使买卖双方之间存在交易利益，模型假定对于相同质量的汽车，潜在买主的评价高于潜在卖主的评价。更加具体地，假设潜在卖主和潜在买主分别具有冯诺伊曼—摩根斯顿效用函数：

$$U_1 = M + qn \tag{2—1}$$

和

$$U_2 = M + 3qn/2 \tag{2—2}$$

在上述两个等式中，$n = 0$ 表示交易者不拥有汽车，$n = 1$ 表示交易者拥有一辆汽车，n 不能取其他值[4]；q 是一个非负实数，表示交易者拥有的汽车的质量，q 越大表示汽车的质量越高；M 是一个非负实数，表示交易者对除了汽车外的其他商品的消费。

从上述两个效用函数容易知道，消费一辆质量为 q 的汽车，可以给潜在卖主带来 q 的效用增量，但是同样消费一辆质量为 q 的汽车，却给潜在买主带来 $3q/2$ 的效用增量。这就是模型关于"对于相同质量的汽车，潜在买主的评价高于潜在卖主的评价"的具体表达。至此，我们可以这样理解这两个效用函数的经济含义：对于质量为 q 的汽车，潜在卖主的评价为 q，潜在买主的评价为 $3q/2$。不难验证，如果买卖双方以一个介于 q 和 $3q/2$ 之间的价格 p 交易一辆质量为 q 的汽车，则双方都将从交易中得到好处，潜在卖主和潜在买主分别得到的效用增量将是（$p-q$）和（$3q/2-p$），总的效用增量为 $q/2$。这个总的效用增量 $q/2$ 就是交易利益，而交易价格 p 决定了交易利益的分割情况。

上述两个效用函数，实际上还假定所有的交易者对汽车质量都表现为"风险中性"。原因在于它们都是线性函数，这意味着汽车质量和其他商品之间的消费替代率恒定不变，进而可知只要汽车质量的期望值相等，交易者便会觉得质量的不确定性是高还是低都无所谓。我们采用这种形式简单的效用函数，目的是集中精力讨论二手车市场中的信息不对称问题。需要指出的是，这样做不会损害模型结论的一般适用性。

按照冯诺伊曼—摩根斯顿效用函数的假设，两类交易者在面临不确定性时，都追求期望效用最大化。特别地，在只有汽车质量是随机变量的情况下，他们的期望效用分别为：

$$E(U_1) = M + E(q)n = M + \mu n \tag{2—3}$$

和

$$E(U_2) = M + 3E(q)n/2 = M + 3\mu n/2 \tag{2—4}$$

式中的 $\mu = E(q)$ 表示交易者拥有的汽车的期望质量。

上面谈了两类交易者的偏好情况，现在我们假设两类交易者的预算约束分别为：

$$y_1 = M + pn \tag{2—5}$$

和

$$y_2 = M + pn \tag{2—6}$$

在上述两个等式中，n 的含义与取值和前文一样；p 表示二手车的交易价格；y_1 和 y_2 分别表示潜在卖主和潜在买主总的支付能力；模型假设 y_2 总是大于 p，以保证潜在买主总是有足够的支付能力购买一辆二手车。

这里有两点需要注意：（1）在潜在卖主的预算约束方程里，$n = 0$ 表示交易者出售自己的汽车，$n = 1$ 表示交易者保留自己的汽车；而在潜在买主的预算约束方程里，$n = 0$ 表示交易者不购买二手车，$n = 1$ 表示交易者购买一辆二手车。（2）上述两个预算约束方程实际上都将其他商品的价格标准化为 1，所以 p 就应该理解为二手车相对于其他商品的相对价格，y_1 和 y_2 是"标准化"的总支付能力。这样处理可以简化我们的分析，但不影响分析的结果，因为如果价格和总支付能力按照同样的比例进行调整，则影响消费决策的是商品的相对价格而不是绝对价格。

我们在本书 2.1 节说过，二手车市场和新车市场的一个本质区别，是它们的信息结构不同了。在二手车市场上，潜在卖主清楚自己的汽车的质量状况，而潜在买主只知道所有二手车的总体和"平均"质量状况，不了解具体每一辆二手车的质量状况。阿克洛夫模型对此给出了具体而简单的假设。首先，模型假设市场上的二手车的质量 q 服从闭区间 $[0, 2]$ 上的**均匀分布**（uniform distribution）。也就是说，如果我们从市场上任意挑选一辆二手车，那么它的质量将是一个随机变量，概率分布函数和密度函数分别为 $F(q) = q/2$ 和 $f(q) = 1/2$，$q \in [0, 2]$。其次，模型假设潜在卖主能够准确判断自己的汽车的质量，而潜在买主不能判断每一辆二手车的质量，但知道所有二手车的质量所服从的概率分布。换言之，潜在卖主拥有关于二手车质量的一阶信息，潜在买主只拥有二阶信息。再次，模型假设两类交易者都知道对方对二手车质量信息的了解情况和对方的效用函数。

这里需要说明的是，以后凡是提到与二手车有关的某个指标 x 服从某种（概率）分布 f，都是指如果以所有的二手车作为总体进行随机抽样，以二手车的指标 x 作为随机变量，则 x 服从概率分布 f。

供给和需求

前面介绍了阿克洛夫模型的基本假设，现在分析二手车市场的供给和需求。假设以下讨论的都是**"竞争性"市场**（competitive market），即买卖双方都是价格接受者的市场。

值得我们注意的是，二手车市场的供给和需求与同质商品市场的供给和需求有联系，但不完全相同。在同质商品市场上，供给是商品供给量关于商品市场价格的函数——各个价格水平对应的市场供给量分别是多少；需求则是商品需求量关于商品市场价格的函数——各个价格水平对应的市场需求量分别是多少。而在二手车市场里，商品的质量不是划一的，二手车的期望质量也是影响市场交易的一个重要变量。所以，二手车的供给不仅要给出各个价格水平对应的供给量，还应该给出各个价格水平下二手车的期望质量。[5]换句话来说，二手车的供给应该是供给量和期望质量关于市场价格的**向量函数**。同样，二手车的需求不仅要描述需求量与价格的函数关系，还应该描述需求量与期望质量的函数关系。因此，需求是二手车的需求量关于市场价格和期望质量的**二元函数**。

可见，与同质商品市场的供给和需求相比，二手车市场的供给多了一个因变量，需求多了一个自变量。但是，由于供给函数的一个因变量——二手车的期望质量——是需求函数的自变量，所以当我们将供给函数和需求函数联立时，真正的自变量还是只有市场价格。由此可以判断，在二手车市场里，价格依然是交易中的关键变量。事实上，我们可以这样理解买卖双方的决策过程：首先，潜在卖主根据市场价格决定是否出售自己的汽车。所有潜在卖主的决策叠加在一起，决定了待售的二手车的期望质量。然后，潜在买主根据市场价格和待售的二手车的期望质量决定是否购买汽车。在这个过程中，价格还起到传递质量信息的作用，这和不存在信息不对称时价格只是调节供给量和需求量的情况有很大的不同。

上面从原理上阐释了二手车市场的供给和需求，下面转向具体的分析。

　　首先分析潜在卖主的最优决策，以考察二手车市场的供给。潜在卖主可以准确判断自己的汽车的质量，所以，对于一个拥有质量为 q 的二手车的交易者而言，他的最优决策是在（2—5）式的约束下最大化（2—1）式，即：

$$\max_n U_1 = M + qn$$

$$s.t.\ y_1 = M + pn$$

这个最大化问题等价于：

$$\max_n U_1 = y_1 + (q - p)n$$

　　从上述最优化问题可以知道，当 $q - p > 0$ 即 $p < q$ 时，该潜在卖主的最优决策是使 $n = 1$，即保留自己的汽车；当 $q - p < 0$ 即 $p > q$ 时，该潜在卖主的最优决策是使 $n = 0$，即出售自己的汽车。当 $q - p = 0$ 即 $p = q$ 时，无论使 $n = 0$ 还是使 $n = 1$，都是该潜在卖主的最优决策。为确定起见，我们假定这时候潜在卖主的最优决策是使 $n = 0$[6]，即出售自己的汽车。

　　根据上述分析，我们容易推导二手车的供给：当 $p \geqslant 2$ 时，所有的二手车都愿意在市场上出售，所以二手车的供给量为 N，二手车的质量服从闭区间 $[0, 2]$ 上的均匀分布，期望质量为 1；当 $0 \leqslant p < 2$ 时，只有质量 $q \in [0, p]$ 的二手车都愿意在市场上出售，所以二手车的供给量为 $pN/2 = N \int_0^p 1/2 dq$，质量服从闭区间 $[0, p]$ 上的均匀分布，期望质量为 $p/2$。

　　由于潜在买主是"风险中性"的，他们只关心二手车的期望质量，不在乎二手车质量的具体分布，所以向量函数 $(S, \mu) = (S(p), \mu(p))$ 足以表达二手车市场的供给，其中 $S(p)$ 和 $\mu(p)$ 分别表示二手车的供给量和期望质量，它们的函数表达式如下：

$$S(p) = \begin{cases} pN/2, & 0 \leqslant p < 2 \\ N, & p \geqslant 2 \end{cases} \tag{2—7}$$

$$\mu(p) = \begin{cases} p/2, & 0 \leqslant p < 2 \\ 1, & p \geqslant 2 \end{cases} \tag{2—8}$$

　　市场供给函数 $(S, \mu) = (S(p), \mu(p))$ 有一个自变量和两个因变量，所以它的图像是立体空间的曲线。我们在图 2—1 中画出了这条曲线，它由线段 OA 和以 A 为起点垂直向上的射线组成。由几何知识可以知道，供给函数图像在平面 $p—S$ 上的投影是第一个分量 $S(p)$ 的函数图像，在平面 $p—\mu$ 上的投影是供给函数第二个分量 $\mu(p)$ 的函数图像。

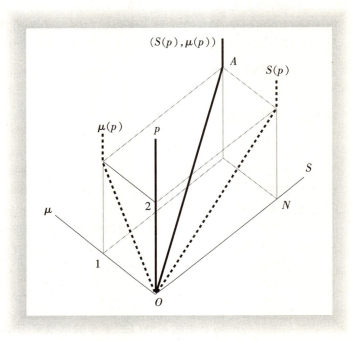

图2—1 市场供给的立体图像

在后面分析市场均衡时，我们还可以进一步隐去供给函数第一个分量 $S(p)$，只用第二个分量 $\mu(p)$ 来表示二手车的供给。$\mu(p)$ 的函数图像，即市场供给图像在平面 $p-\mu$ 上的投影，画在图 2—2 中。

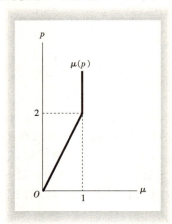

图2—2 $\mu(p)$ 的函数图像

接着分析潜在买主的最优决策，以考察二手车市场的需求。潜在买主只拥有关于二手车质量的二阶信息，不拥有一阶信息，所以他们的最优决策是在（2—6）式的约束下最大化（2—4）式，即：

$$\max_n E(U_2) = M + 3\mu n/2$$
$$s.t.\ y_2 = M + pn$$

这个最大化问题等价于：

$$\max_n E(U_2) = y_2 + (3\mu/2 - p)n$$

求解上述最优化问题可以知道，当 $3\mu/2 - p > 0$ 即 $p < 3\mu/2$ 时，潜在买主们的最优决策是使 $n = 1$，即购买二手车；当 $3\mu/2 - p < 0$ 即 $p > 3\mu/2$ 时，潜在买主们的最优决策是使 $n = 0$，即不购买二手车；当 $3\mu/2 - p = 0$ 即 $3\mu/2 = p$ 时，无论 $n = 0$ 还是 $n = 1$ 都是潜在买主们的最优决策。于是，我们可以推导出二手车的需求：当 $p < 3\mu/2$ 时，所有的潜在买主都愿意购买二手车，这时的需求量为 N；当 $p = 3\mu/2$ 时，是否购买二手车对所有的潜在买主来说无所谓，所以二手车的需求量介于 0 与 N 之间；当 $p > 3\mu/2$ 时，所有的潜在买主都不愿意购买二手车，需求量为 0。用函数表示二手车的需求为：

$$D(p,\mu) = \begin{cases} N, & p < 3\mu/2 \\ [0, N], & p = 3\mu/2 \\ 0, & p > 3\mu/2 \end{cases} \tag{2—9}$$

市场需求函数 $D(p,\mu)$ 有两个自变量和一个因变量，所以它的函数图像是立体空间的一个曲面。我们可以设想市场需求图像是这样描绘出来的：选定 μ 轴的正半轴 $O\mu$，首先让它在平面 $p - \mu$ 上以原点 O 为圆心顺时针转动到 $p = 3\mu/2$ 的位置，然后让它垂直于平面 $p - \mu$ 沿着 D 轴的正半轴方向平移 N 个单位，最后让它以 N 点为圆心平行于平面 $p - \mu$ 继续顺时针转动至于与平面 $\mu - D$ 垂直的位置，在这个过程中，射线 $O\mu$ 画出的曲面就是市场需求的函数图像。图 2—3 画出了一个立体的示意图。

但是，在后面分析市场均衡时，我们可以只用图 2—4 中的阴影区域来简约地表示市场需求：当 (μ, p) 位于不包含射线 $p - 3\mu/2 = 0$ 的阴影区域里，二手车的需求量为 N；当 (μ, p) 位于射线 $p - 3\mu/2 = 0$ 上，二手车的需求量介于 0 与 N 之间；当 (μ, p) 位于其他地方时，二手车的需求量为 0。

仔细观察还可以发现，射线 $p - 3\mu/2 = 0$ 反映了潜在买主对二手车的评价，即对于期望质量 μ，潜在买主的评价为 $3\mu/2$。实际上，只有二手车的价格小于或等于潜在买主的评价，潜在买主才愿意购买二手车。

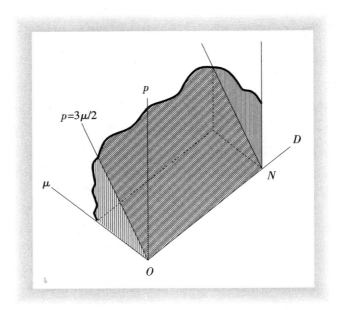

图 2—3　市场需求的立体图像

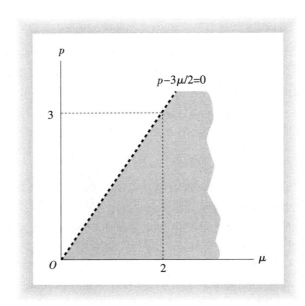

图 2—4　市场需求的简约图示

市场均衡

前面已经分析了二手车市场的供给和需求，现在考察市场均衡。需要注意，本模型里的市场均衡应该包括三个均衡变量——均衡价格、均衡交易数量和均衡期望质量，而同质商品市场的市场均衡则只包含前面两个均衡变量。

均衡，是现代经济学最基本的一个概念，又是一个发展着的概念，在不同场合具体意思略有不同，许多时候需要读者自己去把握和体会。原本均衡是指需求量等于供给量的一种市场状态，即所谓的**瓦尔拉斯均衡**（Walrasian equilibrium），但是在现代经济学的分析中，均衡还常常表示其他可能的稳定结果。我们倾向于使用后面的阐释，即市场均衡是指稳定的市场状态，我们在第一章谈到的纳什均衡的概念，就是这样理解的一种均衡。

在第 4 章我们将会知道，依据纳什均衡的定义，二手车市场的市场均衡未必是供求平衡的市场出清（market clearing）状态，即供给量给正好等于需求量的市场状态。不过，在阿克洛夫模型中，市场均衡仍然是需求量等于供给量的市场状态，也就是说，我们可以通过求解方程 $D(p,\mu(p)) = S(p)$ 得出市场均衡。更加形象地，在坐标系 $O-p-\mu-S$ 中，令 S 轴同时表示 D 轴，然后将市场供给图像和市场需求图像画在一起，那么它们重合的地方就是市场均衡的所在，这些均衡点同时给出了相应的均衡价格、均衡交易数量和均衡期望质量。

现在，如图 2—5 所示的，我们用图形分析的方法求解阿克洛夫模型的市场均衡。不难发现，市场供给图像和市场需求图像只有一个公共点——原点。据此我们知道，阿克洛夫模型的市场均衡只能是原点。但在原点处，价格、期望质量和市场交易数量都为 0，这时候市场已经不存在了。

简单地，上述分析还可以在图 2—6 中的平面 $p-\mu$ 上展现出来。我们用函数曲线 $\mu(p)$ 即市场供给图像（$S(p),\mu(p)$）在 $p-\mu$ 的投影表示市场供给，用阴影区域简约地表示市场需求。同样可以发现，供给图像和需求图像的公共部分只有原点。因此，只有在原点可能达到"市场均衡"。事实上，对于所有的 $p>0$，当潜在买主理智地计算出二手车的期望质量为 $\mu(p)$ 时，便没有人愿意购买汽车，所以市场需求量 $D(p,\mu(p)) = 0$，因此没有市场交易。

当然，通过求解方程 $D(p,\mu(p)) = S(p)$，也可以得到唯一的解 $p=0$，并且 $\mu(0)=0$，$D(0,0)=S(0)=0$。至于具体求解的过程，就留给有兴趣的读者去完成。

上述分析结果令我们感到很困惑：为什么"竞争性"市场不能实现互利

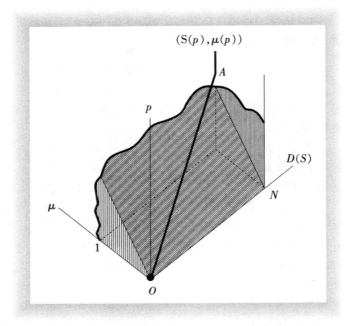

图 2—5 市场均衡（立体图示）

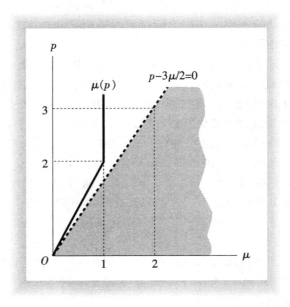

图 2—6 市场均衡（平面图示）

的交易？什么原因导致二手车市场完全失灵了？下一节的分析将会表明，是逆向选择瓦解了整个二手车市场。读者可以预先思考一下，逆向选择是如何瓦解整个二手车市场的，又是什么原因导致逆向选择的产生。复习一下上一节的内容，有利于大家思考这些问题。

2.3　阿克洛夫模型的进一步分析

上一节的分析在经济学上是非常正规的：我们先从交易双方的偏好推导出二手车的供给和需求，然后分析供给和需求如何决定市场均衡。分析展示了令人惊讶的结果——整个二手车市场被瓦解了。这是逆向选择作用的结果。但是，上一节的分析有两个不足之处：一是没有展示逆向选择的作用过程；二是分析偏重数量关系，读起来比较"枯涩"难懂，不利于大家体会当中的经济含义。

在本节，我们将对阿克洛夫模型作进一步分析，重点放在展示逆向选择的作用过程，并探讨逆向选择发生的原因和机理。在分析方法上，我们主要运用图形方法，这样较为明白易懂，而且有利于大家体会其中的经济含义。如果多种分析能够阐明同样一个问题，我们推崇使用最简单的分析方法。

逆向选择的动态演示

为了展示逆向选择的动态过程，我们首先将二手车质量服从均匀分布的假设"具体化"。假设市场上一共有 100 000 辆二手车，按质量可以分成 1 000 组，每组的数量都为 100 辆。其中，质量最差的 100 辆二手车的质量介于 0 到 1/500 之间，质量第二差的 100 辆二手车的质量介于 1/500 和 2/500 之间……质量第 n 差的 100 辆二手车质量的介于 $(n-1)/500$ 和 $n/500$ 之间……质量最好的 100 辆二手车的质量介于 999/500 和 2 之间。

现在让我们想象一个超大型的停车场，上述 100 000 辆二手车按照质量由低至高从左往右排列，同组的汽车排在同一个垂直位置上，由下往上排。于是,这些二手车便排列成一个长为 1 000 辆汽车，高为 100 辆汽车的"1 000"×"100"大型矩形。在图 2—7 中，我们画出二手车排成的大型矩形的"标准化"示意图，并称之为二手车的质量分布图。具体来说，我们在平面 $q-\rho$ 上画出这个"标准化"矩形，矩形的左下顶点与坐标系 $O-q-\rho$ 原点重合，底边与横轴重合，矩形的长为 2，高为 1/2。坐标系 $O-q-\rho$ 的横轴表征二手车的质量，纵轴表征二手车的"密度"。将矩形的长"标准化"为 2，目的是使汽车的质量与位置对应起来，即汽车的位置的横坐标就是它的质量。将矩形的高"标准化"为 1/2，目的是使矩形的面积为 1，这样，如果我们随机抽取一辆二手车，则它的质量的概率密度函数就可以用矩形的上方边界 $f(q) = 1/2$（$q \in [0,2]$）表示。有兴趣的读者不妨用概率论的知识验证这个说法。

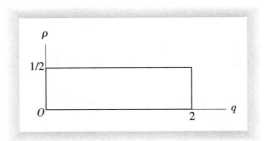

图2—7 二手车的质量分布图

到了这里我们发现，前面已经"具体化"的质量均匀分布假设，被重新"抽象化"了。事实上，由于质量分布图的面积为1，所以前面给出的二手车的具体数值和质量分区，都不是本质上要紧的元素。现在约定，以后我们都使用"标准化"的面积为1的质量分布图。

现在，我们以二手车的质量分布图为基础展开分析。

我们知道，潜在买主只拥有关于二手车质量的二阶信息，所以他们选购的二手车可认为是从上述大型停车场中随机抽取的。按照概率论和统计学的知识，被选中的二手车的期望质量是质量分布图的重心的横坐标，如果质量分布图是一个矩形，则期望质量是矩形中心的横坐标，即矩形底边的中点的横坐标。从上一节的假设和分析我们还知道，潜在卖主对质量为 q 的二手车的评价为 q，所以要求得到的最低价格为 q；潜在买主对期望质量为 μ 的二手车的评价为 $3\mu/2$，因而愿意支付的最高价格是 $3\mu/2$。

有了上述这些知识，我们就可以在图2—8中演示逆向选择的动态过程，其中矩形 $OABC$ 是二手车的质量分布图。不失一般性，我们假设交易时由潜在买主出价，潜在卖主则决定是否出售自己的二手车。[7] 开始的时候，二手车的期望质量为 $\mu_1 = 1$，潜在买主按照自己的评价出价 $p_1 = 3/2$，此时质量高于 $3/2$ 的二手车的车主觉得交易不合算，就退出市场交易。也就是说，阴影矩形 I 的二手车将退出市场交易。这样一来，二手车的质量分布图变成矩形 $OADE$，二手车的期望质量变为 $\mu_2 = 3/4$。当潜在买主意识到这一点，便按照自己的评价调整出价为 $p_2 = 9/8$，于是质量高于 $9/8$ 的二手车即阴影矩形 II 的二手车，也退出市场交易。这样一轮一轮下去，质量高于 $27/32, 81/128, \cdots$，$2(3/4)^n, \cdots$ 的二手车也相继纷纷退出市场交易，最后所有的二手车都退出市场交易，市场被彻底瓦解。图2—8只显示了上述逆向选择过程的前两个"回合"，请读者自己接着画图再分析一两个"回合"，以加深对逆向选择的理解。

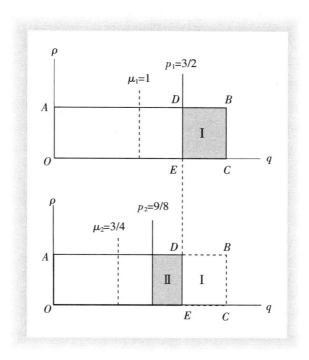

图2—8 逆向选择的动态演示

总之，图2—8非常清楚地显示了逆向选择的作用过程，它一步一步地将二手车按质量从高到低"驱逐"出市场。仔细观察我们还可以发现，3/2是2的3/4，9/8是3/2的3/4，27/32是9/8的3/4，等等。由此可见，每次被"驱逐"出市场的二手车，都是当时质量最好的1/4的二手车。这种逆向选择的"速度"，体现了逆向选择作用的强度。"速度"越快，表明逆向选择作用的强度越大。

信息对称的情形

前面我们反复强调，信息不对称是逆向选择之所以发生的原因。为了验证这个观点，下面分析两种信息对称情形下的二手车市场的运作。我们将会看到，无论是完全信息的信息对称还是不完全信息的信息对称下，"竞争性"市场都能够很好地运作。

第一种信息对称情形，假设买卖双方都拥有完全信息，他们都能够准确判断具体每一辆汽车的质量。这时候，对于一辆质量为 q 的汽车，买卖双方

愿意以一个介于 q 和 $3q/2$ 之间的价格 p 进行交易，这样买卖双方就可以分割 $q/2$ 的交易利益，其中卖方得到 $(p-q)$ 的效用增量，买方得到 $(3q/2-p)$ 的效用增量。而具体按照哪个价格进行交易，则取决于双方的谈判能力和谈判过程。原理上，所有潜在卖主都可以将手中的汽车卖给潜在买主，并且买卖双方的利益都得到改善。而且我们不难验证，市场交易实现了汽车的**帕累托最优配置**（Pareto optimal allocation），因为这些汽车都由对其评价最高的人拥有。

第二种信息对称情形，假设买卖双方都拥有不完全的信息——他们都只知道汽车质量的总体分布情况，但不能判断具体每一辆汽车的质量。这样的信息结构与新车市场基本上一致。事实上，我们不妨认为所讨论的市场就是新车市场。由于双方都只知道汽车的期望质量为 1，所以他们愿意以一个位于 1 和 3/2 之间的价格进行交易。原理上，所有潜在卖主都可以将手中的汽车卖给潜在买主，从而使得汽车的配置状况达到帕累托最优。但是，最终交易下来，并非每个人的利益都能够得到改善。比如一辆质量为 0 的汽车以 1 的价格交易，则买主的利益受到了损害。又比如一辆质量为 2 的汽车以 3/2 的价格交易，则卖主受到了损害。但从期望效用的角度看，在交易时买卖双方以期望效用表示的利益都得到了改善。至于为什么说在交易时双方的利益都得到了改善，我们留给大家仔细思考。如果读者在思考这个问题遇到困难，请再次阅读和思考本书第 1 章 1.3 节和 1.4 节的有关内容。

综上所述，虽然两种信息对称情形的市场结果有所不同，但它们实现了汽车的帕累托最优配置，避免了市场失灵。据此我们可以断定，信息不对称确实是引发逆向选择的根本原因。需要注意的是，商品实现了帕累托最优配置，并不意味着市场是公平（fair）的。相对而言，完全信息情形的交易结果是比较公平的，不完全信息情形的交易结果就不那么公平了。

2.4 评价分布图与逆向选择的另一种演示

经过上一节的分析，我们已经知道，信息不对称是逆向选择发生的根本原因，也初步了解了逆向选择的机理。相对于本书 2.2 节而言，上一节的方法虽然没那么"正规"，但却更加简洁而有效。

然而，为了更加全面地了解逆向选择的机理，我们还需要搞清楚买卖双方对汽车质量的评价的差异在逆向选择过程中的作用。为此，我们将引入评价分布图的概念，介绍另一种展示逆向选择过程的图形分析方法。

如图 2—7 所示的，我们按照质量由低至高将二手车从左到右排列，便得到了二手车的质量分布图。采取类似的做法，如果我们按照卖主的评价或买主的评价由低至高将二手车从左到右排列，便可以得到二手车的**卖主评价分布图和买主评价分布图**，统称为**评价分布图**。同样，我们将使用面积为 1 的"标准化"的评价分布图。需要指出的是，评价分布图不仅包含交易者对二手车质量偏好的信息，还包含二手车质量分布的信息。另外可以验证，如果我们随机抽取一辆二手车，则卖主（买主）对它的评价的概率密度函数，就可以用卖主（买主）评价分布图的上方边界表示。或者说，卖主（买主）评价分布图的上方边界，就是二手车的卖主（买主）评价分布的密度函数曲线。

我们知道，在阿克洛夫模型中，潜在卖主对质量为 q 的二手车的评价为 q，所以二手车的卖主评价分布图和质量分布图重合在一起，是一个 $2 \times 1/2$ 的矩形。潜在买主对质量为 q 的二手车的评价为 $3q/2$，所以二手车的买主评价分布图，应该由质量分布图在保持面积不变的情况下拉长到原来的 $3/2$ 倍得到，是一个 $3 \times 1/3$ 的矩形。在图 2—9 中，我们画出了二手车的卖主评价分布图和买主评价分布图。如果读者希望更加彻底地弄清楚质量分布图和评价分布图之间的关系，请自行学习或复习相关的概率论知识。

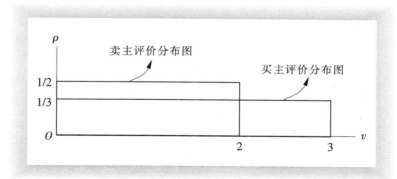

图 2—9　二手车的评价分布图

现在运用二手车的评价分布图来演示逆向选择的过程。从买主评价分布图可以知道，潜在买主对随机选取的二手车的期望评价等于 $3/2$。如果潜在买主按照这个期望评价出价 $p_1 = 3/2$，则对自己的二手车评价大于 $3/2$ 的卖主就会退出市场交易，也就是说，质量大于 $3/2$ 的二手车将退出市场交易。如图 2—10 上图所示的，卖主评价分布图中的阴影 I 代表的二手车将退出市场交易。卖主评价分布图中的阴影 I 代表的二手车，对应于买主评价分布中的阴影 I 代表的二手车。于是，二手车的卖主评价分布图就变成了一个 $3/2 \times 1/2$ 的矩形，买主评价分布图则变成了一个 $9/4 \times 1/3$ 的矩形，具体如图 2—10 下图所示。紧接着，潜在买主会根据新的期望评价调整出价 $p_2 = 9/8$，结果导致对自己的二手车评价大于 $9/8$ 的卖主也退出市场交易……逆向选择就这样一步

一步进行下去，最终导致整个市场瓦解。当然，我们只演示了整个逆向选择过程的前两步，有兴趣的读者可以按照上述思路继续分析下去。

在这里，我们请读者对比图2—10的分析与图2—8的联系与区别。我们认为，相比较而言，图2—10的分析所包含的经济含义更加丰富，但图2—8则较为简洁。至于孰优孰劣，则见仁见智，视乎我们分析的需要。

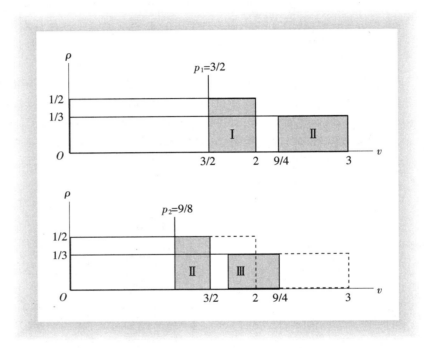

图2—10 评价分布图与逆向选择

至此，我们一共介绍了三种分析二手车市场均衡的图形方法，为表述方便，我们将图2—5或图2—6的方法称为"**供求分析方法**"，将图2—8的方法称为"**质量分布图分析方法**"，将图2—10的方法称为"**评价分布图分析方法**"。第一种是静态的分析方法，后两种是动态的分析方法。

2.5 关于阿克洛夫模型的讨论

到目前为止，我们已经对阿克洛夫模型进行了非常详尽的分析。我们认为，阿克洛夫模型已经抓住了二手车市场的本质特征。但是，作为一个模型，它简化了现实的情况，并且将某些因素推向极端。所以，为了全面理解阿克洛夫模型的意义和局限，同时为了更好地从整体上把握逆向选择问题，下面对模型作进一步的讨论和说明。

模型的合理性问题

诚然，阿克洛夫模型是特别设定的，但它是合理的。模型有三个重要的假设：（1）买卖双方存在交易利益，他们可以进行互利的交易；（2）买卖双方都是价格的接受者；（3）二手车的质量不是划一的，并且买卖双方拥有不对称的信息。前两个假设和同质商品竞争性市场是一致的，第三个假设体现了二手车市场的特质。

阿克洛夫模型取材于现实，但不拘泥于现实，它对现实中的许多方面进行了简化：（1）模型假设同类的交易者具有相同的效用函数和预算约束，并且两类交易者的数目相同。（2）模型使用形式简单的线性效用函数。这些简化凸显出质量差异和信息不对称对二手车市场的影响，使得我们可以集中分析二手车市场的逆向选择问题。

模型分析表明，二手车市场会出现逆向选择，最终导致整个市场瓦解，所有的二手车都退出市场交易。这个零交易的市场结果，显然与实际情况有所出入，但不会影响模型的解释能力和一般适用性。总的来说，模型有点"过分"地、但非常准确地揭示了质量评价差异和信息不对称对二手车市场交易的影响，以及二手车市场的逆向选择问题。

引发二手车市场出现逆向选择的原因

正如前面所说，除了"二手车的质量不是划一的，买卖双方拥有不对称的信息"这一假设之外，阿克洛夫模型的其他假设和同质商品竞争性市场是一样的。由此可以推断，造成二手车市场出现逆向选择效应的关键原因，是二手车质量的不确定性和信息不对称。

实际上，本书 2.3 节第 2 小节的分析表明，如果买卖双方拥有对称的（完全的或不完全的）信息，则二手车市场可以像同质商品的竞争性市场一样有效率地运作，逆向选择效应会自动消失。可见，信息不对称确实是导致二手车市场出现逆向选择的关键原因。质量的不确定性是信息不对称出现的前提。

在下一章，我们通过更加仔细和深入的分析会发现，逆向选择是否发生及其作用的强弱，还取决于二手车质量的具体分布和买卖双方的评价差异程度。总而言之，信息不对称不一定会引发逆向选择，即使引发逆向选择，也不一定会导致市场出现零交易。

价格在二手车市场里的作用

从初级的或中级的微观经济学理论我们知道，价格是市场交易中最重要的变量。在同质商品市场里，交易价格由市场的需求和供给共同决定，反映了商品的市场稀缺程度。那么，在二手车市场里，价格起到什么样的作用呢？

首先指出，在二手车市场里，交易价格同样反映二手车的稀缺程度。但是阿克洛夫模型还揭示了价格的另一个作用——决定和体现二手车的期望质量。从模型的分析我们知道，卖主只出售质量不高于价格水平的二手车。换言之，卖主们是有倾向性地挑选二手车到市场上出售的。这种有倾向性的挑选，就是逆向选择。这样一来，价格就成了买主们估计二手车质量的关键变量。按照模型的假设，二手车的期望质量总是等于价格水平的二分之一。可见，价格确实可以用来估计二手车的期望质量。

往好的方面想，价格现在是"一箭双雕"，既表征质量情况，又反映商品的稀缺程度，何其美妙。然而"一心不能二用"，"一石二鸟"的结局通常是一只鸟也打不着。实际上，价格的双重角色，正是造成二手车市场出现逆向选择的直接原因。一方面，买主们意料到二手车的期望质量只有现有价格水平的二分之一，而不停地压低交易价格；另一方面，价格的下降导致二手车按照质量从高到低不断退出市场，导致二手车的期望质量不停下降。这是一个恶性循环，最终的结果是使得整个市场都瓦解了。

根据价格来判断商品的质量状况，在现实生活中是十分常见的现象。在一个成熟的市场里面，人们常常认为价格较高的商品，质量也必定较高。人们这种心理的学理基础，正是价格和质量的正相关关系。一条裙子标价 50 元卖不出去，标价 200 元却卖出去了。这样的个案确实存在。这是消费市场一种很有趣的现象，值得专门作深入的分析，但是根源还是信息的不对称性，是价格的双重角色特性。

发达国家有个著名的笑话："我不愿意参加那些愿意廉价吸收我为会员的协会"，其道理也在于此。的确，如果一个协会的会员价如此低廉，以致很多人都轻易可以参加，那么它必定是一个名声不好的协会。试问你怎么会愿意参加这样的协会？如果参加进去，只会败坏你的名声。

阿克洛夫模型在现实中的有效性

有人也许会这样抨击阿克洛夫模型：二手车的特征实际上应该可以被潜在的买主观察出来，比如车子的牌子、型号和使用时间的长短。但是我们要指出，这些并不能降低阿克洛夫模型的有效性和理论价值。

的确，二手车的许多特征可以被人们观察到，据此人们可以将整个二手车市场分割成若干个子市场。比如说，我们可以按照牌子、型号和使用年限来将二手车分类，得到各自独立的二手车子市场。但是对于每一个子市场，譬如某种型号的使用期都为 3 年的二手福特汽车市场，汽车的质量仍然存在差异，买卖双方仍然拥有不对称的信息。所以在这些子市场里，逆向选择效应依然会发生。

可见，人们可以观察到二手车的许多特征，但是这样只是减轻而没有消除逆向选择效应的影响。因为总的来说，潜在的卖主总是比潜在的买主拥有更多的关于汽车质量的信息。买卖双方信息不对称的程度，决定了逆向选择效应的强烈程度。

在二手车交易的过程中存在着大量的说谎现象

我们在本书第 1 章 1.2 节说过，信息不对称是欺骗得以发生的前提。在二手车市场上，卖主很可能会利用自己的信息优势说谎。为了获得更好的价钱，每个卖主可能都会说："这真是一辆好车，它应该值更多钱。"但是这当中有多少是真话呢？毕竟每个卖主都在为自己的利益说话。如果从理性的角度来思考，我们可以断定，那些拥有质量糟糕的二手车的车主肯定都在说谎，因为他们希望获得更高的价钱。

拥有质量差的二手车的那些车主说谎的目的是为了占买主的便宜，可最终的结果是"损人不利己"，自己便宜没有占到，却导致质量好的二手车无法完成交易。

阿克洛夫模型的结论和思想具有一般适用性

阿克洛夫模型的结论和思想具有一般适用性，可以推广到其他同样具有信息不对称的市场和领域中，比如我们在本书第 1 章 1.2 节谈到过的保险市场、劳动力市场和信贷市场等等。

以信贷市场为例，贷款人可能并不清楚借款人的信用可靠程度。有些人比较谨慎，有七八分把握才进行一项投资，投资成功的概率比较大，还贷的把握也比较大，他们的信用可靠程度比较高。有些人爱冒险，有一两分把握就想搏一搏，投资成功的概率比较小，还贷的机会也比较小，他们的信用可靠程度比较低。在成熟的金融市场体系下，成功概率高的投资项目，期望收益通常比较低；成功概率低的投资项目，期望收益一般比较高。因此，信用可靠程度高的人不愿意接受利率太高的贷款，以免无利可图；而信用可靠程度低的人在借钱时，利率高也愿意接受。

信用可靠程度高的人还贷的可能性就高，所以贷款人希望以低利率贷款给信用可靠程度高的人，以高利率贷款给信用可靠程度低的人。可是，由于贷款人不清楚借款人的信用可靠程度，他们只能以一个"平均"水平的利率贷款给各种信用可靠程度的人。这样一来，信用可靠程度高的人就会觉得不合算而拒绝贷款。结果，接受贷款的人将主要是那些有借无还的人。同样发生逆向选择。

其实，我们还可以套用阿克洛夫模型分析贷款市场的逆向选择。具体的分析过程留给读者作为练习。

信息不完全或信息不对称是外部效应存在的一个原因

所谓**外部效应**（externalities），是指一些人的经济活动或社会活动，对另外一些人的利益或者环境造成了影响。按照这种影响是有利的还是有害的，我们可以将外部效应分成正的外部效应和负的外部效应。负的外部效应很多，比如说一个人在敲敲打打，弄得别人不能集中精力工作；又比如某个小工场污染了河流，使下游的居民得不到干净的饮用水。负的外部效应通常叫做污染，这个污染的概念比原来的字面意思拓展了一些，不仅有大气污染、水域污染，还有噪声污染、景观污染等等。正的外部效应也有，比如说你培植了很美的花园草坪，别人看到也赏心悦目；又比如你开车很有礼貌，对交通畅通是一份贡献。正的外部效应当然多多益善，负的外部效应，就要追究祸首，现代社会已经发展到把协调人们的利益关系放在重要的位置。所以，经济学更加讲究如何对付负的外部效应。

值得注意的一点是，如果引起污染的经济活动能够产生一点儿好处，这些好处并不能让大家分享，但是它所造成的污染，却强加在大家的头上。也就是说，市场本身不能对防止污染提供必要的激励。我们也可以换一个角度思考这个问题，如果谁为防治污染花费了很大力量，他并不能阻止别人享受他治理污染的成果，不能防止别人"搭便车"享受"胜利果实"。所以一切都靠自愿的市场，不能对防止和治理污染提供足够的激励。

本来，如果市场上的信息是完全的，各辆二手车的交易可以独立展开，不会互相影响，每辆二手车都将得到与质量相称的价钱。但在信息不完全或信息不对称的市场上，不同质量的二手车以统一的"平均"水平价格出售。这意味着，质量较差的二手车车主占了便宜，质量较好的二手车车主吃了亏。事实上，质量较差的二手车的存在，降低了人们对质量较好的二手车的评价；相反，质量较好的二手车的存在，提高了人们对质量较差的二手车的评价。可见，质量较差的二手车进入市场，会给市场带来负的外部效应；而质量较好的二手车进入市场，则给市场带来正的外部效应。

阿克洛夫模型的意义

毫无疑问，阿克洛夫模型的第一个重要意义，是它揭示了信息不对称市场逆向选择问题发生的机理。在信息不对称的市场上，古典经济学的基本竞争模型被颠覆了，亚当·斯密提出的**"看不见的手"**（invisible hand）原理不能很好发挥作用。经济学家早已认识到价格能够反映商品稀缺程度的作用，但阿克洛夫模型告诉我们，价格还有另外一项功能——决定和体现商品的期望质量。价格的双重角色，是古典经济学的基本竞争模型之所以在信息不对称条件下失效的关键原因。鉴于信息不对称相当广泛地存在于市场当中，我们非常有必要重新审视古典经济学理论的合理性和适用性。

阿克洛夫模型的第二个重要意义，是它掀起了经济学研究信息不对称市场的热潮，使得信息经济学逐渐形成经济学的一个重要分支。近年来，经济学家们已经承认，信息的不完全性和不对称性，会从根本上改变个人和企业的行为。个人和企业通常在不完全信息的条件下决策，这一事实从许多方面影响了个人和企业在市场上的行为。到目前为止，经济学家发现，信息的不对称性和不完全性至少会产生逆向选择和道德风险等结果，还有相联系的信号显示、信号甄别，激励问题、搜寻问题和广告等等。

习题 2

2—1. 对于日常商品，哪些你能够比较准确地"看出"它们的质量，哪些不能？

2—2. 除了二手车市场，你觉得哪种商品市场也容易发生逆向选择？请举例，并用经济学的语言描述出来。

2—3. 无套利机会，是合理市场的重要条件。用通俗的话来说，套利是指不耗费成本就可以获得好处的活动或行为。请尝试以无套利机会的条件为基本前提，分析为什么二手车市场的价格比新车市场低很多。

2—4. 如果无套利机会也能够解释为什么二手车市场的价格比新车市场低很多，那么你觉得这个解释和阿克洛夫模型的解释有没有冲突？

2—5. 阿克洛夫模型使用了特殊的假设条件，如果是一般的情况，你觉得二手车的市场供给和市场需求的立体图像会是怎么样的？相应的市场均衡又在哪里呢？

2—6. 图 2—8 演示了逆向选择过程的头两个"回合"，请读者画图继续分析一两个"回合"。

2—7. 图 2—10 用评价分布图进行逆向选择过程的分析，演示了头两个"回合"，请读者画图继续一两个"回合"的分析，并尝试总结逆向选择过程的规律。

2—8. 假设在一个信贷市场上，借款人的信用可靠程度 q 服从 $[0,2]$ 上的均匀分布，信用可靠程度为 q 的借款人愿意接受的最高贷款利率为 $(3-q) \times 6\%$，贷款人贷款给信用可靠程度为 q 的借款人要求得到的最低利率为 $(3-q) \times 4\%$，贷款人不能判断具体每个借款人的信用可靠程度，只知道借款人的信用可靠程度的分布，并且贷款人是风险中性的。请用阿克洛夫模型分析上述贷款市场的逆向选择过程和结果。

2—9. 请尝试以劳动力市场和保险市场为背景，建立起相应的逆向选择模型，然后分析模型，并用经济学的语言阐释分析的结果。

2—10. 请用阿克洛夫模型的原理解释习题1第1—8题所描述的经济现象，并尝试建立具体的数理模型。

2—11. 假设一个风险中性的买主对质量为q的二手车评价为tq（$t>0$），他准备购买一辆标价为1的二手车，但他只知道这辆二手车的质量服从$[0,2]$上的均匀分布。如果现在有人能够提供准确的关于这辆二手车质量的信息，该买主最多愿意花多少钱购买这个信息？

2—12. 请在上一题的基础上谈一谈信息的价值。

2—13. 一条裙子标价50元卖不出去，标价200元却卖出去了。请尝试用信息经济学的知识分析这种有趣的经济现象。如果这条裙子真的是一件只值50元的低档商品，请问店主占了谁的便宜？

2—14. 试用本章学到的知识分析"一分钱一分货"和"便宜没好货"的说法。

2—15. 你怎么看待阿克洛夫模型的分析结果与现实情况的差异？

2—16. 典故"滥竽充数"出自《韩非子·内储说上》，记述如下：

齐宣王使人吹竽，必三百人。南郭处士请为王吹竽，宣王说之，廪食以数百人。宣王死，湣王立，好一一听之，处士逃。

请从信息经济学的角度评析这个典故。

【注释】

[1] Akerlof，George，The Market for Lemons：Quality Uncertainty and the Market Mechanism，*Quarterly Journal of Economics*，84（1970），pp. 488—500.

[2] Ian Molho，*The Economics of Information*，*Lying and Cheating in Markets and Organizations*，Blackwell，Oxford，1997

[3] 在阿克洛夫模型（1970）中，两类交易者的人数不必相等。

[4] 在阿克洛夫模型（1970）中，n可以取大于1的整数。

[5] 更准确来说，"期望质量"应改为"质量分布"，但在由于模型的特殊假设，交易者只关心期望质量，但不在乎质量的具体分布，所以可用"期望质量"替代"质量分布"。

[6] 我们也可以假设$n=1$，即潜在卖主保留自己的汽车，但是由此推导出的供给函数还是一样的。

[7] 在本书第4章我们会论证，一旦市场价格形成，潜在卖主就常常会陷入难以调整要价的困境：提高要价则不能出售自己的二手车，降低要价等于告诉潜在买主自己的二手车的质量偏低。潜在买主则可以比较自由得调整出价。所以假设"交易时由潜在买主出价"比较来说更为适合。

第3章

阿克洛夫模型简单拓展

前面我们概括说，阿克洛夫模型有点"过分"、但却非常准确地揭示了二手车市场的逆向选择问题：在信息不对称的二手车市场里，逆向选择会瓦解整个市场。问题是，虽然我们常常可以观察到市场上的逆向选择现象，但却很少会看到逆向选择瓦解整个市场的情况。

阿克洛夫模型之所以会出现如此极端的结果，主要是因为它使用了一些严厉的假设条件，包括：（1）所有买主的偏好相同；（2）所有卖主的偏好也相同；（3）二手车的质量服从 [0,2] 上的均匀分布。有趣的是，只要我们稍微修改上述假设，马上就得到一些比较贴近实际的结论，帮助我们更深刻、更全面地理解逆向选择。这体现了阿克洛夫模型的洞察力和拓展能力，也进一步印证了阿克洛夫模型的合理性。

通过放宽模型的特殊假设条件，本章主要展开阿克洛夫模型的几种简单拓展情形。具体安排如下：3.1 节分析买卖双方的偏好差异对逆向选择的影响。3.2 节分析二手车的质量分布对逆向选择的影响。3.3 节结合前两节的拓展进行一个综合分析。

这些做完以后，本书阿克洛夫模型的内容将基本讲述完毕。最后，我们另外安排一节探讨逆向选择的可能解决途径。

3.1 买卖双方的质量评价差异与逆向选择

从本书第 2 章 2.4 节我们知道，买卖双方的质量评价差异是影响逆向选择进程的一个重要因素，本节就这个问题展开深入讨论。

阿克洛夫模型假定，对于质量为 q 的二手车，潜在卖主的评价为 q，而潜在买主的评价更高，为 $3q/2$。这是符合我们在本书第 1 章 1.3 节所说的 $v_b(x) = t v_s(x), t > 1$ 的要求的，它是互利交易发生的前提。现在保持其他条件不变，但是假设潜在买主对质量为 q 的二手车评价为 tq，即潜在买主的效用函数是 $U_2 = M + tqn$。在阿克洛夫原来的模型中，$t = 3/2$。

t 的经济含义可以理解为潜在买主对二手车的**质量评价指数**，反映潜在买主对二手车质量的评价。t 越大，表示潜在买主对二手车的质量的评价越高，即对于相同质量的二手车，t 越大，潜在买主对它的评价也就越高。t 的经济含义也可以理解为潜在买主关于二手车质量对其他商品的**消费边际替代率**（marginal rate of substitute to consume，MRSC），因为要潜在买主放弃 1 单位二手车质量的消费，至少需要增加 t 单位其他商品的消费。按照同样的理解方式，潜在卖主的质量评价指数就是 1，或者说，潜在卖主关于二手车质量对其他商品的消费边际替代率为 1。换言之，潜在卖主的偏好被"标准化"了。"标准化"可以降低分析的难度，是经济学建模的常用方法。

我们只讨论 $t \geq 1$ 的情况，因为当 $t < 1$ 时，买卖双方没有交易利益，交易不可能发生。容易知道，这时候 t 可以用来表征买卖双方对汽车质量的评价的差异程度。t 越大，表示买卖双方的质量评价差异程度越大；t 越小，表示买卖双方的质量评价差异程度越小。当然，这里的质量评价差异，都是在潜在买主的质量评价指数不小于潜在卖主的情况下，通过分析不同的 t 值所对应的市场交易情况，可以找出质量评价差异程度对逆向选择的影响的规律。

下面，我们先考察不同 t 值对应的买主评价分布图，然后具体分析 $t = 1$ 和 $t = 2$ 两种典型情况，最后讨论一般情形，总结规律。

质量评价与买主评价分布图

评价分布图既包含二手车质量分布的信息，也包含交易者对二手车质量评价的信息，对于潜在买主不同的质量评价情况，我们可以用买主评价分布图形象地表达出来。

前面我们已经假设，二手车的质量分布图是一个 $2 \times 1/2$ 的矩形，如果潜在买主的质量评价指数为 t，则买主评价分布图可以由质量分布图在保持面积不变的情况下拉长到原来的 t 倍得到，是一个 $2t \times 1/2t$ 的矩形。图 3—1 画出

了 $t=1$，$t=3/2$，$t=2$ 三种情况下的买主评价分布图。$t=1$ 时，买主评价分布图与质量分布图和卖主的质量评价图一样，都是一个 $2\times1/2$ 的矩形；$t=3/2$ 和 $t=2$ 时，买主评价分布图分别是一个 $3\times1/3$ 的矩形和一个 $4\times1/4$ 的矩形。

要弄清楚买卖双方的质量评价差异程度对逆向选择的影响，最好使用上一章图 2—10 的评价分布图分析方法，但为叙述简便起见，我们将使用更为简练的质量分布图分析方法。事实上，质量分布图的动态演示画出来了，评价分布图的动态演示也就差不多清楚了。

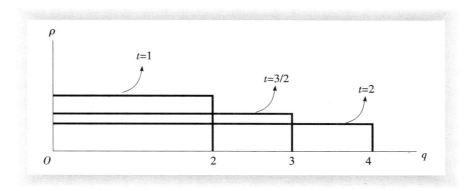

图 3—1　买主评价分布图

情况一：$t=1$

根据本书第 2 章图 2—8 的质量分布图分析方法：一开始，潜在买主按其对期望质量的评价出价 $p_1=1$，结果质量大于 1 的那一半二手车便退出了市场交易。接着，潜在买主按照其对剩下的二手车的期望评价调整出价为 $p_2=1/2$，于是在剩下的二手车里面质量大于 $1/2$ 的那一半也退出了市场交易。这样继续下去，每次潜在买主调整出价都会造成当时市场中的质量最好的那一半二手车退出市场，直到整个市场瓦解为止。具体的图形分析见图 3—2。

与原来的阿克洛夫模型即 $t=3/2$ 的情况相比，$t=1$ 时市场不仅会发生逆向选择，而且逆向选择的强度更大。如果说当 $t=3/2$ 时，逆向选择的"速度"为 $1/4$，潜在买主每次出价会导致当时质量最好的 $1/4$ 的二手车退出市场，那么当 $t=1$ 时，逆向选择的"速度"增大到 $1/2$，潜在买主每次出价会导致当时质量最好的 $1/2$ 的二手车退出市场。

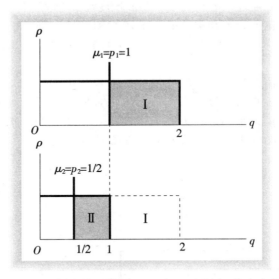

图 3—2　$t=1$ 时的质量分布图分析

情况二：$t=2$

同样根据本书第 2 章图 2—8 的质量分布图分析方法：一开始，潜在买主按其对期望质量的评价出价 2，结果没有二手车退出市场交易。也就是说，逆向选择没有发生，市场交易可以顺利进行，所有潜在卖主都出售自己的二手车，所有潜在买主也都购买二手车。由此可见，$(p^*, Q^*, \mu^*) = (2, N, 1)$ 是一个市场均衡。

但是，它是唯一的市场均衡吗？

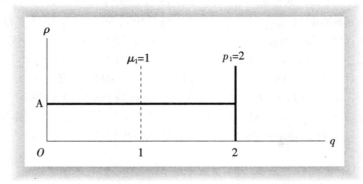

图 3—3　$t=2$ 时的质量分布图分析

采用本书第 2 章图 2—5 的供求分析方法可以发现，市场存在无穷多个均衡。图 3—4 画出的是供求分析的平面展示图：函数曲线 $\mu(p)$ 代表供给，阴影区域代表需求；它们重合的部分即线段 OE，是所有的市场均衡的投影，其中点 E 是市场均衡 $(2, N, 1)$ 的投影。注意，当 $t = 2$ 时，需求区域的边界是射线 $p - 2\mu = 0$。

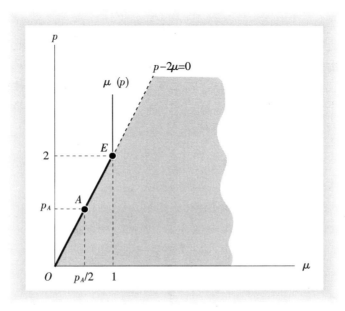

图 3—4　$t = 2$ 时的供求分析

除了原点 O 对应的没有交易的情况明显不合理之外，其他的点例如 A 对应的市场交易，都是比较合理的市场均衡。A 点代表的情况是：市场价格为 p_A，市场供给量为 $p_A N/2$，期望质量为 $p_A/2$，市场需求量介于 0 到 N 之间，市场达到供求平衡的状态。所以，$(p^*, Q^*, \mu^*) = (p_A, p_A N/2, p_A/2)$ 是一个市场均衡。

因此总体来说，对于所有的 $p \in (0, 2]$，$(p, pN/2, p/2)$ 都是市场均衡。无疑，市场均衡 $(2, N, 1)$ 最有可能成为市场交易的结果，而且所有潜在卖主都偏好于这个价格最高的均衡，但如果市场价格一开始就比较低，而且潜在卖主不能协调起来集体提高价格，那么市场交易的结果也可能是其他均衡，例如 $(p_A, p_A N/2, p_A/2)$。按照博弈论的说法，潜在卖主此时面临的局面，属于**协调博弈**（games of coordination），只有大家协调起来，才能达到一个对所有人都有好处的共赢结果。

一般情形

从前面两个小节的分析我们已经清楚，逆向选择是否发生以及逆向选择的强度，与买卖双方的质量评价差异程度有密切的关系。事实上，我们容易验证：只要 $t > 2$，逆向选择就会停止，而且任何一个价格 $p \in [2, t]$ 都是可能的均衡价格，均衡交易数量为 N，均衡期望质量为 1；反之，如果 $t < 2$，逆向选择就一定会发生，而且总能瓦解整个市场。

图 3—5 画出了 $t > 2$ 时的供求分析的平面展示图，其中线段 EF 是市场均衡的投影，这些市场均衡的共同表达式是 $(p^*, Q^*, \mu^*) = (p, N, 1)$，$p \in [2, t]$。需要注意的是，除端点 E 外，线段 OE 上其他的点对应的市场交易都不是市场均衡。比如 A 点对应这样的情况：市场价格为 $p_A < 2$，市场供给量为 $p_A N/2 < N$，期望质量为 $p_A/2$，市场需求量为 N，市场处于供不应求的状态，市场价格有上升的压力。

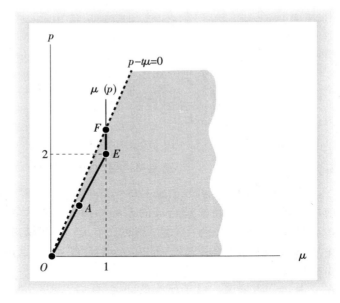

图 3—5　$t > 2$ 时的供求分析

图 3—6 画出了 $t < 2$ 时的质量分布图分析的第一步：一开始，二手车的期望质量为 $\mu_1 = 1$，潜在买主按照对这个期望质量的评价出价 $p_1 = t$，于是质量大于 t 的二手车便退出市场，退出市场的二手车的份额为 $(2-t)/2$。继续分析下去可以发现，以后每逢潜在买主相应地调整出价，都会造成当时质量最好的份额为 $(2-t)/2$ 的那部分二手车退出市场。也就是说，逆向选择的"速

度”为 $(2-t)/2$。由此可见，当 $t<2$ 时，t 越大即买卖双方的质量评价差异程度越大，逆向选择的"速度"或强度就越小。特别是当 t 趋于 2 时，逆向选择的"速度"趋向于 0，逆向选择效应趋向于消失。但是，不管逆向选择的"速度"多慢，只要这个速度不为 0，逆向选择最终都会瓦解整个二手车市场。

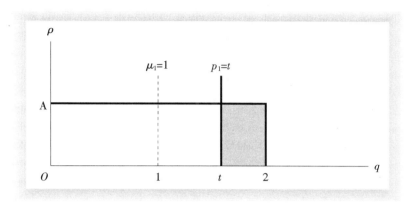

图 3—6 $t<2$ 时的质量分布图分析

我们建议读者选取一个具体的 t 值，亲手画图演示一次逆向选择过程。如同"百闻不如一见"的道理，现代经济学学习的效果是百"看"不如一"做"。

小结

综上所述，当买卖双方的质量评价指数相同（$t=1$）时，逆向选择的强度最强；然后，随着买卖双方的质量评价差异程度增大（t 增大），逆向选择的强度会不断变小；最后，当买卖双方的质量评价差异程度超过阈值 2，即 $t \geqslant 2$ 时，逆向选择就停止。

由于我们假定潜在买主的质量评价指数总是不小于潜在卖主的，所以买卖双方的质量评价差异程度越大，就意味着买卖双方潜在的交易利益越大。于是上述结论又可以这样表述：当买卖双方潜在的交易利益很小时，逆向选择就会发生；但随着买卖双方潜在的交易利益增大，逆向选择的强度会越来越小；最后，当买卖双方潜在的交易利益足够大时，逆向选择就会停止，此时优质车的车主虽然被劣质车的车主占了便宜，但鉴于交易利益很大，他们本身仍然获利，所以仍然觉得交易比不交易强。

在本节的分析中，我们使用的是较为简洁的质量分布图分析。请读者们将这些分析全部改成评价分布图分析的版本，并借此再次思考买卖双方的质量评价差异程度对逆向选择的影响。

二手车质量分布与逆向选择

除了受到买卖双方质量评价差异程度的影响，逆向选择的进程还受到二手车质量分布的影响。在阿克洛夫模型中，二手车的质量服从闭区间 $[0,2]$ 上的均匀分布。下面保持其余条件不变，考察二手车质量服从其他形式分布时的市场交易情况。

二手车的质量服从 $[\alpha，2+\alpha]$ 上的均匀分布（$\alpha>0$）

在阿克洛夫模型中，质量最差的二手车质量为 0，这样的二手车对于潜在卖主和潜在买主来说都是一文不值的。现在改而假设二手车的质量服从闭区间 $[\alpha,2+\alpha]$ 上的均匀分布，相当于将阿克洛夫模型中的矩形质量分布图向右平移 α 个单位，这意味着买卖双方对市场上交易的质量最差的二手车评价不为 0，而是一个正数 α。这样的质量分布其实更加符合现实，因为即使是质量非常糟糕的二手车，也不会真的一文不值。

按照本书第 2 章 2.2 节的方法，可以求出期望质量关于价格的函数为：

$$\mu(p) = \begin{cases} (p+\alpha)/2, & \alpha \leqslant p \leqslant 2+\alpha \\ 1+\alpha, & p > 2+\alpha \end{cases} \tag{3—1}$$

我们在图 3—7 中画出了 $\mu(p)$ 的函数曲线，它由线段 AB 和以 B 为起点向上延伸的铅垂射线组成，A 和 B 的坐标分别为 (α,α) 和 $(1+\alpha,2+\alpha)$。

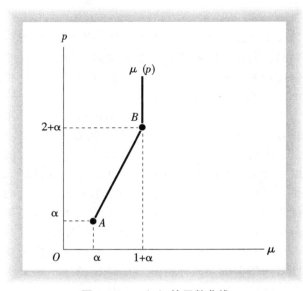

图3—7 μ（p）的函数曲线

根据 α 的大小，可以分为两种情况进行讨论。第一种情况是 $\alpha < 1$。采取供求分析方法，可以得到图 3—8 的平面展示图：函数曲线 $\mu(p)$ 代表供给，阴影区域代表需求，但其中只有 E$(3\alpha, 2\alpha)$ 是市场均衡的投影，对应的唯一的市场均衡是 $(p^*, Q^*, \mu^*) = (3\alpha, \alpha N, 2\alpha)$，表示市场上只有质量低于或等于 3α 的二手车得以交易。需要注意，除了 E 外，线段 AE 上其他的点对应的市场交易都不是市场均衡，论证过程请参考图 3—5 的分析。

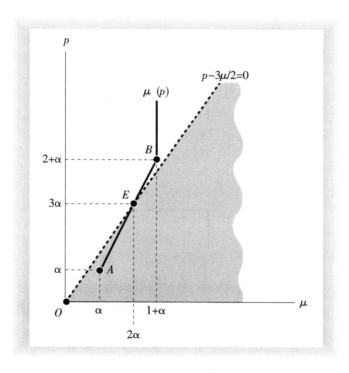

图 3—8　$\alpha < 1$ 时的供求分析

我们也可以用质量分布图方法进行分析。开始的时候，二手车期望质量为 $\mu_1 = 1 + \alpha$，按照对这个期望质量的评价，潜在买主出价 $p_1 = 3(1 + \alpha)/2 < 2 + \alpha$，会导致质量高于 p_1 的二手车退出市场。逆向选择就这样开始了。

不同的是，逆向选择没有像阿克洛夫模型那样瓦解整个市场，而是使市场交易趋向下述的稳定状态：当质量大于 3α 的二手车全部退出市场后，二手车的期望质量为 $\mu_\infty = 2\alpha$，潜在买主按照对这个期望质量的评价出价 $p_\infty = 3\alpha$，不会再导致二手车退出市场。换言之，逆向选择停止了，市场交易能够顺利进行。所以，$(p^*, Q^*, \mu^*) = (3\alpha, \alpha N, 2\alpha)$ 是一个市场均衡。

图 3—9 画出了上述逆向选择动态过程的第一个"回合"和最后的极限情

况。读者可以尝试补充分析多当中的几个"回合"。作为一个更加有挑战性的练习，读者可以尝试证明 $\mu_\infty = \lim_{n \to \infty}\mu_n = 2\alpha$ 和 $p_\infty = \lim_{n \to \infty}p_n = 3\alpha$，即 $\mu_\infty = 2\alpha$ 和 $p_\infty = 3\alpha$ 是极限情况的期望质量和潜在买主的出价，其中 μ_n 和 p_n 分别表示第 n 个"回合"二手车的期望质量和潜在买主的出价。

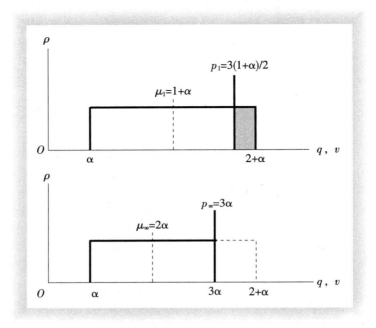

图 3—9 $\alpha < 1$ 时的质量分布图分析

第二种情况是 $\alpha \geqslant 1$。这时候，潜在买主的第一次出价 $p_1 = 3(1+\alpha)/2 \geqslant 2 + \alpha$，所以没有二手车退出市场，逆向选择不会发生。图 3—10 画出了 $\alpha = 1$ 时的质量分布图分析的第一个"回合"。容易知道，$(p^*, Q^*, \mu^*) = (3, N, 2)$ 是一个市场均衡。可以进一步验证，$(3, N, 2)$ 是唯一的市场均衡。

如果 $\alpha > 1$，则可以证明，市场的均衡价格是 $p \in [2+\alpha, 3(1+\alpha)/2]$，均衡交易数量是 N，均衡期望质量是 $1+\alpha$。具体的图形分析，包括供求分析、质量分布图分析和评价分布图分析，我们留给读者作为练习。

最后进行一个简单的总结。如果二手车的质量服从 $[\alpha, 2+\alpha]$ 上的均匀分布，那么，当 $0 < \alpha < 1$ 时，逆向选择会发生，但不会完全瓦解这个市场，而且 α 越大，逆向选择的强度越小；当 $\alpha \geqslant 1$ 时，逆向选择就不再发生。

二手车的质量服从[0，2]上的"等腰三角形"分布

如图 3—11 所示，假设二手车的质量服从 $[0,2]$ 上的"等腰三角形"分

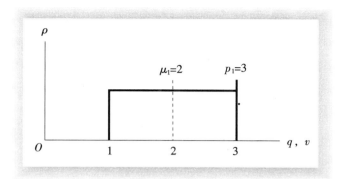

图 3—10   α=1 时的质量分布图分析

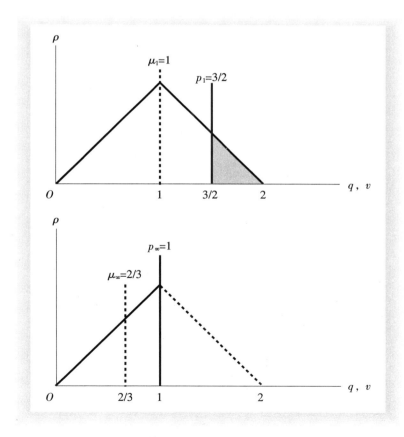

图 3—11   "等腰三角形"分布的质量分布图分析

布，质量分布图是一个底边为 2 高为 1 的等腰三角形。这种形状的质量分布，意味着质量居中的二手车比较多，质量很好或质量很差的二手车都比较少。容易想象，这样的质量分布，比均匀分布更加接近现实生活。

继续我们的分析：开始的时候，二手车的期望质量为 $\mu_1 = 1$，根据对这个期望质量评价，潜在买主出价为 $p_1 = 3/2$，结果质量高于 3/2 的二手车便退出市场。于是，逆向选择开始了。

但是，随着逆向选择的进行，市场交易最终趋向于下述的稳定状态：当质量大于 1 的二手车全部退出市场后，二手车的期望质量为 $\mu_\infty = 2/3$，潜在买主按照这个期望质量出价 $p_\infty = 1$，逆向选择便停止了。因此，$(p^*, Q^*, \mu^*) = (1, N/2, 2/3)$ 是一个市场均衡。

与图 3—9 的情况一样，我们只画出了逆向选择动态过程的第一个"回合"和最后的极限情况。所以，这里也请读者补充分析多几个"回合"，同时也请有兴趣的读者验证 $\mu_\infty = \lim\limits_{n\to\infty}\mu_n = 2/3$ 和 $p_\infty = \lim\limits_{n\to\infty}p_n = 1$，其中 μ_n 和 p_n 分别表示第 n 个"回合"二手车的期望质量和潜在买主的出价。

除了动态的质量分布图分析，我们也可以采用图 3—12 的静态的供求分析：$\mu(p)$ 的函数图像代表供给，阴影区域代表需求。其中：

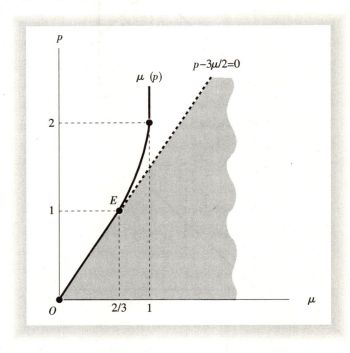

图 3—12　"等腰三角形"分布的供求分析

$$\mu(p) = \begin{cases} 2p/3, & p \leqslant 1 \\ \dfrac{(6p^2 - 2p^3 - 2)}{(12p - 3p^2 - 6)}, & 1 < p \leqslant 2 \\ 1, & p > 2 \end{cases} \tag{3—2}$$

至于 $\mu(p)$ 的计算过程，我们不再赘述。重要的是，通过图形分析可以知道，函数图像 $\mu(p)$ 与阴影区域重合的部分为线段 OE，其中 E 是市场均衡 $(1, N/2, 2/3)$ 的投影。根据图 3—4 的分析还可以知道，除了 O 外，线段 OE 其他的点对应的市场交易都是比较合理的市场均衡，这些均衡的共同表达式是 $(p^*, Q^*, \mu^*) = (p, pN/2, p/2), p \in (0, 2]$。

小结

本节将二手车的质量分布由 $[0, 2]$ 上的均匀分布修改成两种更加接近实际的情况，我们发现，这时候逆向选择不会瓦解整个市场，在一定条件下甚至可以避免逆向选择。

在现实生活中，二手车的质量分布应该比较接近正态分布，质量居中的二手车比较多，质量很好或质量很差的二手车都比较少；而且，即使是质量非常差的二手车，也不会一文不值。所以，当质量比较高的那一部分二手车退出市场后，对于剩下的二手车来说，最高质量与期望质量的比值将会比较小，这样，质量最高的二手车也愿意以按照期望质量确定的价格出售，于是逆向选择便停止了。

3.3　阿克洛夫模型的一个综合拓展

前面两节保持其他条件不变，分别集中分析买卖双方的质量评价差异程度和二手车质量的不同分布对逆向选择的影响。本节将同时修改潜在买主的质量评价指数和二手车的质量分布，对阿克洛夫模型进行一个综合拓展。具体来说，我们保持其他条件不变，但假设潜在买主的质量评价指数为 $t > 1$，二手车的质量服从 $[\alpha, 2+\alpha]$ 上的均匀分布，$\alpha > 0$。按照质量分布图分析方法的思想，开始的时候，二手车期望质量为 $(1+\alpha)$，所以潜在买主第一次出价为 $(1+\alpha)t$。因此，当 $t \geqslant (2+\alpha)/(1+\alpha)$ 时，逆向选择就不会发生，市场交易能够顺利进行。进一步还可以验证，这时候市场的均衡价格为 $p \in [2+\alpha, (1+\alpha)t]$，均衡交易数量为 N，均衡期望质量为 $(1+\alpha)$。具体的图形分析，我们留给读者来完成。

反过来，如果 $t < (2+\alpha)/(1+\alpha)$，即 (a, t) 取值于图 3—13 的阴影区域，逆向选择就会发生。下面集中讨论这种情况。

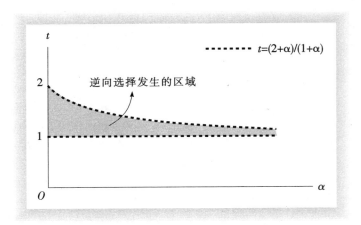

图3—13 逆向选择发生的区域

首先分析两个具体的例子。第一个例子假定 $\alpha = 1/2$，$t = 4/3$。第二个例子也假定 $\alpha = 1/2$，但假定 $t = 3/2$。换言之，在这两个例子中，二手车的质量分布相同，而潜在买主的质量评价指数不同。从图 3—14 和图 3—15 的质量分布图分析可知：在第一个例子里，潜在买主的质量评价指数较低，逆向选择的效应较大，市场均衡为 $(1, N/4, 3/4)$，质量大于 1 的二手车都退出市场交易；在第二个例子里，潜在买主的质量评价指数较高，逆向选择的效应较小，市场均衡为 $(3/2, N/2, 1)$，质量大于 3/2 的二手车退出市场交易。

本书 3.1 节的分析表明，买卖双方的质量评价差异程度会影响逆向选择的"速度"，但最终的结果都一样：只要逆向选择发生，就会瓦解整个二手车市场。对比图 3—14 和图 3—15 的分析我们知道，买卖双方的质量评价差异程度不仅会影响逆向选择的"速度"，而且会影响市场的交易结果，质量评价差异程度越大，最后参与交易的二手车就越多。

图 3—16 给出了一般化的分析。从中可以知道，如果 $t < (2+\alpha)/(1+\alpha)$，则市场均衡是 $(\alpha t/(2-t), 2\alpha(t-1)/(2-t), \alpha/(2-t))$，质量大于 $\alpha t/(2-t)$ 的二手车会退出市场。可见，α 越大或 t 越大，退出市场的二手车就越少，逆向选择的效应就越小。

在前面三节，我们通过修改买卖双方的质量评价差异程度和二手车的质量分布来对阿克洛夫模型进行拓展，从中知道，信息不对称并非一定会引起逆向选择，即使引起逆向选择，也不一定会瓦解整个市场。可见，买卖双方的质量评价差异程度和二手车的具体质量分布，都对逆向选择的发生和强弱有重大的影响。

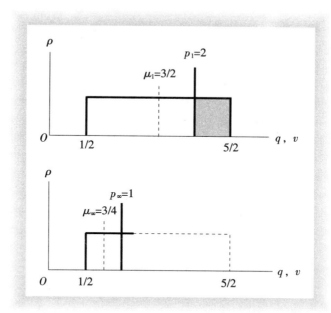

图 3—14 $t=4/3$ 、 $\alpha=1/2$ 时的质量分布图分析

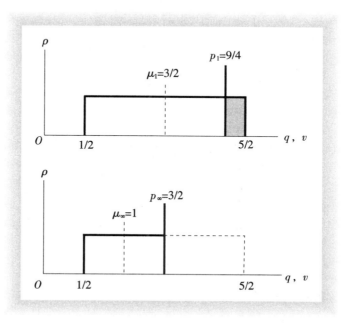

图 3—15 $t=3/2$ 、 $\alpha=1/2$ 时的质量分布图分析

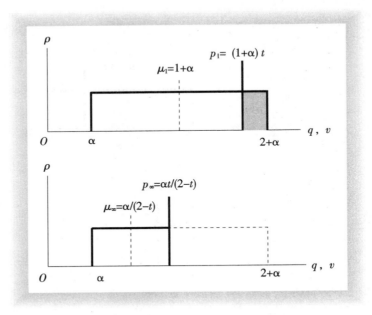

图3—16 $t<(2+\alpha)/(1+\alpha)$时的质量分布图分析

其实，上述关于阿克洛夫模型的拓展只是抛砖引玉，读者可以构造和分析更多的拓展情形。例如，我们可以假设潜在买主是"风险厌恶"的，即随着汽车质量的提高，潜在买主愿意为相同质量增量支付的金钱越来越少。又例如，我们可以假设二手车的质量分布图是"凸"字形的，或者接近正态分布的钟形，等等。

3.4   **逆向选择的可能解决途径**

到目前为止，我们比较详细地讲述了二手车市场的逆向选择问题，所得到的结论适用于其他同样具有信息不对称特征的市场和领域。可以清楚地看出，逆向选择给市场交易带来严重的负面影响。可喜的是，在现实生活中，人们已经创造了许多方法来解决市场上的逆向选择问题。现在，我们结合实际谈谈这些可能解决逆向选择问题的途径。

卖主的信号示意

设想某人有一辆质量良好的二手车要卖，他会希望说服潜在的买主这是一辆好车。他可以告诉买主这是一辆好车，并说明性能如何好。可是买主们干吗要相信他的**廉价交谈**（cheap talk）呢？所谓行动胜于空谈，他必须采取实际行动让买主们相信他的话。比如说，他愿意负担该车未来一年的维修费用，或者允许买主在两个星期内无条件退还汽车，取回所有的款项。

这个道理对于企业销售商品同样成立。美国克莱斯勒汽车公司（Chrysler Corporation，USA）愿为其生产的汽车提供 5 年和 50 000 英里的保修，这表明克莱斯勒公司对其产品的质量充满信心。保修的价值，不仅在于它降低了买主花一大笔钱修车的风险，还在于它使买主相信汽车出毛病的几率很低，否则克莱斯勒公司也不会提供这样的保修。所以，克莱斯勒公司的上述做法实际上发出了这样的信号：该公司的汽车具有较高的质量。在这里我们需要说明：如果一个信号能使优质的商品和劣质的商品区别开来，那么这个信号就是有效的。很显然，用于维修 5 年内容易出现故障的汽车的成本，要比用于维修不太可能出现毛病的汽车的成本高得多。消费者明白这一点，于是可以推断：如果企业愿意提供这样的保修服务，那么他们销售的汽车就应该是高质量的。

用经济学的术语来说，克莱斯勒公司上述的做法称为**信号示意**（signaling），而且是有效的信号示意，因为它向消费者有效发送了属于克莱斯勒公司的关于汽车质量的私有信息。

要进行有效的信号示意，还有其他方式。当顾客去找汽车经销商买车的时候，会想知道如果所购买的车在一两年内出毛病时，是否容易找到他们，以维护自己的合法权益。于是，有些企业花一大笔钱把它们的展示厅装修得非常漂亮。顾客看到那么漂亮的展示厅就会想：如果它们想收拾包袱溜号，代价将会很高昂。所以，企业就这样向消费者发出有效的信号：自己不是搭夜班机来回转一个圈就走的企业，而是要做长久性的生意，出售的商品是优质的商品。当然，还有其他原因促使企业花钱建造一个漂亮的展示厅。

可见，企业采取诸如提供更好的保修或修建漂亮的展示厅等做法，目的不仅在于使消费者从中直接得到好处，更在于发送有效的信号——它们的商品是优质的商品。产品质量高的企业通过发送有效的信号，使得自己的产品与别人的质量低的产品区分开来，很好地解决了逆向选择的问题。

本书后面的第 7 章会有专门的模型来讨论信号示意的问题，到时我们还会说明有效的信号示意需要满足哪些条件。不过，感兴趣的读者现在就可以思考这个问题了。

经纪人介入

让经纪人介入，是另一种解决逆向选择问题的办法。经纪人是安排双方的合约和交易的人。在过去的年代，婚姻经纪人撮合未来的一对。而在现在，股票经纪人撮合股票的买方和卖方，汽车经纪人则撮合汽车的买主和卖主。

但是，几乎在每一种情况下，经纪人的存在都仅仅是因为不完全信息。为什么人们不能自己走出去挑选一个伴侣、一种股票或一辆汽车呢？很明显的一个原因是，现实中存在多种多样不同的选择，收集足够的信息来做一个了解情况的基础上的决定会耗费太多的时间、精力和金钱。好的经纪人无时无刻不处于市场中，密切注视市场的最新动态。让经纪人这样相对较小数目的一部分人与卖方和买方保持联系，比起让所有买方和卖方重复他们的工作要更有效率。

比如，我们可以想象一下汽车经纪人是怎样工作的。经纪人的电话号码通常都会列在电话号码薄的黄页上。你打电话给一位经纪人，说明你想要的车的类型、牌子、型号、年份、附件等。然后经纪人就会为你找一宗最好的交易，让你满意。他或者是告诉你该去哪里买，或者干脆先把车买下来，再转卖给你。有时候是买方直接付佣金给经纪人，有时候是卖方付。

当经纪人似乎是一种有趣的谋生方式。一个人怎么通过寻购汽车而得到酬劳呢？考虑一下交易的双方。从潜在的汽车买主的角度来看，他要花时间和精力去找销售商并讨价还价。即使买主花费几天或几周时间，也不能肯定他会找到最好的买卖。所以，付钱请一个信息灵通的经纪人帮忙显然会节省时间和精力，还有可能获得更便宜的价钱。

从卖主的角度看，则要复杂一些。为什么卖主会跟经纪人做便宜的交易，而不是等一个不那么了解情况的买主到来以便卖得较高的价钱呢？汽车销售商跟经纪人打交道的主要原因是他们受到卖车的压力。当然，他们会愿意等一个信息较少的买主，获得比较高的价钱。问题在于销售商对买主的信息也是不完全的。销售商如何知道谁想买车？当经纪人在能为销售商提供一小笔利润的价格下说成一宗买卖时，销售商最好还是接受这笔利润完成这次交易。

当然，并不是每个人都需要或想要汽车经纪人。但对于那些觉得自己对旧车市场信息特别不了解的人，找经纪人可能是明智的选择。

如果是新车市场，牌子、型号相同的汽车质量不会有大的差异，要是能够瞅准机会搭便车，也可能获得一个比较低的价格。笔者有一个校友在芝加哥工作。1996年有老师去看他的时候，他得意地对老师说，刚刚以比较便宜的价格买了一辆理想的汽车。他买的就是新车，可是也有讨价还价的问题。讨价还价是很费力气的，所以如果单纯是讨价还价得到比较便宜的价格，本来没有什么可以得意的地方。他之所以得意，是因为他的一个朋友先买了他中意的那款车，他的这位朋友花了整整两个星期调查市场价格并且很有策略地进行讨价还价，最后以比较低的价格买了下来。第二天，他跑到那个汽车行，说我就要那种车并且支付那个价钱，结果他当然就成功了。

这个例子里面，同样的汽车在不同的汽车行卖不同的价钱。同样的商品在不同的商店卖不同的价钱的现象，叫做"价格分散"，也是信息经济学要讨论的问题，这是读者容易理解的。由于价格分散，人们要掌握价格信息，就会出现"搜寻成本"。我们的那个校友，就是因为搭便车，节省了搜寻成本。

合同和商誉

在简单的交易中，激励问题可以用奖惩安排来解决。例如，你想找人打印文件，你就跟他签一份合约，你将付给他 200 元，而他必须在明天下午 5 点钟以前把文件打好交给你。合约还规定，每个打印中出现的错误扣 5 毛钱，每迟交一小时扣 20 元钱。这样的一份合约就有内在的激励，促使文件按时按质交货。

但大多数交易，即使是简单的，也要比这个复杂得多。而且交易越复杂，激励问题越难解决。比如你想找人把你的个人计算机运到办公室去，你邻居 12 岁的儿子想做这份差事，用他的自行车把计算机运过去。你希望他会好好爱护你的计算机，如果路面颠簸不平，他应该下车缓缓推行，以免把计算机震坏。但他有什么激励去爱护你的计算机呢？如果你打算在发现计算机被损坏时让他支付修理费，那你又怎么能证明计算机原来没有潜在的毛病呢？再比如，你想找人剪草，你邻居的这个 12 岁儿子又想做这份差事。你希望他会好好爱护你的剪草机。当他看到剪草机前有石头时，他应该把石头捡起来。但他有什么激励去爱护剪草机呢？如果你打算在剪草机碰到石头损坏时让他支付修理费，那你又怎么知道那石头不是被草遮住了呢？（可能他其实是很小心的。）

当然，如果你安排他用自己的剪草机，他会有适当的激励。这就是"私有财产"加上"价格体系"共同作用能够有效解决激励问题的原因。但你邻居的儿子可能没有钱买一台剪草机，于是这样激励问题就不可避免：要么你让他使用你的剪草机，你得承担他乱用你的机器的风险；要么你借钱给他买一台自己的剪草机，这时你又得承担他不还你钱的风险，毕竟他还是一个孩子。

许多私人公司都得雇人来操作比剪草机贵千百倍的机器。每家公司都希望工人会努力并细心地工作，彼此沟通畅顺，并且富有责任心。在私有财产和价格之外，市场经济还有若干对激励问题的局部解决方法，可以笼统地归为合同解决和商誉解决。

现代经济中大多数经济关系并不像"你帮我打印一份文件，我就给你 200元"那么简单。正如上述例子所表明的，你可能还会关注到打印的准确性，排版是否漂亮，交货是否准时。

当某一方同意为另一方做事情，通常会签订一份合同，把交易的各种条件具体确定下来。例如，某企业同意按照商定的价格在某一确定的时间和地点交付特定品质的产品。合同中通常会有"免责"条款：如果发生不可抗拒的因素，如风暴等，交货可以推迟。这些意外条款也可能使付款依赖于环境和提供服务的方式。

合同试图通过确定每一种情形下双方应做的事情来解决激励问题。但无论起草合同的人阅历多么丰富、做得多么彻底，他们都不能预料到可能发生的所有意外。而且即使他们可以预料到可能发生的所有意外，他们也无法花这么长时间来写下所有的可能性。

有时候，供应者发现遵从合同的所有规定将会付出高昂的代价。例如，他可以按时交货，但这样做成本极高。如果买方能允许推迟一天交货，那将会节省很多钱。当然，买方知道卖方总会有许多借口，然而，有时候违反合同的规定会带来实际的经济上的节约。为了给供应者提供激励，使他们仅在真正有经济价值时才违反规定，大多数合同允许延迟交货，但同时会附加上惩罚。惩罚是为了使供应者有及时交货的激励，他要在及时交货和支付罚金之间作出抉择。有些合同有明确的条款允许其一方在支付罚金后解除合同。如果没有这样的条款，双方通常得去打官司，由法院规定违约方要支付多少赔偿给另一方。总之，无论一份合同有多么复杂多么详尽，仍然会存在模糊的地方。在后面，我们还会谈到合同不完善的问题。

信誉，或者更具体一些说是商誉，对在市场经济中提供激励起着极其重要的作用。商誉是保证的一种形式。即使顾客并不能从这种保证中得到什么，但是如果商人或公司不认真履约，其商誉就会受损。保持良好商誉的激励为企业提供了生产优质商品的激励，为承包人提供了按期或接近约定日期造好一幢房子的激励。

实际上，在市场竞争中信誉还可以作为行业的一种进入障碍。消费者在做选择时，会注意企业的信誉。企业已有的良好信誉，是长期积累的结果。潜在的进入者为了在市场上树立良好的信誉以便和已有的企业竞争，必须花费大量的金钱，做出很大的努力。这是不容易做到的。

要使商誉成为有效的激励机制，企业必须在商誉受损时会失去一些东西。这些"东西"首先就是利润。在看重商誉的市场中，竞争不会导致价格下降。事实上，消费者也许是从痛苦的经验中得知，如果价钱"太低"，企业就没有保持商誉的激励，于是就会生产劣质产品。这也是为什么降低价格常常不能吸引更多顾客的另一个原因。

习题 3

3—1. 我们知道，t 的经济含义是潜在买主的质量评价指数，或者潜在买主关于二手车质量对其他商品的消费边际替代率。试讨论 $1/t$ 的经济含义。

3—2. 保持阿克洛夫模型中的其他条件不变，令潜在买主的质量评价指数 $t = 4/3$，用评价分布图方法演示逆向选择的进程。

3—3. 将上题的潜在买主的质量评价指数改为 $t = 5/3$，重新解答。

3—4. 对比上述两题的逆向选择过程，讨论买卖双方的质量评价差异程度对逆向选择的影响。

3—5. 保持阿克洛夫模型中的其他条件不变，令潜在买主的质量评价指数 $t = 1$，比较二手车质量服从 $[0, 2]$ 上的均匀分布和等腰三角形分布时的逆向选择进程。

3—6. 保持阿克洛夫模型中的其他条件不变，假设二手车的质量分布服从 $[\alpha, \beta]$ 上的均匀分布，$0 \leqslant \alpha < \beta$。请问：在什么情况下逆向选择会发生？逆向选择的结果又是怎样的？

3—7. 保持阿克洛夫模型中的其他条件不变，假设二手车的质量分布服从 $[0, 2]$ 上的"凸"字形分布：当 $q \in [1/2, 3/2]$ 时，二手车的"密度"为 $3/4$；当 $q \in [0, 1/2] \bigcup (3/2, 2]$ 时，二手车的密度为 $1/4$。请画出二手车的质量分布图，并分析逆向选择是否会发生。如果逆向选择会发生，请继续分析逆向选择的进程和结果。

3—8. 保持阿克洛夫模型中的其他条件不变，令潜在买主的效用函数为 $U_2 = M + \sqrt{qn}$，即潜在买主对质量为 q 的二手车评价为 $\sqrt{q}$。请尝试画出开始时二手车的买主评价分布图，然后用质量分布图分析方法演示逆向选择的进程和结果。

3—9. 用供求分析方法图解上题的市场均衡。

3—10. 保持阿克洛夫模型中的其他条件不变，设二手车的质量服从等腰三角形分布。请尝试画出二手车的市场供给和市场需求的立体图像，然后找出市场均衡。

3—11. 请举日常生活中一个发送质量信号的例子，试分析其运作的机理。

3—12. 经纪人没有创造出实际物品，却要收取费用。那么，经纪人提高了还是损害了别人的福利？为什么？

3—13. 设想你有一大片耕地，可以租出去给别人耕种收取租金，也可以请工人来耕种并支付他们工资。你会选择哪种方式经营呢？请给出理由。

3—14. 这一章在阿克洛夫模型中引入潜在买主的质量评价指数 t，并且得到"t 越小逆向选择的强度越大"的结论，当 $t = 1$ 时逆向选择的强度最大。既然 t 越小逆向选择的强度越大，为什么不需要考虑 $t < 1$ 的情况？

3—15. 除了文中谈到的逆向选择的几种解决途径，请思考还有哪些方法可以克服逆向选择。如果有，你能阐明其中的机理吗？

逆向选择的威尔逊模型

上一章稍微修改了阿克洛夫模型的假设条件，展开几种简单拓展情形的讨论，马上就得到一些更有意思和更贴近实际的结论。譬如：信息不对称不一定会引起逆向选择，即使引起逆向选择，也很少瓦解整个二手车市场。但相对而言，我们所使用的假设条件依然比较特殊。

经济学家威尔逊（Charles A. Wilson）在他 1979 年和 1980 年的两篇论文[1]中指出，如果彻底放松阿克洛夫模型的一些假设条件，至少还可以得到以下三个更有价值的结论：（1）市场上可能存在多于一个使供给量等于需求量的瓦尔拉斯均衡。（2）如果存在多个瓦尔拉斯均衡，那么这些均衡可以进行帕累托优劣的排序。但与人们常规的直觉认识不同的是，可能出现买卖双方都偏好于价格水平最高的均衡的情况。这的确是一个令人惊叹的结论，因为人们一般会认为买主会倾向于按最低的均衡价格进行交易。（3）即使市场处于最高价格的瓦尔拉斯均衡的状态，买卖双方仍然有可能会同时希望采取更高的价格进行交易。也就是说，价格最高的瓦尔拉斯均衡可能是一个不稳定的市场状态，因而不是合理的市场均衡。于是，我们不得不思考市场均衡的合理定义。事实上，在现代经济学的分析中，市场均衡是指交易双方都不愿意单独偏离的稳定的市场状态，即纳什均衡，却未必是瓦尔拉斯均衡。

值得指出的是，威尔逊虽然得出了一些十分深刻并且相当新鲜的结论，但却没有与阿克洛夫模型的主要结论相冲突。应该说，这一结果恰恰体现了阿克洛夫模型的洞察力和扩展能力。与此同时，我们也更加清楚地看到，由于存在信息不对称，市场机制的运行和我们习以为常的同质商品市场已经大相径庭。

本章主要讲述威尔逊的两篇论文的主要内容。为叙述方便，我们将威尔逊拓展后的阿克洛夫模型称为威尔逊模型。本章的内容安排如下：4.1 节对威尔逊模型作初步分析。4.2 节进一步分析威尔逊模型，主要讨论在出现多个瓦尔拉斯均衡时，这些均衡的帕累托优劣的排序问题，以及在什么情况下市场出清的市场状态不再是合理的市场均衡，而真正的市场均衡价格将高于出清价格。4.3 节进一步介绍其他有关逆向选择的研究情况。

4.1 威尔逊模型的初步分析

模型的描述

与本书第 2 章中调整过的阿克洛夫模型相比，威尔逊模型做了下述三个修改：（1）潜在卖主和潜在买主的人数分别为 N_1 和 N_2，N_1 和 N_2 不必相等。[2]（2）二手车的质量服从闭区间 $[\underline{q}, \bar{q}]$ 上的一个连续分布 $F(q)$。记得在阿克洛夫模型中，二手车的质量服从 $[0,2]$ 区间上的均匀分布，即 $F(q) = q/2$，$q \in [0,2]$，而现在只是连续分布。（3）潜在买主的消费偏好不必相同，他们的质量评价指数 t 服从闭区间 $[\underline{t}, \bar{t}]$ 上的一个连续分布 $H(t)$。也就是说，如果我们从所有的潜在买主中随机选取一个潜在买主，则他的质量评价指数是一个随机变量，概率分布函数为 $H(t), t \in [\underline{t}, \bar{t}]$。在阿克洛夫模型中，当 $t < 3/2$ 时，$H(t) = 0$；当 $t \geqslant 3/2$ 时，$H(t) = 1$。

供给和需求

仿照本书第 2 章 2.2 节的分析可以知道，当交易价格为 $p \geqslant \underline{q}$ 时，质量小于或等于 p 的二手车都愿意在市场上出售，所以二手车的供给量和期望质量分别为：

$$S(p) = N_1 F(p)$$

和

$$\mu(p) = (\int_{\underline{q}}^{p} q dF(q)) / F(p)$$

因此，市场的供给函数为：

$$(S(p), \mu(p)) = (N_1 F(p), (\int_{\underline{q}}^{p} q dF(q)) / F(p)) \qquad (4\text{—}1)$$

当二手车的交易价格为 p，期望质量为 μ 时，质量偏好指数 $t \geqslant p/\mu$ 的潜在买主都愿意购买二手车，所以：

$$D(p, \mu) = N_2 (1 - H(p/\mu)) \qquad (4\text{—}2)$$

自然，我们可以通过解方程 $D(p, \mu(p)) = S(p)$ 或者采用类似上一章的图解方法来求出二手车市场的瓦尔拉斯均衡。但是为了更加简便和更加深入地探讨威尔逊模型，我们决定首先引入"性价比"的概念，然后借助它来分析二手车市场的需求、供给和均衡。

我们用 θ 表示二手车的"性价比"，它被定义为二手车的质量与交易价格的比值 q/p。如果只知道二手车的期望质量，则"性价比"，更准确来说是期望"性价比"，被定义为期望质量与交易价格的比值 μ/p。

从上面的分析我们知道，对于一个质量评价指数为 t 的潜在买主来说，只要 $t \geqslant p/\mu$，他便愿意购买二手车。$t \geqslant p/\mu$ 等价于 $\theta = \mu/p \geqslant 1/t$，由此可见，$1/t$ 是该潜在买主愿意接受的最低的"性价比"——只要二手车的"性价比"不小于 $1/t$，他便愿意购买二手车。现在令 $\tau = 1/t$，并称之为该潜在买主的**性价比偏好指数**，表示他愿意接受的最低的"性价比"。

容易证明，性价比偏好指数小于等于 τ 的全体潜在买主，便是质量评价指数大于等于 $1/\tau$ 的全体潜在买主，据此可知，τ 的分布函数为 $G(\tau) = 1 - H(1/\tau)$（$\tau \in [1/\bar{t}, 1/t]$）。将函数 $G(\theta) = 1 - H(1/\theta)$ 代入（4—2）式，可得到二手车的市场需求函数新的表达式：

$$D(\theta) = N_2 G(\theta) \qquad (4\text{—}3)$$

相比 $D(p, \mu)$ 而言，$D(\theta)$ 只含有一个自变量，更加简洁。而且，根据概率分布函数的一般特性我们知道，$D(\theta)$ 是 θ 的增函数，需求量会随着二手车性价比的提高而增加。

下面改为用 $D(\theta)$ 表示二手车市场的需求。相应的，我们用 $(S(p), \theta(p))$ 代替 $(S(p), \mu(p))$ 表示二手车市场的供给，其中：

$$\theta(p) = \mu(p) / p \qquad (4\text{—}4)$$

同样根据概率分布函数的一般特性可以知道，$S(p)$ 是 p 的增函数。但是，$\theta(p)$ 的函数性态则取决于 $F(q)$ 的具体形式。值得指出的是，一旦 $S(p)$ 给定，$\theta(p)$ 就被唯一确定。因为在 N_1 给定的情况下，$S(p)$ 和 $F(q)$ 是一一对应的。不过由于其推导过程较为复杂，这里不展开讨论。感兴趣的读者可以尝试自己证明这个命题。

"需求曲线"的形状

本书第2章说过，供给可以用三维空间 $p-\mu-Q$ 里的一条曲线表示，而需求则要用这个空间里的一个曲面表示。现在我们引入了性价比这个概念，相应的供给用向量函数 $(S(p),\theta(p))$ 表示，需求用一个函数 $D(\theta)$ 表示。这时候，供给就是三维空间 $p-\theta-Q$ 里的一条曲线，但需求只是平面 $\theta-Q$ 上的一条曲线。[3]可是这样一来，要用图形方法求解市场均衡却变得比较困难。不过，如果我们将供给的向量函数 $(S(p),\theta(p))$ 中的第二个分量 $\theta(p)$ 代入到需求函数 $D(\theta)$，只用 $S(p)$ 表示供求，同时用 $D(p)=D(\theta(p))$ 表示需求，那么情况看起来就跟同质商品市场一样了，而且有关瓦尔拉斯均衡的分析也变得简便。大家应该清楚，这样的处理忽略了一个重要的变量——期望质量或者期望性价比。所以在这里，我们将 $S(p)$ 和 $D(p)=D(\theta(p))$ 的函数曲线分别记作"供给曲线"和"需求曲线"，加双引号表示它们不是真正的供给曲线和需求曲线。

$S(p)$ 是 p 的增函数，所以"供给曲线"是一条向右上方倾斜的曲线。$D(\theta)$ 是 θ 的增函数，所以"需求曲线"$D(\theta(p))$ 的形状取决于 $\theta(p)$ 的性态。如果 $\theta(p)$ 关于 p 递减，则"需求曲线"是一条向右下方倾斜的曲线，如图4—1中的 $\theta_1(p)$ 和 $D_1(\theta(p))$。反过来，如果 $\theta(p)$ 关于 p 递增，则"需求曲线"向右上方倾斜，如图4—1中的 $\theta_2(p)$ 和 $D_2(\theta(p))$。

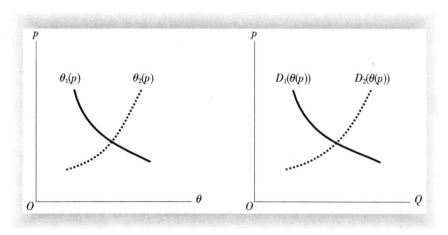

图4—1　"需求曲线"的可能形状（1）

"需求曲线"还有可能出现图4—2中的两种形状，甚至一些更加怪异的形状。其中，"需求曲线"$D_3(\theta(p))$ 对应性价比曲线 $\theta_3(p)$，随着价格的上升，二手车的性价比先下降，后上升。"需求曲线"$D_4(\theta(p))$ 对应性价比曲线

$\theta_4(p)$，随着价格的上升，二手车的性价比先上升，后下降。需要注意的是，当二手车的性价比达到最小值或者最大值的时候，二手车的需求量也分别达到最小值和最大值。

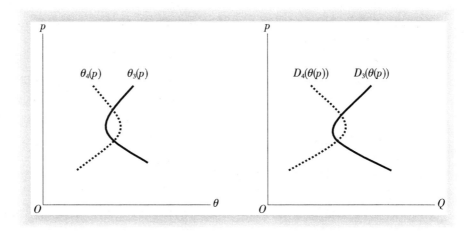

图4—2　"需求曲线"的可能形状（2）

我们知道，在同质商品的完全竞争市场里，需求曲线通常是一条向下倾斜的曲线，即随着价格的下降，需求量会不断地增加。但现在我们看到，在二手车市场这种信息不对称的不同质商品市场里，"需求曲线"却可能出现各种各样的形状。特别是"需求曲线"可以向上倾斜，即随着价格的上升，需求量也会跟着上升。这是二手车市场不同于同质商品竞争性市场的一个主要的地方。

4.2　威尔逊模型的均衡分析

瓦尔拉斯均衡

我们知道，均衡原来是指需求量等于供给量的瓦尔拉斯均衡，但现在已经发展为表示可能的稳定结果的纳什均衡。依据纳什均衡的定义，二手车市场的市场均衡未必是供求平衡的市场出清状态。但是学科的发展讲究传承，所以我们先考察威尔逊模型的瓦尔拉斯均衡。

首先考察图4—3所示的一个简单情况，"供给曲线"$S(p)$与"需求曲线"$D(\theta(p))$一升一降，形成了唯一的交点，这个交点给出了二手车市场唯一的瓦尔拉斯均衡：均衡价格为p^*，均衡交易数量为Q^*，均衡性价比为θ^*。据此还可知道，均衡期望质量$\mu^* = \theta^* p^*$。

我们知道，在完全竞争市场中，瓦尔拉斯均衡通常只有一个。但在二手车市场里，由于"需求曲线"会出现各种形状，所以市场有可能会出现多个瓦尔拉斯均衡。图 4—4 演示了两个瓦尔拉斯均衡的情况，向右上方倾斜的"供给曲线"与"C"形的"需求曲线" $D(\theta(p))$，有两个交点，所以市场上有两个瓦尔拉斯均衡。我们记价格较低的均衡为 $(p_L{}^*, Q_L{}^*, \theta_L{}^*)$，记价格较高的均衡为 $(p_H{}^*, Q_H{}^*, \theta_H{}^*)$。

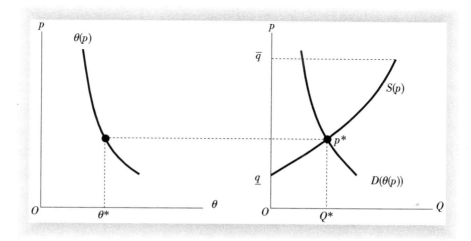

图 4—3　一个瓦尔拉斯均衡的情况

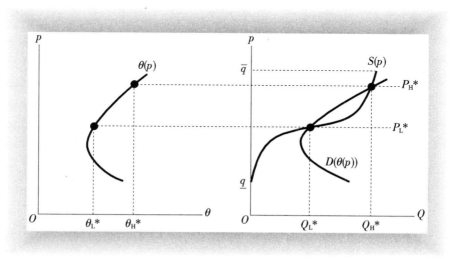

图 4—4　两个瓦尔拉斯均衡的情况

从图形分析我们容易发现，均衡价格较高的瓦尔拉斯均衡，均衡交易数量和均衡性价比也较高。另外，细心的读者可能也已经发现另外一个特别的地方，那就是图4—3和图4—4的"供给曲线"的形状很不相同。这是因为特定形状的 $\theta(p)$ 曲线，需要特定形状的"供给曲线"与之对应。其实，上述两个图中的"供给曲线"的形状也只是大致的描画。什么样的 $\theta(p)$ 曲线需要什么样的"供给曲线"与之对应是一个相当难的内容，在此不展开论述。

瓦尔拉斯均衡的帕累托排序

从上一节的分析我们知道，二手车市场中可能会出现两个甚至两个以上的瓦尔拉斯均衡。于是，我们就面临着均衡选择的问题。例如，哪一个均衡更有可能成为现实市场的结果？是否可以比较这些均衡的优劣？又应该用何种标准来进行比较？

关于评价一项经济活动好坏，**帕累托效率**（Pareto efficiency）标准是一个得到经济学家广泛认同的标准，它因意大利经济学家维尔弗雷多·帕累托（Vilfredo Pareto，1848—1923）首先提出而得名。其中，帕累托有效和帕累托改进是最重要的两个概念。我们说一项经济活动是**帕累托有效**（Pareto efficient）或**帕累托最优**（Pareto optimum），是指在不使其他人的景况变坏的条件下，不再有可能增进任何人的经济福利。**帕累托改进**（Pareto improvement），是指一些人的景况得到改善而同时其他人的景况不变坏的过程。

下面，我们将用帕累托效率标准来比较二手车市场中各个瓦尔拉斯均衡的优劣。具体来说，我们将对各个瓦尔拉斯均衡进行帕累托排序。如果一个瓦尔拉斯均衡相对于另一个瓦尔拉斯均衡来说，能够带来帕累托改进，即一些人的景况得到改善而同时其他人的景况不变坏，我们就说前者帕累托优于后者。

任意选取两个瓦尔拉斯均衡 $E_H(p_H{}^*, Q_H{}^*, \theta_H{}^*)$ 和 $E_L(p_L{}^*, Q_L{}^*, \theta_L{}^*)$，不失一般性，设 $p_H{}^* > p_L{}^*$。因为"供给曲线"是向上倾斜的，故由 $p_H{}^* > p_L{}^*$ 可以得出 $Q_H^* > Q_L^*$，从而得出 $\theta_H^* > K\theta_L^*$。最后还可以知道，$\mu_H{}^* = p_H{}^*\theta_H{}^* > \mu_L{}^* = p_L{}^*\theta_L{}^*$。具体的图形分析可参见图4—5。

很明显，潜在卖主偏好于价格较高的均衡 E_H。在均衡 E_H 中，所有二手车质量 $q \leqslant p_H{}^*$ 的潜在卖主都以价格 $p_H{}^*$ 出售二手车，获得交易利益 $p_H{}^* - q$；在均衡 E_L 中，所有二手车质量 $q \leqslant p_L{}^*$ 的潜在卖主都以价格 $p_L{}^*$ 出售二手车，获得交易利益 $p_L{}^* - q$。所以，如果用均衡 E_H 取代均衡 E_L，则二手车质量 $q \leqslant p_L{}^*$ 的潜在卖主的得益增加 $p_H{}^* - p_L{}^*$，二手车质量 $q \in (p_L{}^*, p_H{}^*]$ 的潜在卖主的得益增加 $p_H{}^* - q$，其他潜在卖主的得益没有改变。由此可见，对于全体潜在卖主来说，用均衡 E_H 取代均衡 E_L 是一个帕累托改善，改善了一部分潜在卖主的利益，但不损害其他潜在卖主的利益。具体的对比情况已经归纳在表4—1中。

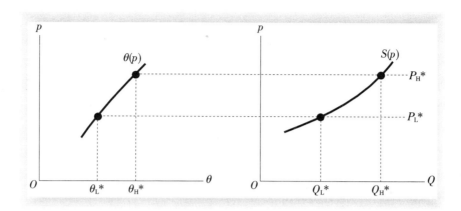

图4—5 瓦尔拉斯均衡的比较

表4—1 瓦尔拉斯均衡的比较（对于潜在卖主）

	$q \leqslant p_L{}^*$ 的潜在卖主	$p_L{}^* < q \leqslant p_H{}^*$ 的潜在卖主	$q > p_H{}^*$ 的潜在卖主
均衡 E_H	出售二手车 获得交易利益 $p_H{}^* - q$	出售二手车 获得交易利益 $p_H{}^* - q$	不出售二手车 获得交易利益 0
均衡 E_L	出售二手车 获得交易利益 $p_L{}^* - q$	不出售二手车 获得交易利益 0	不出售二手车 获得交易利益 0
E_H 与 E_L 比较	交易利益增加 $p_H{}^* - p_L{}^*$	交易利益增加 $p_H{}^* - q$	没有变化

现在考察潜在买主的情况。与我们的直观感觉相悖，潜在买主也偏好于价格较高的均衡 E_H。事实上，在均衡 E_H 中，所有质量评价指数 $t \geqslant 1/\theta_H{}^*$ 的潜在买主都以价格 $p_H{}^*$ 购买二手车，获得交易利益 $(\theta_H{}^* - 1)p_H{}^* = \psi_H{}^* - p_H{}^*$；在均衡 E_L 中，所有质量评价指数 $t \geqslant 1/\theta_L{}^*$ 的潜在买主都以价格 p_L^* 购买二手车，获得交易利益 $(\theta_L{}^* - 1)p_L{}^* = \psi_L{}^* - p_L{}^*$。

如果用均衡 E_H 取代均衡 E_L，那么，质量评价指数 $t \geqslant 1/\theta_L{}^*$ 的潜在买主的交易利益从 $(\theta_L{}^* - 1)p_L{}^*$ 增加到 $(\theta_H{}^* - 1)p_H{}^*$[4]，增加了 $(\theta_H{}^* - 1)p_H{}^* - (\theta_L{}^* - 1)p_L{}^*$，质量评价指数 $t \in (1/\theta_H{}^*, 1/\theta_L{}^*]$ 的潜在买主的得益增加 $(\theta_H{}^* - 1)p_H{}^*$，其他潜在买主的得益没有变化。可见，对于全体潜在买主来说，用均衡 E_H 取代均衡 E_L，也是一个帕累托改进，提高了一部分潜在买主的利益，同时不损害其他潜在买主的利益。具体的对比情况已经归纳在

表 4—2 中。

表 4—2　　　　　　　　　　瓦尔拉斯均衡的比较（对于潜在买主）

	$t \geqslant 1/\theta_L{}^*$ 的潜在买主	$1/\theta_H{}^* \leqslant t < 1/\theta_L{}^*$ 的潜在买主	$t < 1/\theta_H{}^*$ 的潜在买主
均衡 E_H	购买二手车获得交易利益 $(t\theta_H{}^*-1)p_H{}^*$	购买二手车获得交易利益 $(t\theta_H{}^*-1)p_H{}^*$	不购买二手车获得交易利益 0
均衡 E_L	购买二手车获得交易利益 $(t\theta_L{}^*-1)p_L{}^*$	不购买二手车获得交易利益 0	不购买二手车获得交易利益 0
E_H 与 E_L 比较	交易利益增加 $(t\theta_H{}^*-1)p_H{}^*-(t\theta_L{}^*-1)p_L{}^*$	交易利益增加 $(t\theta_H{}^*-1)p_H{}^*$	没有变化

　　综上所述，对于所有的潜在卖主和潜在买主而言，用均衡 E_H 取代均衡 E_L 是一个帕累托改进过程。也就是说，价格高的均衡 E_H 帕累托优于价格低的均衡 E_L。据此我们还可以得到一个直接的推论：如果存在多个瓦尔拉斯均衡，则买卖双方都会偏好于价格最高的那个均衡；价格最高的均衡带来的社会福利水平，在所有均衡中是最高的。这是一个比较令人惊讶的结论。我们知道，在确保可以出售商品的情况下，卖主总是偏好更高的价格。但在保证能购买到商品的情况下，为什么买主也会喜欢更高的价格呢？原因在于，在价格上升的同时，二手车的性价比也上升了。这意味着，二手车的期望质量上升的比例大于价格上升的比例，于是，期望质量上升带来的福利增加 $t(\mu_H{}^*-\mu_L{}^*)$，不仅可以弥补价格提高造成的损失 $p_H{}^*-p_L{}^*$，而且还有剩余，这个剩余为 $t(\mu_H{}^*-\mu_L{}^*)-(p_H{}^*-p_L{}^*)>0$。

　　值得注意的是，尽管买卖双方都偏好于价格最高的瓦尔拉斯均衡，却并不意味着市场的最终结果就一定是这个均衡。按照纳什均衡的特性，如果价格较低的瓦尔拉斯均衡也是一个纳什均衡，那么，市场就有可能处于这样一个非效率的均衡结果，因为这时候没有人愿意单独改变自己的决策。换言之，市场交易可能会由于协调的失败而"驻定"在价格较低的瓦尔拉斯均衡上。在这种情况下，最好有一位协调者例如政府进入市场，引导市场交易走向价格最高、性价比也最高的新的瓦尔拉斯均衡。比起原来的均衡，这个新的均衡能够改善所有参与交易的买主和卖主的利益。

　　对于存在多个纳什均衡的一大类所谓协调博弈，关于怎样协调到具有帕累托优势的纳什均衡，博弈论已经有丰富的讨论。

瓦尔拉斯均衡的合理性

到目前为止，我们讨论的市场均衡，都是瓦尔拉斯均衡。在同质商品的完全竞争市场中，瓦尔拉斯均衡的合理性是不容置疑的。但在我们讨论的二手车市场中，瓦尔拉斯均衡作为市场均衡是否就一定合理呢？

顺便说一下，如果你在学习的过程中从来或者很少提出过这样的疑问，那说明你读书有点"埋头拉车"的味道。所以古言有云：尽信书不如无书。由孙中山先生题写的中山大学校训"博学、慎思、审问、明辨、笃行"，出自《礼记·中庸》，将学习过程概括为五个环节。"审问"是其中一个有机组成部分，在"审问"之前要"博学"、"慎思"，在"审问"之后还要"明辨"、"笃行"。所以，在学习的过程中要多思考，多提问。

回到我们的主题。根据"需求曲线"的走势，可以将二手车市场的瓦尔拉斯均衡分成两种类型。第一种类型的均衡如图4—3所示，是向下倾斜的"需求曲线"与"供给曲线"相交得到的均衡。第二种类型的均衡如图4—4所示，是向上倾斜的"需求曲线"与"供给曲线"相交得到的均衡。这种类型均衡分成两种情况，一种是"需求曲线"比"供给曲线"陡峭，另一种是"需求曲线"比"供给曲线"平坦。

首先需要说明的是，任何一个卖主都不会单独偏离瓦尔拉斯均衡价格。这是因为：一方面我们知道，没有卖主会降低价格；而另一方面，在没有办法证明自己的二手车质量高于平均水平的情况下，一个卖主单独提高价格，结果将无法出售他的二手车。因此，我们在分析瓦尔拉斯均衡的合理性时，将把重点放在潜在买主一方。

我们先分析第二种类型的瓦尔拉斯均衡的合理性。由于二手车的性价比随着价格的上升而上升，所以所有质量评价指数 $t \geqslant 1/\theta^*$ 的潜在买主都会提高出价，以求购买到性价比更高的二手车来获得更高的交易利益。注意，由于买主的交易利益等于 $(t\theta - 1)p$，所以当 $t \geqslant 1/\theta$ 时，二手车的价格和性价比同时提高，可以增加买主的交易利益。对于图4—6所示的"需求曲线"比"供给曲线"平坦的情况，价格提高会造成供不应求的局面，所以所有潜在卖主也希望价格提高。图4—7中的是"需求曲线"比"供给曲线"陡峭的情况，价格提高会造成供过于求，因此卖主可能希望降低价格来增加成功出售的概率。可是，任何一个卖主单独降低要价，都等于告诉潜在买主自己的二手车的性价比低于市场的平均水平，不仅不能提高，反而会降低出售自己的二手车的概率。总之，如果所有买主一致性地提高出价，那么，市场价格将不可抗拒地上升。可见，第二种类型的瓦尔拉斯均衡是不稳定的，因而是不合理的。

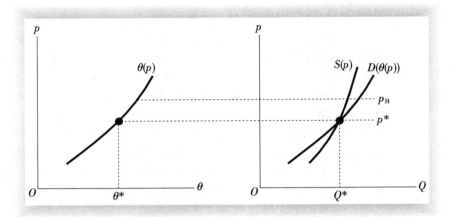

图 4—6　瓦尔拉斯均衡的合理性（1）

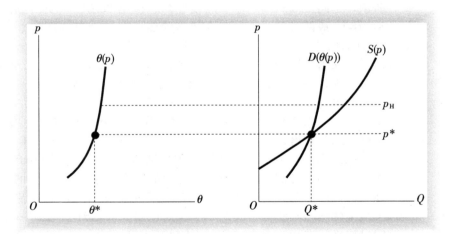

图 4—7　瓦尔拉斯均衡的合理性（2）

　　跟着分析第一种类型的瓦尔拉斯均衡的合理性。这种类型均衡看起来很像完全竞争市场的市场均衡，但它们的本质却不相同。原因在于，完全竞争市场的商品是同质的，而二手车市场是不同质商品的市场，二手车的期望质量会随着价格的变化而变化。

　　非常明显的，由于价格提高会使二手车的性价比下降，所以质量评价指数等于 $1/\theta^*$ 或略大于 $1/\theta^*$ 的买主不会提高出价。那么，是不是所有买主都不会提高出价呢？

　　我们知道，假设市场的交易位于均衡（p^*，Q^*，θ^*），则一个质量评价指数

$t \geqslant 1/\theta^*$ 的买主获得的交易利益为 $(t\theta^*-1)p^*$，可以用图 4—8 中的阴影面积表示；该阴影是一个矩形，左下方顶点为原点，右上方顶点为曲线 $b(p;t) \equiv \theta(p)-1$ 的点 $(t\theta^*-1,p^*)=(b^*,p^*)$。如果该买主提高出价到 $p^*+\Delta p$，则他的交易利益改变量约等于：

$$b^*\Delta p + p^*\Delta b = b^*\Delta p \left(1 + \frac{p^*\,\Delta b}{b^*\,\Delta p}\right)$$

$$= b^*\Delta p \left(1 + \frac{\Delta b}{b^*} / \frac{\Delta p}{p^*}\right)$$

所以，当 $\dfrac{\Delta b}{b^*} / \dfrac{\Delta p}{p^*} > -1$ 时，该买主就可以通过提高出价增加交易利益。

从微观经济学的知识我们知道，当 Δp 趋于 0 时，$\dfrac{\Delta b}{b^*} / \dfrac{\Delta p}{p^*}$ 就是曲线 $b(p;t)$ 在点 (b^*,p^*) 的弹性，可以改写成 $\dfrac{p^*}{b^*} / \dfrac{\Delta p}{\Delta b}$，几何地说就是"射线斜率与切线斜率之比"。

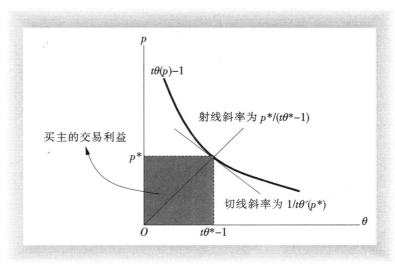

图 4—8　买主交易利益的图形表示

根据图形容易算出，曲线 $b(p;t)$ 在点 (b^*,p^*) 的射线斜率等于 $p^*/(t\theta^*-1)$，切线斜率等于 $1/t\theta'(p^*)$，因此弹性等于 $tp^*\theta'(p^*)/(t\theta^*-1)$ $= p^*\theta'(p^*)/(\theta^*-1/t)$。由于分子 $p^*\theta'(p^*)<0$，分母 $\theta^*-1/t>0$，所以弹性 $p^*\theta'(p^*)/(\theta^*-1/t)$ 会随着 t 的增大而增大。据此可知，如果 $p^*\theta'(p^*)/(\theta^*-1/t)>-1$，就必定存在一部分质量评价指数较高的买主愿意提高出价。

可见，第一种类型均衡也可能会因部分买主提高出价而不稳定，用学术的语言来说，这种类型的均衡可能缺乏**稳健性**或**鲁棒性**（robustness）。把 robustness 翻译为"鲁棒性"，很有近百年前一些学者把 humor 翻译为"幽默"的遗风：半音半意，半是音译，半是意译。在中文里面，"鲁"和"棒"都颇有"稳健"的味道。只要 $p^*\theta'(p^*)/(\theta^* - 1/\bar{t}) \leqslant -1$，均衡 (p^*, Q^*, θ^*) 就是稳健的纳什均衡。

非出清的市场均衡

既然市场出清的结果不一定是市场均衡，那么反过来，是否存在非出清的市场均衡呢？我们不打算全面细致地讨论这个问题；相反，我们集中精力分析一个例子。如图 4—9 所示，我们画出一个二手车市场的"供给曲线"、"需求曲线"和性价比 θ 关于价格 p 的函数曲线 $\theta(p)$。需要注意的是，当 $p \geqslant \bar{q}$ 时，$S(p)$ 和 $\mu(p)$ 分别等于常量 N_1 和 $\int_{\underline{q}}^{\bar{q}} q dF(q)$，$\theta(p)$ 是双曲线 $\frac{1}{p}\int_{\underline{q}}^{\bar{q}} q dF(q)$ 位于水平线 $p = \bar{q}$ 上方的部分。

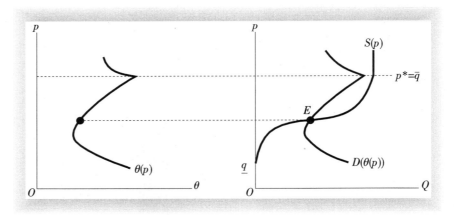

图 4—9　非出清的市场均衡

很明显，"供给曲线"和"需求曲线"相交得到的瓦尔拉斯均衡 E，因不是纳什均衡而不能作为合理的市场均衡。具体来说，如果市场交易位于 E 处，则市场价格会有上升的压力。

现在让我们考察 $p^* = \bar{q}$ 是否能够成为均衡价格。由图 4—9 可知，当市场价格为 $p^* = \bar{q}$ 时，市场将出现供过于求，有些卖主不能出售自己的二手车。然而，任何一个卖主都不会单独降低要价，因为单独降低要价会传递这样的信息：该卖主的二手车的性价比低于市场平均水平。自然，卖主更不可能提高要价。

反观买主，他们也不会改变出价。一方面，买主提高出价不能提高所购得的二手车的期望质量，从而交易利益必定减少，所以没有买主愿意提高出价。另一方面，降低出价会导致二手车的性价比下降，交易利益也必定减少，所以也没有买主愿意降低出价。

综上所述，市场价格 $p^* = \bar{q}$ 对应的市场结果，是一个纳什均衡，因而能够作为合理的市场均衡。注意，这时候市场处于非出清的状态。

总结

到目前为止，阿克洛夫模型和威尔逊模型已经基本介绍完毕，现在作一个简单的总结。

阿克洛夫指出，当买主缺乏关于某一种交易商品的具体质量信息时，市场将最终被低质量商品的交易所占领，市场的潜在交易利益不能完全实现。威尔逊在此基础上通过修改其中一些假设条件作进一步研究，他的贡献在于，使我们对在不对称信息下运行的市场机制有更深层次的理解。

威尔逊告诉我们，信息不对称的竞争性市场可能会出现多重瓦尔拉斯均衡。这是和阿克洛夫模型的单一均衡不一样的地方。这种情况之所以出现，是因为威尔逊放松了阿克洛夫有关汽车的质量和消费者消费口味"均匀性分布"的限制。原先大家都知道，二手车的期望质量水平会随价格的上升而上升，但是现在人们注意到，某一个范围内的价格上升可能引起更大幅度的处于"决策边际"的二手车加入到供给行列，使得二手车的期望质量更大幅度地上升。也就是说，价格上升不仅导致了期望质量上升，还导致了性价比的上升。因此，愿意进入市场交易的潜在买主也会有所增加，形成了需求量随价格的上升而增加的局面。只要"需求曲线"出现这样有向上倾斜的部分又有向下倾斜的部分的情况，它就很可能和"供给曲线"不止相交一次，得到多重的瓦尔拉斯均衡。

当市场出现多重瓦尔拉斯均衡时，高价格的均衡帕累托优于低价格的均衡。潜在卖主更喜欢高价均衡，是因为更多的潜在卖主可以参与交易，而且同样的二手车可以卖更多的钱；而买主更喜欢高价均衡，原因在于更多的潜在买主可以参与交易，而且二手车的性价比上升了。因为交易双方都倾向于选择高价格均衡，所以根据帕累托效率标准，高价格的均衡明显优于低价格的均衡。

最后要注意的是，瓦尔拉斯均衡可能因为不是纳什均衡而不能作为合理的市场均衡。特别的，如果"需求曲线"是向上倾斜的，那么买主就会因价格的提高可以引起性价比的上升而提高出价。另一方面，卖主只能接受买主更高的出价，即使市场处于供过于求的状况。所以，市场交易可能处于非出清的状态，而不是供求平衡的瓦尔拉斯均衡。也就是说，真正的市场均衡可能是非出清的市场交易，或者是其他市场状态。

4.3 逆向选择其他研究的简单介绍

阿克洛夫 1970 年发表的《次品市场：质量的不确定性与市场机制》，是信息经济学奠基性的学术论文。自此之后，众多经济学家对市场上的逆向选择问题进行了广泛而深入的研究。下面，我们对部分研究成果进行简单的介绍。这些研究中的大部分都可以用图形方法简洁而形象地表述出来，至于具体的做法恕不赘述，留给读者们思考和练习。

信用配给

斯蒂格利茨和威斯（Weiss）在 1981 年运用次品市场理论对借贷市场上的信用配给制度进行研究，解释为什么市场上的贷款利率总是低于市场出清的利率。[5]对于这种经济现象，我们很难用传统的经济学原理来解释。在传统的经济学原理中，我们寄望于运转良好的市场机制通过提高价格自行消除过度需求的问题。但是现在我们应该知道，一个银行在把钱贷出去的时候，是不太了解每个借款人的信用可信度的。一些借款人的风险程度可能较低，他把借来的钱用于风险低、能产生较稳定但可能不太高的回报的投资项目上，因此他们到期赖账的可能性就很低。而其他一些人可能想用借来的钱投资到投机性的项目，尽管这些项目在成功的时候投资回报可能高得令人惊讶，使投资人一夜成为巨富，但他们投资失败的可能性更高。后一种借款人的信用可信度是低的，他们是金融市场上的"次品"，是银行贷款在赖账可能性大小意义上的"次品"。

设想现在因为贷款利率低于瓦尔拉斯均衡利率，银行面临对贷款的超额需求。如果银行希望通过提高利率来达到供需平衡，就可能不幸地产生"逆向选择"的问题，把那些低风险的借款人驱逐出市场。这时候那些处于借或不借决策边际的人，一般是最稳定的低风险项目投资人，他们面临提高的利率的话，可能不得不退出高利贷款市场，而那些高风险的"次品"却留在市场上。尽管一旦他们的投资失败，他们将无法偿还到期的银行贷款，但他们仍然会在可能的高收益的诱惑下，不惜以较高的利率向银行贷款。他们是风险喜好者。

所以，从银行的角度看，提高利率将会降低向他们借款的人的平均信用质量。如果在较低的利率水平他们可以通过信用筛选实施比较多的高质量的贷款，那么他们不会接受在较高的利率实施质量较低即比较难以偿还的贷款，因为其负面作用将使银行处在不利的地位。事实上，银行更愿意采取**信用配给**（Credit Rationing）的方法来决定是否贷款给一个人：保持利率在较低的水平不变，以便容纳较多的潜在的借款"候选人"，从中有选择地拒绝一些信用可信度较低的人的借款要求。这种信用配给的方法可能适用于其他存在逆向选择的市场，来解决类似的问题。

多重瓦尔拉斯均衡和质量分布函数的关系

罗斯（Colin Rose）在 1993 年的文章[6]中，给我们直接展示了像威尔逊模型中那样的多重瓦尔拉斯均衡的确会出现。我们已经知道多重解存在的原因，是因为"需求曲线"在一处或多处变成向右上方倾斜，而这种情况的出现则是由于二手车质量的分布所致。罗斯分析了各种可能的不同分布。对于 γ 分布、χ^2 分布、指数分布、对数正态分布等一些标准的概率分布，他使用数学方法得出的"需求曲线"，都是向下倾斜的，因此多重瓦尔拉斯均衡的情况不可能出现。但有一个突出的例外，就是当二手车的质量符合正态分布的情况下，罗斯发现在价格水平较低的时候可能出现"需求曲线"向上倾斜的情况。大家知道，当从左向右通过正态分布的高峰的时候，平均质量水平将上升得更快，这就造成了"需求曲线"向右上方伸延的一段。当然，如果威尔逊模型中汽车质量的分布并不完全符合罗斯的完全数学化的分布函数的话，依然有可能存在多重瓦尔拉斯均衡。

信誉问题

信誉问题这个话题首先是由希尔（G. Heal）在 1976 年写的一篇评论阿克洛夫模型的文章[7]中提出来的，希尔把"次品"问题看成是一个"囚徒困境"问题。两个参与者 A 和 B 进行商品交易。每个人决定所销售的商品的质量是"高"或者"低"。在 B 卖给 A 的商品的质量给定的情况下，A 卖出低质量的商品就占到便宜，反之亦然。在只进行一次交易的博弈里，标准的纳什均衡结果是双方都只卖给对方低质量的产品，尽管他们都希望能得到高质量的产品。这和囚徒困境问题中最终两个囚徒都坦白的结果一样，和价格大战中两个企业都降价以争夺市场份额的结果一样。希尔指出，如果进行的不是一次博弈而是无限次重复的博弈，只要参与者不是把未来的收益看得太无所谓的话，就有可能出现合作的纳什均衡，也就是说，A 和 B 都以高质量的商品进行交易。所谓把未来的收益看得太无所谓，那就是极端近视，只注重当前的利益，相当于一次或很有限的几次博弈。

对未来收益的评价，主要由贴现因子来表示。如果年贴现因子是 90%，那么明年的 1 000 元相当于今年的 900 元，如果年贴现因子是 70%，那么明年的 1 000 元相当于今年的 700 元，如果年贴现因子低到 30% 这样厉害的程度，那么明年的 1 000 元只相当于今年的 300 元。可见，年贴现率越低，人们越看重当前的收益，对未来的收益则不是那么要紧。一句话，年贴现因子越低，

人们越近视。贴现因子太低的话，多次博弈也就和一次博弈差不多了，因为下次博弈的收益再大，也要打很大的折扣。在通货膨胀厉害的时候，人们不愿意投资和储蓄，就是这个道理。

商品质量的价格信号

阿克洛夫和威尔逊的模型讨论的是"没有任何关于商品质量的信息"的情况，完全竞争市场模型讨论的则是了解产品质量的完全信息的情况。沃林斯基（Asher Wolinsky）在 1983 年的论文[8]中研究了位于这样两种极端情形之间的情形：消费者可以到各家企业看看行情。尽管这样做他们并不能完全了解各家企业的商品的质量，还要承担这么做的成本，但现实中的确有很多人喜欢这样做。一些消费者对一些商品质量的偏好甚于另一些消费者，而企业为制作质量更好的商品也要花费更多的成本。在这样的情况下，沃林斯基发现商品的价格很可能成为质量好坏的信号。于是就存在这样的均衡结果：消费者可能单纯以价格来判断某个具体的商品的质量水平。

这个均衡的运作机制如下：消费者通过货比三家决定他愿意为某种商品付出的价钱，找到符合其心理价位的那个企业。消费者根据商品的要价，预期商品的质量水平。一些企业可以通过供给消费者质量低于价格所表示的质量水平的产品来从中谋利，但消费者将通过有关的不完全的信息发现问题而改为在别处购买。因此企业必须在供给消费者低质量的产品可以获得的额外收益和由此而来的今后销售量的损失之间权衡利弊，做出选择。沃林斯基在这里确立的均衡，是企业将按照消费者的预期质量供给消费者二手车。长远来看，这样做对企业更有利可图。

最有意义的是沃林斯基证明了，这时候商品的均衡价格将大于生产一个这样的质量的产品的边际成本，从而站在企业的立场来看，这样做是完全值得的。企业也并不会因为竞争就把价格降低到和边际成本一样，因为降低价格会被消费者看成是质量低劣的信号。一个产品在市场上被消费者掌握的信息越少，价格高于边际成本的幅度就可以越大。沃林斯基指出，随着商品的有关质量方面的信息越接近完全信息，价格就会越接近完全竞争市场的情况：和边际成本相等；相反，信息越是难以为消费者获知，价格就越接近于阿克洛夫的模型的情况。

劳动力市场的次品

格林沃德（Bruce Greenwald）在 1986 年建立了一个"次品类型"劳动力市场的模型。[9]他主要分析那些从"新进市场"被雇主雇佣的新雇员，因为雇主不了解具体每一个工人的能力如何，所以他将以相同的工资雇佣所有条件看起来差不多的劳动力。在雇佣之后，雇主将发现其中能力高的雇员，并继续雇佣他们，同时解雇能力不足的雇员。因此在这样的模型环境中，跳槽的雇员被看成是劳动力市场中的"次品"，完全和卖主总是保留质量好的二手车、卖掉不好的二手车的情况一样。所以一旦一个人要转换工作，他就会被看成是"次品"，在"二手"劳动力市场上，其工资率是较低的。格林沃德的模型的结论是：逆向选择减少了公司之间的跳槽事件的发生次数，而且，雇主倾向于从公司内部现有的雇员中挑选人员充任空缺的职位，而不是从质量相对较差的二手劳动力市场物色新的人选。格林沃德认为，他的模型中的这种逆向选择可以用来解释为什么会出现以下现象：

（1）"内部"劳动力市场的形成。理由如上已述。

（2）"一等"劳动力市场和"二等"劳动力市场的区分。

一等劳动力市场是指雇主希望能挽留的、有较强的工作能力的劳动力组成的市场，他们都有稳定的工作经历。而二等劳动力市场是指工作能力较差、工作经历不稳定、在二手市场被反复交易的劳动力组成的市场。

（3）一般性的人力资本投资。

标准的观点是：一般说来，私有公司不会投资于他们的雇员的一般性的即可转移的人力资本，因为这种通用性的投资会随着雇员离开而付之东流。但格林沃德认为，在存在逆向选择的情况下，因为可能面临被视为"次品"的危险，雇员是不愿意离开公司的。因此，即使是私有的公司也同样值得投资于一般性的人力资本。

所谓一般性的人力资本投资，是指接受投资或训练的雇员所增加的本领，是劳动力市场的通用性的本领，例如文员训练，电脑训练等。如果企业训练雇员学习一种专门用于本企业的本领，在别的场合很难发挥作用，那就不是一般性的人力资本投资。

习题 4

注意：在以下各习题中，N_1 表示潜在卖主人数，N_2 表示潜在买主人数，$F(q)$ 表示二手车质量分布函数，$H(t)$ 表示潜在买主质量偏好指数分布函数。此外，如无特殊说明，假设所有潜在卖主的质量评价指数都为 1。

4—1. 请用本章的方法图解阿克洛夫模型及其各种拓展情形。

4—2. 假设 $N_1 = N$，$N_2 = 2N$；$F(q) = q^2/2$ 当 $q \in [0,1]$，$F(q) = (4q - q^2 - 2)/2$ 当 $q \in [1,2]$；$H(t) = t - 1$，$t \in [1,2]$。请计算出市场的供给函数 $(S(p), \theta(p))$ 和需求函数 $D(\theta(p))$，并用解方程和图解的方法求出市场的瓦尔拉斯均衡。

4—3. 假设 $N_1 = N_2 = 12\,000$；$H(t) = t/2 - 1/6$，$t \in [1/6, 13/6]$；二手

车质量 q 服从如下密度分布：

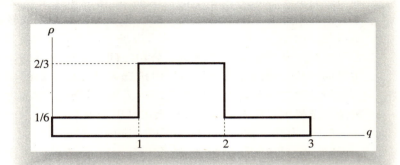

请求解出市场的瓦尔拉斯均衡。如果有多个瓦尔拉斯均衡，请对它们进行帕累托排序。

4—4. 令上题中的 $N_2 = 21\,600$，其他条件和问题保持不变。请重新解答。

4—5. 对上题的瓦尔拉斯均衡进行辨析，讨论它们的合理性，然后再探讨是否存在非市场出清的纳什均衡。

4—6. 一个质量评价指数为 t 的买主与一个卖主想要交易一辆二手车，卖主确切知道二手车的质量 q，而买主只知道二手车的质量 q 服从闭区间 $[0,2]$ 上的均匀分布。现在假设由买主出价，当且仅当价格 $p \geqslant q$ 时卖主出售二手车。请问：如果买主只能出价一次，他的最优出价是多少？

4—7. 将上题中的二手车的质量分布改成 $[0,2]$ 上的等腰三角形分布，即当 $q \in [0,1]$ 时 $F(q) = q^2/2$，当 $q \in [1,2]$ 时 $F(q) = (4q - q^2 - 2)/2$，其他条件和问题保持不变。请重新解答。

4—8. 威尔逊模型放松了阿克洛夫模型中的一些假设条件，但仍然假设所有潜在卖主的质量评价指数都为1，如果进一步放松这个假设，允许潜在卖主的质量评价指数也存在差异，那么情况会有什么变化？请思考并讨论。

4—9. 本书4.3节简单介绍了其他的一些关于逆向选择的研究，请尝试图解这些研究。

4—10. 威尔逊模型对阿克洛夫模型进行拓展，得出了一些新的结论。请思考：如果建模分析其他信息不对称的市场，是否会得出与二手车市场不一样的结论？

4—11. 分析下图所示情况的市场均衡。

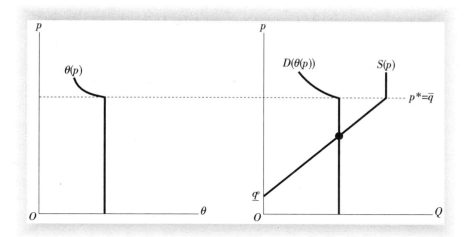

4—12. 请同学们讨论二手车市场是否会出现以下两种经济现象：

（1）多个交易价格，即"价格分散"；

（2）没有稳定的市场交易局面，即市场没有均衡。

4—13. 在同质商品的竞争性市场上，是否会出现价格上升，需求量也跟着上升的情况？如果会出现，那么它发生的机理与二手车市场的这种类似情况有何不同？

【注释】

［1］这两篇文章分别是 Equilibrium and Adverse Selection，*American Economic Review*，69（1979），pp. 313—17. 和 The Nature of Equilibrium in Markets with Adverse selection，*Bell Journal of Economics*，11（1980），pp. 108—30.

［2］这个假设与阿克洛夫于 1970 年发表的论文中的假设相同，但与第 2 章调整过的阿克洛夫模型不同。

［3］也可以用三维空间 $p-\theta-Q$ 里曲面 $D（p，\theta）=D（\theta）$ 表示需求，这时可以通过表示供给的曲线和表示需求的曲面的交点来确定市场的瓦尔拉斯均衡。

［4］由于 $p_H{}^* > p_L{}^* > 0$ 且 $t\theta_H{}^*-1 > t\theta_L{}^*-1 > 0$，所以 $(t\theta_H{}^*-1) \, p_H{}^* > (t\theta_L{}^*-1) \, p_L{}^*$。

［5］Stiglitz，J. and Weiss，A.，Credit Rationing in Markets With Imperfect Information，*American Economic Review*，71（1981），pp. 393—409.

［6］Rose，Colin，Equilibrium and Adverse Selection，*Rand Journal of*

Economics，24（1993），pp. 559—69.

［7］Heal，G.，Do Bad Products Drive Out Good?，*Quarterly Journal of Economics*，90（1976），pp. 499—502.

［8］Wolinsky，Asher，Price as Signals of Product Quality，*Review of Economic Studies*，L（1983），pp. 647—58.

［9］Greenwald，Bruce，Adverse Selection in the Labour Market，*Review of Economic Studies*，LIII（1986），pp. 325—47.

第 5 章

保险市场的 R-S 模型

虽然阿克洛夫模型的具体背景是二手车市场，但它的结论和思想具有一般普适性，可以推广到其他同样具有信息不对称现象的市场和领域。保险市场也是一个典型的信息不对称的市场。在保险市场上，投保人所投保的风险事故发生的概率是一个至关重要的信息，关于这个信息，投保人自己通常了解得比较充分，而保险公司则往往只知道总体的情况，但不清楚每一个投保人的具体情况。于是我们不难想象，保险市场也可能会发生逆向选择：保险公司由于不了解投保人风险状况的一阶信息，只好向所有的投保人收取同样的保险费率，这个保险费率依照全体投保人平均的风险情况确定。可是这样一来，风险较低的投保人就会因为保险费率太高而退出市场，留下来的都是保险市场的"次品"——风险较高的投保人，以致保险公司出现亏损。这时候，保险公司为了避免亏损就要提高保险费率，结果造成市场进一步萎缩，投保人的平均风险水平进一步升高，最终未能够如愿以偿止亏为盈。逆向选择就这样发生了，在逆向选择的作用下，保险市场会大大萎缩，甚至被瓦解。

然而，阿克洛夫模型并不能刻画保险市场的所有特征。在二手车市场或其他商品市场上，卖主通常只制定商品价格，让买主自行决定购买的数量。[1]但在保险市场上，相当于"商品数量"的保险金额，常常与相当于"商品价格"的保险费率捆绑在一起。也就是说，保险公司不仅制定保险的"交易价格"，而且限制保险的"交易数量"，投保人只需决定是否接受相关的交易，或者在保险公司提供的若干个候选交易中选择一个。这样的差异，使得保险市场具有一些与二手车市场很不相同的特点，从而使得阿克洛夫模型不能很好地直接刻画保险市场的一些重要的方面。

罗斯柴尔德（Michael Rothschild）和施蒂格利茨（Joseph Stiglitz）在1976年发表论文《竞争性保险市场的均衡：关于不完美信息经济学的一篇论文》[2]，建立了能够抓住保险市场上述特征的模型，并据此考察竞争性的保险市场如何运行。在他们构建的信息不对称模型里，保险市场上存在高风险的投保人和低风险的投保人这样两种类型的投保人，每个投保人都清楚自己的风险类型及相关风险事故发生的概率，而保险公司则只知道两类投保人的人数比例及其风险事故发生的概率，但无法辨别具体每一个投保人的风险类型。此外，由于竞争，每个保险公司都只能获得零经济利润（见后）。模型分析得出了以下几个重要的结论：（1）市场均衡可以分成两种——**混同均衡**（pooling equilibrium）和**分离均衡**（separating equilibrium）。混同均衡是指保险公司向两类投保人提供相同的保险合同；分离均衡是指保险公司向两类投保人提供不同的保险合同。（2）市场不可能出现混同均衡，但可能出现分离均衡。不过，分离均衡不能使市场交易达到帕累托有效率的状态。（3）保险市场可能根本就不存在均衡。换句话来说，保险市场可能不存在稳定的交易局面。这是非常令人惊讶的一个结论。在经济学理论中，均衡是如此重要而普遍的一个概念，以至于"市场没有均衡"这种异常情况令人有些难以接受。事实上，没有均衡或者出现分离均衡，都是信息不对称作用的结果，但情况与阿克洛夫模型所描述的逆向选择已经很不相同了。

本章以罗斯柴尔德和斯蒂格利茨的文章为基础，主要分析竞争性的保险市场在信息不对称的条件下如何运行。为了叙述方便，我们将这个信息不对称的保险市场模型简称为 R-S 模型，R 和 S 分别是两位作者名字的第一个字母。具体内容安排如下：5.1 节介绍 R-S 模型的基本假设及相关基础知识。5.2节考察 R-S 模型的均衡。5.3节对 R-S 模型做几个专题讨论。

5.1 R-S 模型的基本假设

投保人的初始禀赋和保险合同

从前面几章我们看到，简单的模型分析，常常能够揭示深刻的经济学原理。本章的分析，也将从简单的情况开始。假设一个居民面临风险事故的威胁，如果他能够幸运地避免风险事故发生，在未来将会拥有财富 W_1。反过来，如果风险事故不幸发生，他将损失财富 $d > 0$，在未来拥有的财富减少到 $W_2 =$

$W_1 - d$；风险事故发生的概率 $p \in (0,1)$。d 是居民在风险事故发生的情况下会损失的收入，通常被称为保险价值，是居民投保的标的物的价值。可见，该居民的未来财富是一个随机变量，简单记为 $(W_1, W_2; p)$。我们通常把 $(W_1, W_2; p)$ 称为居民的**初始禀赋**（endowment），因为它表示居民进入保险市场之前的初始状况。

为了规避风险，这个居民可以考虑购买保险。保险的交易，通常以保险合同的形式出现。比如，他与保险公司签订一份保险金额为 $K > 0$ 的保险合同，按照保险费率 $\gamma \in (0,1)$ 交纳保险费 γK [3]，那么，他的未来财富就变成 $(W_1 - \gamma K, W_2 + K - \gamma K; p)$：如果风险事故不发生，他的未来财富为 $W_1 - \gamma K$；如果风险事故发生，则他将得到金额为 K 的赔付，未来财富为 $W_2 + K - \gamma K$。令 $C_1 = W_1 - \gamma K$，$C_2 = W_2 + K - \gamma K$，则可用 $(C_1, C_2; p)$ 简单表示 $(W_1 - \gamma K, W_2 + K - \gamma K; p)$。此外，我们用 (γ, K) 表示上述保险合同。如果把保险看成一种无形商品的话，γ 和 K 分别相当于商品的价格和数量。换言之，保险合同规定明确了保险的交易价格和交易数量。

注意在这里，保险合同不是商品，保险才是商品，所以我们没有牵涉"保险合同的需求"和"保险合同的供给"这样的概念。不过，我们将用**投保人愿意接受哪些保险合同**来刻画"保险的需求"，用**保险公司愿意供应哪些保险合同**来刻画"保险的供给"。为了更加明确，我们将保险的需求定义为投保人愿意接受的所有的保险合同，将保险的供给定义为保险公司愿意提供的所有的保险合同。

如上所述，居民的未来财富是一个三维变量，要用立体空间里的点表示。不过，在隐去变量 p 的情况下，居民的未来财富可以用平面上的点表示。我们在图 5—1 中建立直角坐标系，用横轴 OX_1 表示居民在风险事故不发生时的未来财富，用纵轴 OX_2 表示居民在风险事故发生时的未来财富。这样，居民的初始禀赋 $(W_1, W_2; p)$ 就用点 $W(W_1, W_2)$ 表示，他购买保险后的未来财富 $(C_1, C_2; p)$ 就用点 $C(C_1, C_2)$ 表示。向量 $\overline{WC} = (-\gamma K, (1-\gamma)K)$ 表示购买保险引起的未来财富变化。容易验证，$\overline{WC} = (-\gamma K, (1-\gamma)K)$ 与保险合同 (γ, K) 刚好构成——对应关系[4]，所以保险合同 (γ, K) 在图形上可以用 $\overline{WC} = (-\gamma K, (1-\gamma)K)$ 表示，或者更加简洁地用 $C(C_1, C_2)$ 表示。现在规定，在给出居民的初始禀赋 $W(W_1, W_2)$ 的情况下，我们就用居民购买保险后的未来财富 $C(C_1, C_2)$ 表示相应的保险合同。

首先需要注意的是，不管 p 等于多少，45°线上所有的点都表示确定性的未来财富，因为两种可能情况的未来财富相等。其他的点则表示不确定性的未来财富。

其次值得说明的是，$\overline{WC}$ 与水平线的夹角由保险费率决定，保险费率越高，$\overline{WC}$ 与水平线的夹角就越小。特别地，当保险费率等于 0 时，$\overline{WC}$ 与水平线的夹角是直角；当保险费率等于 1 时，$\overline{WC}$ 与水平线的夹角等于 0。在 $\overline{WC}$ 与水平线的夹角保持不变的情况下，$\overline{WC}$ 的长度由保险金额决定，保险金额越大，$\overline{WC}$ 的长度越大。但是，在 $\overline{WC}$ 的长度保持不变的条件下，如果它与水平线的夹角变了，那么保险金额一般会跟着改变。

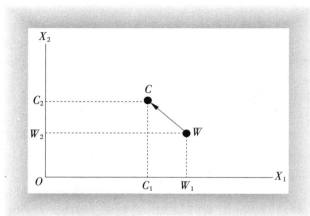

图 5—1 投保人财富分布和保险合同

至此我们清楚看到，在上述被简单化的情况中，居民的未来财富和保险合同都可以非常简洁地用平面上的图形表示。虽然我们隐去了一个重要的变量——投保人风险事故发生的概率 p，但却方便了我们在后面进行图形分析，只是在最后分析的时候必须将 p 考虑进来。

投保人的无差异曲线

我们知道，人们在大多数的情况下都表现为风险厌恶。这些风险厌恶的人在面临未来财富的不确定性时，总是希望能够避免这种不确定性，其中一种方法就是购买保险。出于术语统一和规范的考虑，我们从现在开始将这些希望购买保险的居民称为投保人，并且假设他们都面临上一小节所描述的景况。此外，我们还假设每个投保人只能签订一份保险合同。一方面，针对某一个或某一类风险事故，居民通常只能签订一份保险合同。另一方面，如果一个投保人签订了好几份保险合同，我们也可以将它们"合并"成一份保险合同。这里请大家顺便想一想，为什么风险中性和风险喜好的居民没有投保的愿望？

既然保险的需求被定义为投保人愿意接受的所有的保险合同，那么为了考察保险的需求，我们需要探讨投保人的无差异曲线。假设一个投保人的效用函数为 $u(x)$，他的未来财富为 $(X_1, X_2; p)$，即他的未来财富为 X_1 的可能性是 $(1-p)$，为 X_2 的可能性是 p，$p \in [0, 1]$ 是一个常数。据期望效用理论，投保人对这个未来财富的期望效用为：

$$EU(X_1, X_2; p) = (1-p)u(C_1) + pu(X_2) \qquad (5-1)$$

所以在 X_1X_2 平面上，投保人的无差异曲线就是下述形式的函数曲线：

$$(1-p)u(X_1) + pu(X_2) = c \qquad (5-2)$$

这里 c 是常数。

本书第 1 章 1.4 节说过，风险厌恶者的效用函数曲线是一条向上倾斜并且凹向原点的曲线，与之对应，如果效用函数 $u(x)$ 存在一阶导数和二阶导数，则 $u'(x) > 0$，$u''(x) < 0$。据此可以推导出，如果 $p \in (0, 1)$，则投保人所有的无差异曲线都是向下倾斜的凸向原点的曲线。推导过程留给有兴趣的读者自己做练习[5]，另外也请读者思考风险中性者和风险喜好者的无差异曲线的形状。

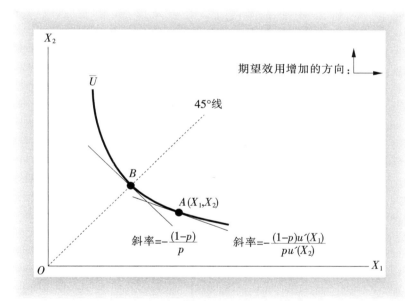

图 5—2　投保人的无差异曲线

图 5—2 画出了投保人的一条典型的无差异曲线 $\overline{U}$。首先容易判断，代表未来财富的点向上或向右移动，投保人的期望效用都会增加。接下来我们讨论无差异曲线的斜率。对于无差异曲线 $\overline{U}$ 上的任何一点，例如 $A(X_1, X_2)$，根据（5—2）式和隐函数的求导法则，可以求出其斜率为 $-(1-p)u'(X_1)/pu'(X_2)$。[6]特别地，在无差异曲线 $\overline{U}$ 与 45°线的交点 B 处，$\overline{U}$ 的斜率等于 $-(1-p)/p$；在 45°线的上方，$\overline{U}$ 的斜率小于 $-(1-p)/p$；在 45°线的下方，$\overline{U}$ 的斜率大于 $-(1-p)/p$。此外需要提醒的是，45°线上的点表示确定性的未来财富，所以，无差异曲线与 45°线

的交点，是用来判断投保人效用水平的一个重要指标。以上结论具有一般性，对所有的无差异曲线都成立。

现在请读者们做一个练习：在图 5—2 中找出表示等于 A 的期望值的确定性未来财富的点，并证明投保人偏好于后者。这是否能够说明投保人是风险厌恶的？为什么？

p 是一个非常重要的变量，但在图形表达中却被我们隐去，因此非常有必要讨论 p 与无差异曲线形状的关系。

两种极端情况很容易讨论清楚。如果 $p=0$，则投保人的未来财富为 X_2 的可能性为 0，所以他只关心 X_1 的大小，因此他的无差异曲线是一条垂直射线。相反，如果 $p=1$，则投保人只关心 X_2 的大小，所以他的无差异曲线是一条水平射线。两种极端情况清楚了，p 与无差异曲线形状的关系也就大致清楚了：p 越小，无差异曲线就越陡峭；反之，p 越大，无差异曲线就越平缓。具体来说，如果两条不同 p 值的无差异曲线相交，那么在交点处，p 较小的无差异曲线的斜率的绝对值较大。从图形上看，就是 p 较小的无差异曲线从上往下穿过 p 较大的无差异曲线。这个结论，从点 (X_1, X_2) 的切线斜率等于 $-(1-p)u'(X_1)/pu'(X_2)$ 容易推导出来。

图 5—3 画出了不同 p 值的无差异曲线比较的示例。我们安排 4 条不同 p 值的无差异曲线都经过 45°线上的同一个点。请大家思考，投保人会偏好于哪一条无差异曲线？请注意，45°线上的点代表确定性的未来财富。

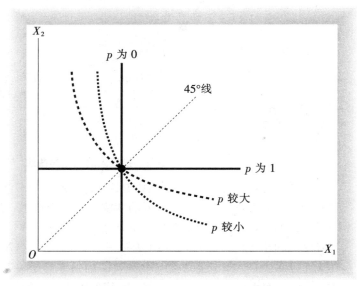

图 5—3　不同 p 值的无差异曲线

最后，我们简单说明一下投保人的风险厌恶程度与无差异曲线形状的关系。对于同一个不确定性的未来财富，投保人对它的评价越低，就说明投保人的风险厌恶程度越高。可以论证，投保人的风险厌恶程度越高，无差异曲线的弯曲程度就越大。特别是，如果无差异曲线弯成了"L"形的折线，意味着投保人的风险厌恶程度达到了无穷大，这时候他只关心两种可能的未来财富中的最小值。另外一个极端的情况，如果无差异曲线张成直线，一点弯曲都没有了，投保人就变成了风险中性者。图 5—4 画出了示例。论证的过程，留给感兴趣的读者自己做练习。

借助无差异曲线，保险的需求可以很简单地用图形表示出来。假设一个投保人的初始禀赋为 W，该投保人经过 W 的无差异曲线为 $\overline{U}$，那么他的保险需求就是所有位于 $\overline{U}$ 上的及其上方的保险合同。

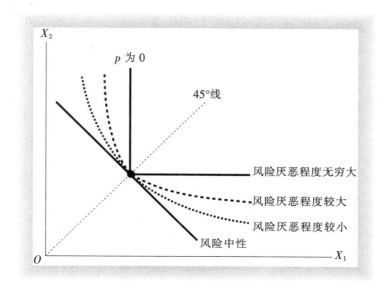

图 5—4　不同风险厌恶程度的无差异曲线

保险公司的等利润线

一般来说，保险公司会跟大量的投保人签订保险合同，众多投保人的风险得到充分分散，所以保险公司将获得相对稳定的收入，所承担的风险要比单个的投保人小得多。因此，为了简便起见，我们在考察保险公司与单个投保人进行交易的时候，就视保险公司为风险中性者，换言之，保险公司的目标是追求最大的期望利润。另外，为了撇开次要的因素，我们还假设保险的生产成本和交易成本均为 0。

为了考察保险的供给——保险公司愿意提供哪些保险合同，我们需要考察保险公司的等利润线。面对一个初始禀赋为 $(W_1, W_2; p)$ 的投保人，假设保险公司与他签订的保险合同是 $(C_1, C_2) = (W_1 - \gamma K, W_2 + K - \gamma K)$，那么保险公司会获得利润 γK 的概率为 $(1-p)$，获得利润 $-(1-\gamma)K$ 的概率为 p，因此保险公司的期望利润为：

$$E\pi(C_1, C_2) = (1-p)\gamma K - p(1-\gamma)K$$
$$= (1-p)(W_1 - C_1) + p(W_2 - C_2) \tag{5—3}$$

据（5—3）式可知，保险公司的等利润线都是一些斜率等于 $-(1-p)/p$ 的线段。图 5—5 画出了示例。两条虚线界定的左上区域，是保险公司可能提供的保险合同；铅垂虚线表示费率 $\gamma = 0$ 的保险合同，水平虚线表示费率 $\gamma = 1$ 的保险合同。经过初始禀赋 $W(W_1, W_2)$ 的等利润线 WF 是**零利润线**（zero-profit line），它代表的利润水平为零；左方和下方是期望利润增加的方向。

很显然，保险公司的保险供给就是所有位于零利润线 WF 上的及其下方的保险合同。

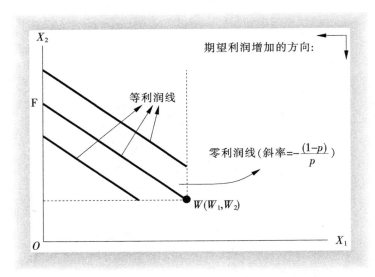

图 5—5　保险公司的等利润线

读到这里，请读者们自己论证：p 越小，保险公司的等利润线就越陡峭。

竞争性保险市场

本章集中讨论竞争性的保险市场，因此，我们需要明确竞争性保险市场的具体含义，理解为什么竞争性市场里的保险公司只能提供零经济利润的保险合同。

为此，我们首先简单介绍经济学理论中著名的**"零利润定理"**（Zero-Profit Theorem），它说的是：长期来看，在一个竞争行业中，任何企业的经济利润都会趋于零。

为了把握这个定理，现代经济学十分注意界定和区分企业的会计利润和经济利润。经济利润不是简单的账面盈余，经济利润不但要从账面盈余中减去企业本身的"使用价格"，还要减去社会平均的正常利润，这个社会平均的正常利润，非常微薄，可以看做是支付给企业家才能的合理报酬。

明白了这一分界，我们就可以知道，把"零利润定理"用人们习惯的日常语言表达出来，就是长远来看，竞争行业中的任何企业，一定会进入微利时代，不会老是比别人占便宜。

为什么会这样呢？因为只要是有较高利润的地方，就有新的企业进来加入竞争，从而扩大行业的总产出，使得这种商品的市场供求关系朝着供大于求的方向发展，迫使产品的价格下降。与此同时，生产这种商品的原料和其他投入要素的价格却因为这些企业的竞争而被迫上升。这样一来，利润就会被从上下两个方向挤干。

那么，这一过程何时结束呢？当仍然处于外面的企业看到该行业内已经没有高于社会平均利润的利润可图时，新企业的进入就会停止。

本书第 2 章说过，竞争性市场是指买卖双方都是价格接受者的市场。但正如我们在本章的导言指出，在一般的同质商品市场上，卖主之间进行的是**价格竞争**（price competition）：卖主只制定商品的价格，让买主自行决定购买的数量。而在保险市场上，保险公司之间进行的是**"价格＋数量"的竞争**（price and quantity competition）：保险公司同时制定保险费率和保险金额，投保人只决定是否接受相关的交易。所以，我们将**竞争性保险市场**定义为保险公司只能提供带来零经济利润的保险合同的保险市场。事实上，竞争会将带来正期望经济利润的保险合同淘汰出市场，而带来负期望经济利润的保险合同则没有保险公司愿意提供。

总之，与同质商品以供应方和需求方都是价格的接受者为特征定义竞争市场不同，现在以零经济利润定义竞争性保险市场。

以图 5—6 的简单情况为例，假设 WF 是保险公司的零利润线。首先，没有保险公司会提供 WF 上方的保险合同。其次，如果一个保险公司提供 WF 下方的保险合同，例如 A，那么他的竞争对手就可以通过提供保险合同 B 来淘汰 A。B 位于 A 的右上方，所以投保人更加喜好 B。同时，B 位于 WF 的下方，能够带来正期望利润，所以保险公司也愿意提供。同样道理，保险合同 B 也会被位于它的右上方和 WF 下方的其他保险合同淘汰。所以，由于竞争，保险公司只能提供带来零经济利润的保险合同。于是，在竞争性保险市场里，保险公司的零利润线是保险合同的供应集合。

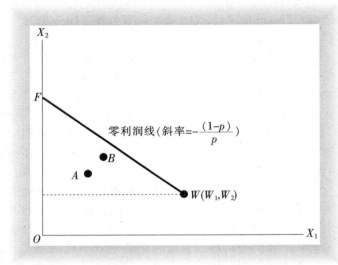

图 5—6 竞争性保险市场的保险合同供应

市场均衡

同样的，由于保险公司之间进行"价格＋数量"竞争，我们还需要重新给出保险市场均衡的具体含义。

按照纳什均衡的概念，保险市场的均衡被定义为满足下面三个条件的一系列保险合同：（1）投保人愿意接受这些保险合同；（2）保险公司从这些保险合同得到非负的期望利润；（3）在这些保险合同存在的情况下，没有投保人愿意接受同时又能给保险公司带来正期望利润的其他保险合同。

条件 1 和 2 是**个体理性**（individual rationality）的必然要求，条件 3 保证所定义的均衡一定是纳什均衡。这里，个体理性可以具体定义为，交易至少不会使交易双方的境况变坏。如果所讨论的是竞争性保险市场，条件 2 还应进一步修改为：这些保险合同都给保险公司带来零的期望经济利润。

保险公司提供的一系列保险合同所组成的集合，可以形象地称为一个**保险合同菜单**（menu of insurance contracts），就像点菜一样，投保人可以在保险合同菜单上选择自己想要的合同。所以，保险市场的均衡可以用一个保险合同菜单表示，菜单上的保险合同满足上面三个条件，这个保险合同菜单称为均衡保险合同菜单。

现在考察一个简单的例子，假设所有投保人的初始禀赋都是 $(W_1, W_2; p)$，而且具有相同的效用函数。换言之，投保人是同质的。如图 5—7 所示，用 W

表示投保人的初始禀赋，设经过 W 的投保人的无差异曲线是 $\overline{U}$；WF 是保险公司的零利润线，因而是保险合同的供应集合，它的斜率为 $-(1-p)/p$。在 WF 上，投保人会接受使其效用最大化的保险合同，用图形表示，这个保险合同就是投保人的某一条无差异曲线与 WF 的切点，记相应的无差异曲线和切点为 $\overline{U}'$ 和 E。从图形分析可知，E 就是市场的均衡，因为这时候，没有其他保险合同可以带来正期望经济利润，同时投保人又愿意接受。E 给出了保险市场的均衡价格和均衡交易数量。问题是，切点 E 在什么位置？

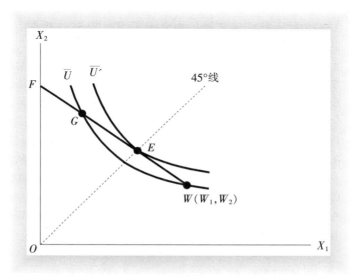

图 5—7 同质投保人的市场均衡

因为 WF 的斜率是 $-(1-p)/p$，所以 $\overline{U}'$ 在 E 点的斜率也为 $-(1-p)/p$。前面已经证明，无差异曲线只有在它与 45°线的交点处的斜率才等于 $-(1-p)/p$。因此，切点 E 必定在 45°线上。据此可知，E 是 45°线与 WF 的交点，横坐标和纵坐标都为 $(1-p)W_1 + pW_2$，所代表的保险合同的保险金额为 d，保险费率为 p。所以，只包含保险合同 E 的保险合同菜单，是保险市场的均衡。换言之，保险的均衡价格为 p，均衡交易数量为 d。

可见，在我们考察的例子里，投保人购买了**足额保险**（full insurance）：他的保险金额刚好等于 d，从而将所有的风险转移给保险公司，自己则获得一个确定性的未来财富，而且刚好等于原来的未来财富的期望值。

这里需要再次说明，我们说投保人购买了足额保险，是指保险金额 K 刚好等于保险价值 d。如果保险金额 K 小于保险价值 d，就说投保人只购买了**部分保险**（partial insurance），这时候投保人只将部分的风险转移给保险公司。反之，如果保险金额大于保险价值 d，则说投保人购买了**超额保险**（over insurance），这时候投保人不仅将所有的风险转移给保险公司，而且还进一步与保险公司进行一个赌博：投保人买自己的风险事故会发生，赌注为 $\gamma(K - d)$，赔率是 $1/\gamma$。在后面两种情况，投保人都将获得不确定性的未来财富，但原因有所不同，前者是因为投保人自己承担了部分风险，后者是因为额外的赌博产生了新的风险。

本节小结

　　至此，我们非常详尽地介绍了 R-S 模型的基本假设，现在进行一个简单的总结。

　　R-S 模型假设保险市场是一个竞争性市场。风险厌恶的投保人面临风险事故的威胁，如果风险事故不发生，则他在未来将会拥有财富 W_1；如果风险事故发生，他将损失财富 $d > 0$，未来财富将减少到 $W_2 = W_1 - d$；风险事故发生的概率是 p。风险中性的保险公司向投保人提供保险合同，每个投保人只允许签订一份保险合同。由于市场竞争，保险公司都只能提供带来零经济利润的保险合同，所以保险公司的零利润线是保险合同的供应集合。保险市场的均衡是指这样的一个保险合同菜单：（1）投保人愿意接受菜单上的保险合同；（2）保险公司从这些保险合同得到零期望经济利润；（3）在这些保险合同存在的情况下，没有投保人愿意接受，同时又能给保险公司带来正的期望经济利润的其他保险合同。

5.2　R-S 模型的均衡分析

假设条件和初步分析

　　设想一个保险市场上存在两种类型的投保人，他们的初始禀赋分别（W_1, W_2；p^L）和（W_1, W_2；p^H），$p^L < p^H$。我们称前者为低风险投保人，称后者为高风险投保人，设低风险投保人的人数比例为 $\lambda \in (0,1)$。投保人清楚自己的风险类型；保险公司不能判断具体一个投保人的风险类型，但知道两类投保人的风险事故发生概率和他们的人数比例。也就是说，投保人与保险公司之间存在信息不对称，关于风险事故发生的概率，投保人了解一阶信息，保险公司只了解二阶信息。另外，我们还假设所有投保人具有相同的效用函数。

　　上述模型，就是罗斯柴尔德和斯蒂格利茨建立的信息不对称保险市场模型，简称 R-S 模型。在这个简单的模型中，市场只可能出现两种均衡——混同均衡和分离均衡。当市场出现混同均衡时，保险公司提供一种保险合同，两类投保人都愿意接受这个保险合同；当市场出现分离均衡时，保险公司提供两种合同，两类投保人自愿选择相应的保险合同。

由于保险公司只能提供期望经济利润为零的保险合同，所以在分析均衡之前，我们先考察不同情况下保险公司的零利润线。如果一种保险合同只与低风险投保人签订，则保险公司提供这种保险合同的零利润线的斜率为 $-(1-p^L)/p^L$。如果一种保险合同只与高风险投保人签订，则保险公司提供这种保险合同的零利润线的斜率为 $-(1-p^H)/p^H$。如果一种保险合同同时与两类投保人签订，则保险公司提供这种保险合同的零利润线的斜率为 $-(1-p)/p$，其中 p 是全体投保人的平均的风险事故发生概率，

$$p = \lambda p^L + (1-\lambda)p^H \tag{5—4}$$

如图 5—8 所示，我们画出了上述三种情况的零利润线。WF^L 是第一种情况的零利润线，是三者中最陡峭的；WF^H 是第二种情况的零利润线，是三者中最平坦的；WF 是第三种情况的零利润线，介于 WF^L 和 WF^H 之间。可以验证，低风险投保人的比例 λ 越大，WF 就越陡峭，也就越接近 WF^L。

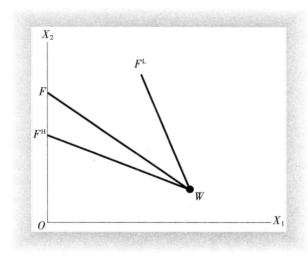

图 5—8　各种情况的零利润线

混同均衡

现在考察混同均衡，分析在图 5—9 展开，WF^L、WF^H 和 WF 的含义与图 5—8 一致。由于保险公司向两类投保人提供相同的保险合同，保险合同的供应集合是零利润线 WF。可以验证，线段 WF 上的任一个保险合同都不能成为市场均衡。换言之，市场不存在混同均衡。

为验证上述结论，在 WF 上任取一个保险合同，比如 E，设经过 E 的低风险投保人的无差异曲线为 $\bar{U}^L$，高风险投保人的无差异曲线为 $\bar{U}^H$。由 $p^L < p^H$ 知，$\bar{U}^L$ 比 $\bar{U}^L$ 陡峭，即在 E 点，$\bar{U}^L$ 的斜率的绝对值大于 $\bar{U}^H$ 的斜率的绝对值。图 5—9 画出了 $\bar{U}^L$ 和 $\bar{U}^H$ 的大致形状，$\bar{U}^L$ 由上而下穿过 $\bar{U}^H$。不难发现，在保险合同 E 存在的情况下，阴影区域的保险合同只有低风险投保人愿意接受，所以能够给保险公司带来正期望利润。因此，每个保险公司都愿意提供阴影区域中的保险合同。但这样一来，就只有高风险投保人愿意接受保险合同 E，于是 E 会给保险公司带来负期望利润。可见，只包含保险合同 E 的保险合同菜单不能成为市场均衡。

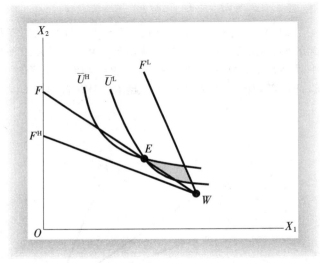

图 5—9　混同均衡

分离均衡

现在已经清楚，市场不存在混同均衡。那么，市场是否存在分离均衡呢？当市场出现分离均衡时，保险公司向两类投保人提供不同的保险合同。如图 5—10 所示，按照均衡的定义，保险公司只能在 WF^L 上向低风险投保人提供保险合同，在 WF^H 上向高风险投保人提供保险合同。根据图 5—7 的分析可以知道，低风险投保人最希望与保险公司签订保险合 A，高风险投保人最希望与保险公司签订保险合同 E^H。可是在信息不对称的情况下，保险合同 A 和 E^H 一起不能构成分离均衡，因为两类投保人都会选择保险合同 A。

为了使两类投保人自愿选择不同的保险合同，保险公司不得不调整提供给低风险投保人的保险合同。设经过 E^H 的高风险投保人的无差异曲线是 $\bar{U}^H$，

$\overline{U}^H$ 与 WF^L 相交于 E^L，经过 E^L 的高风险投保人的无差异曲线是 $\overline{U}^L$。从图形分析可以发现，当保险公司提供保险合同 E^H 和线段 WE^L 上非常接近 E^L 的一个保险合同时，高风险投保人就会自愿选择前者，低风险投保人则自愿选择后者。另外，由于市场竞争，保险公司提供给低风险投保人的保险合同会无限地接近 E^L。为了叙述简便，假设保险公司提供给低风险投保人的保险合同就是 E^L，并且高风险投保人在面对保险合同 E^L 和 E^H 时总是选择前者。事实上，合同 E^L 和 E^H 对于高风险投保人来说是没有差异的。

那么，由保险合同 E^L 和 E^H 组成的保险合同菜单是不是一定能够构成分离均衡？答案是：未必。

如图 5—10 所演示的，当低风险投保人的比例 λ 很大时，导致 WF 很陡峭，并与 $\overline{U}^L$ 相交，那么相对于 E^L 和 E^H 来说，两类投保人都更偏好于阴影区域中的保险合同，因为这些保险合同能产生正期望利润。所以，由 E^L 和 E^H 组成的保险合同菜单不能构成分离均衡。

事实上，这时候市场根本就不存在均衡，也就是说，市场不存在稳定的交易局面。这是非常深刻的一个结论。在经济学讨论中，均衡是如此重要而普遍的一个概念，以至于"市场没有均衡"这种结论实在令人觉得有点难以接受。与此同时，我们也不得不思考如下两个难题：没有均衡的保险市场，到底是怎么运行的呢？这样的市场会不会因为保险公司之间的竞争过于混乱而瓦解呢？

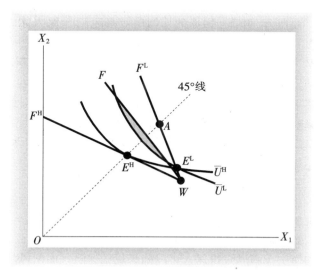

图 5—10　分离均衡（1）

只有如图 5—11 所示的情况那样，低风险投保人的比例 λ 比较小，使得

WF 整体位于 $\overline{U}^{\mathrm{L}}$ 的下方，由保险合同 E^{L} 和 E^{H} 组成的保险合同菜单才能成为分离均衡，因为这时候已经找不到投保人愿意接受的同时又能产生正期望利润的保险合同了。

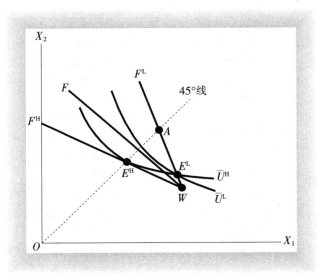

图 5—11 分离均衡（2）

在 E^{L} 和 E^{H} 组成的均衡中，高风险投保人能够购买足额保险：保险金额为 $d = W_1 - W_2$，保险费率为 p^{H}，最后获得一个确定性的未来财富 $(1 - p^{\mathrm{H}}) W_1 + p^{\mathrm{H}} W_2$；低风险投保人只是购买部分保险：保险金额小于 d，保险费率为 p^{L}，最后获得一个不确定性的未来财富。由此可见，E^{L} 和 E^{H} 组成的均衡没有使市场交易达到帕累托有效率的状态。如果保险公司提供给低风险投保人的保险合同由 E^{L} 改为 A，同时高风险投保人依然签订保险合同 E^{H}，那么低风险投保人的效用会有所提高，而高风险投保人和保险公司的利益没有损失。

本节小结

综上所述，在信息不对称条件下，竞争性的保险市场会出现市场失灵的现象。尤其值得我们注意的是，市场可能不存在均衡。只有当低风险投保人在人数比例上足够小的时候，市场才会出现均衡，而且一定是分离均衡。在分离均衡中，高风险投保人可以购买足额保险，而低风险投保人只能购买部分保险，因而分离均衡不能使市场交易达到帕累托有效率的状态。这些结论，明显不同于阿克洛夫模型得出的结论。分离均衡的市场结果，意味着低风险投保人"部分"退出了市场交易。这可以看做是逆向选择的另外一种表现形式。

5.3 几个专题讨论

经过上一节的分析我们发现，与同质商品的竞争性市场相比，信息不对称的竞争性保险市场会出现没有均衡的"异常"情况，而如果市场存在均衡，就一定是分离均衡，但不能使交易达到帕累托有效率的状态。本节进行几个专题讨论，以求能够更加深刻和全面地理解信息不对称的竞争性保险市场。首先，我们通过分析完全信息和不完全信息的保险市场，验证信息不对称确实是导致保险市场出现异常情况的根本原因；接着，我们进一步探讨"价格＋数量"竞争对保险市场的影响；最后，我们讨论分离均衡的稳健性。

与信息对称的情形比较

信息对称包含两种情况：一种是完全信息，投保人和保险公司都了解一阶信息；另一种是不完全信息，投保人和保险公司都只了解二阶信息。

在完全信息的条件下，保险公司可以将投保人区分开来，对不同的投保人提供不同保险合同。这时候，整个保险市场可以很完美地分割成两个子市场。因此容易论证，如图 5—12 所示的，保险公司会与低风险投保人签订保险合同 A，与高风险投保人签订保险合同 E^H，A 和 E^H 一起构成了市场均衡。可见，两类投保人都购买了足额保险，他们的保险金额都是 d。不同的是，低风险投保人的保险费率为 p^L，高风险投保人的保险费率为 p^H。

在不完全信息的条件下，投保人和保险公司一样，都只知道二阶信息。于是，所有投保人就只好将平均的风险事故发生概率作为自己的风险事故发生概率。这种情况，相当于只有一种同质投保人的情况，所以市场均衡就是图 5—13 所示的 E。这时候，两类投保人也购买了足额保险，他们的保险金额都是 d。需要注意的是，由于两类投保人都将自己当成"平均水平"的投保人，所以他们的无差异曲线是一样的。

另外，我们还可以验证，两种信息对称条件下的市场均衡，都使市场交易达到了帕累托有效率的状态。不同的是，与完全信息的情况相比，在不完全信息的保险市场里，高风险投保人占了低风险投保人的便宜。事实上，如果能够披露所有投保人的一阶信息，那么低风险投保人的未来财富就会从 E 上升到 A，高风险投保人的未来财富则会从 E 下降到 E^H。

可见，信息不对称是导致保险市场出现异常情况的根本原因。

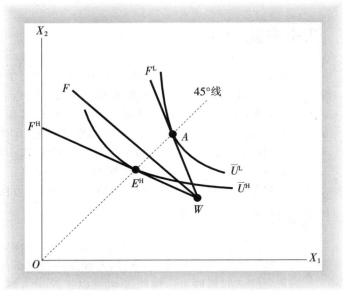

图 5—12　完全信息条件下的均衡

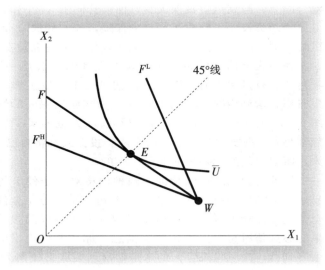

图 5—13　不完全信息条件下的均衡

"价格＋数量"竞争

同样是信息不对称的竞争性市场，R-S 模型却得出与阿克洛夫模型不同的结论。造成这种差异的一个重要原因是，保险公司进行的是"价格＋数量"竞争，而二手车市场里的卖主进行的只是价格竞争。

容易想象，高风险投保人由于风险事故发生的概率较高，所以投保的愿望比低风险投保人强烈，具体表现为：任意给定一个保险费率，只要高风险投保人愿意投保，那么高风险投保人希望投保的金额就一定大于低风险投保人希望投保的金额。因此，相比较而言，高风险投保人往往会更喜欢保险金额较大的保险合同，即使保险费率也相对高一些；相反，低风险投保人则倾向于选择保险费率较低的保险合同，即使保险金额受到限制。由此可见，如果一些保险公司限制保险金额，另一些保险公司不限制保险金额，那么，后者可能因为更容易吸引高风险投保人而在市场竞争中处于劣势。所以，保险公司之间进行"价格＋数量"竞争，本身也是市场竞争的结果。

前面已经论证，混同均衡不可能存在，原因在于：对于任何一个保险费率 $\gamma = p$ 的保险合同，我们都可以设计一个保险费率 $\gamma \in (p, p^{\mathrm{L}}]$ 同时保险金额较小的保险合同，使得在面对上述两个保险合同时，高风险投保人自愿选择前者，低风险投保人自愿选择后者。于是，前一个保险合同便产生负期望利润，被迫退出市场。就这样，"价格＋数量"竞争使得保险市场无法出现混同均衡。

分离均衡之所以能够出现，也是因为"价格＋数量"竞争的缘故。通过为高风险投保人设计费率高金额大的保险合同 E^{H}，为低风险投保人设计费率低金额小的保险合同 E^{L}，保险公司能够将两类投保人区分开来。具体来说，在分离均衡处，高风险投保人能够购买足额保险，但出于区分两类投保人的需要，低风险投保人的保险金额受到限制，只能购买部分保险。

值得注意的是，分离均衡存在的前提，是低风险投保人的人数比例足够低。如果低风险投保人的人数比例很高，"价格＋数量"竞争会使得分离均衡也无法存在，于是出现了市场没有均衡的异常情况。因为当低风险投保人的人数比例很高时，平均的风险事故发生概率就比较低，所以，在保险合同 E^{H} 和 E^{L} 的情况下，保险公司就可以提供两类投保人都愿意接受、同时又能带来正期望利润的保险合同。

在保险市场里，低风险投保人是"良品"，而高风险投保人是"次品"。按照阿克洛夫模型的结论，良品的比例越高，市场交易应该越容易进行。可是在保险市场上，低风险投保人的人数比例较低时，市场会出现分离均衡；低风险投保人的人数比例高了，市场反而没有均衡，保险公司陷入无休止的竞争怪圈。

为了进一步理解"价格＋数量"竞争的影响，现在作为对比考察只进行价格竞争的保险市场。首先假设保险公司按照平均的情况，设定保险费率 $\gamma = p$，任由投保人自行选择保险金额，则会出现图 5—14 演示的结果：低风险投保人选择保险合同 A^L，保险金额不足 d，属于购买部分保险；高风险投保人选择保险合同 A^H，保险金额大于 d，属于购买超额保险。容易验证，这时候保险公司必定亏损。为了不至于亏损，保险公司不得不提高保险费率，最终的结果有两种可能：一种可能的结果是存在一个保险费率 $\gamma \in (p, p^H]$，使得两类投保人都愿意投保，并且给保险公司带来零的期望利润，这个保险费率就是均衡保险费率；另一种可能的结果是，不存在满足上述条件的保险费率 γ，于是低风险投保人因"逆向选择"而退出保险市场，剩下高风险投保人留在市场上。上述两种结果，与阿克洛夫模型得出的逆向选择结论刚好一致。

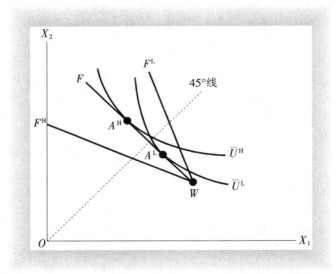

图 5—14 价格竞争的保险市场

不同的是，按照 R-S 模型的框架，只进行价格竞争的保险市场的逆向选择应该这样表述：保险公司由于不了解投保人的一阶信息，只好向所有的投保人收取同样的保险费率，这个保险费率按照全体投保人平均的风险情况确定。可是这样一来，低风险投保人就会因为保险费率偏高而购买部分保险，高风险投保人则因为保险费率偏低而购买超额保险，以致保险公司出现亏损。为了避免亏损，保险公司被迫提高保险费率，结果造成低风险投保人削减保险金额，甚至退出市场。

分离均衡的稳健性

作为本节的最后一个内容，我们讨论分离均衡的稳健性。如果市场存在由 E^L 和 E^H 组成的分离均衡，则说明在 E^L 和 E^H 存在的情况下，不可能找到投保人愿意接受的同时能够带来正期望利润的保险合同。但是，E^L 和 E^H 组成的分离均衡仍然有可能缺乏稳健性。图 5—15 演示了个中道理：假设 $\overline{U}^{HH}$ 是位于 $\overline{U}^H$ 上方的高风险投保人的一条无差异曲线。如果一个保险公司同时提供保险合同 A^H 和 A^L，那么，高风险投保人就会选择 A^H 而不是 E^H，而低风险投保人则选择 A^L 而不是 E^L，于是由 E^L 和 E^H 组成的分离均衡就会瓦解。问题是，保险公司是否愿意提供 A^H 和 A^L 这两个保险合同。

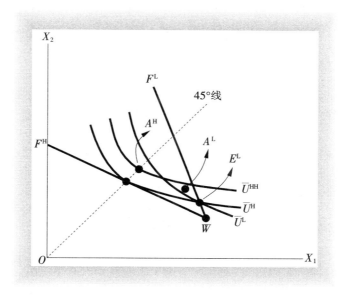

图 5—15　分离均衡的稳健性

容易看出，A^H 位于 WF^H 的上方，会带来负期望利润；而 A^L 位于 WF^L 的上方，所以带来正期望利润。因此，一个保险公司同时提供保险合同 A^H 和 A^L，就有可能带来正期望利润。可见，只要保险合同 A^H 和 A^L 合起来能够产生正期望利润，分离均衡 E^L 和 E^H 便会缺乏稳健性，其均衡的合理性便要受到置疑。

习题 **5**

5—1. 保险是一种无形服务。请讨论这种服务商品与物质商品的异同。

5—2. 假设一个居民的未来财富为 $(X_1, X_2; 0.5)$，效用函数为 $u(x) = \ln(x)$，请推导并大致画出该居民的无差异曲线。

5—3. 将上题中居民的效用函数改为 $u(x) = x$ 和 $u(x) = x^2$，分别重新解答，并与上题的答案进行比较。

5—4. 将 5—2 题中居民的未来财富改为 $(X_1, X_2; 0.2)$ 和 $(X_1, X_2; 0.8)$，分别重新解答，并与 5—2 题的答案进行比较。

5—5. 请在图 5—7 标出投保人和保险公司的交易互利区域。可参考本书第 1 章 1.3 节的图 1—3。

5—6. 图 5—7 以图形方法求解同质投保人的保险市场均衡，现请用解方程的方法重新求解。

5—7. 在 R-S 模型里，设低风险和高风险投保人的初始禀赋分别为 $(100, 50; 0.2)$ 和 $(100, 50; 0.6)$，他们的效用函数都为 $u(x) = \ln(x)$，请指出低风险投保人的人数比例 λ 在哪个范围内市场会出现分离均衡，并求解相应的分离均衡。

5—8. 在 R-S 模型里，如果两类投保人的风险厌恶程度都是无穷大，即他们的无差异曲线都是角点在 45°线上的 "L" 形折线，请讨论市场的均衡。

5—9. 在 R-S 模型里，如果低风险投保人的风险厌恶程度是无穷大，高风险投保人是一般的风险厌恶者，请讨论市场的均衡。

5—10. 假设一个保险市场的情况如下图所示，各种标记的含义与正文相同。请标出信息完全、信息不对称和信息不完全三种情况的市场均衡，并进行比对。

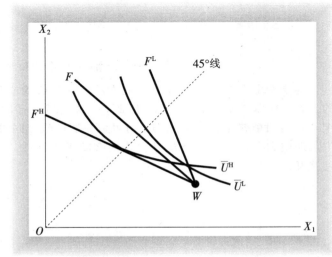

5—11. 在阿克洛夫模型中，假设市场上只有质量为 0 和 2 的两种二手车，其他条件保持不变，请问质量为 2 的二手车的比例在哪个范围内不会引发逆向选择？

比较本题的解答和 5—6 题的答案。

5—12. 关于保险市场的逆向选择，阿克洛夫模型和 R-S 模型的表述并不相同，请评论哪种表述更为合理。

5—13. 假设高风险投保人的风险厌恶程度比低风险投保人高，请讨论信息不完全条件下市场均衡的稳健性。

5—14. 请思考并讨论：如果没有市场均衡，保险市场将会如何运行？市场的交易结果是什么？

5—15. 请思考并讨论克服信息不对称对保险市场不良影响的可能方法。

【注释】

［1］在前面的阿克洛夫模型和威尔逊模型中，为了分析的方便，我们假设每个潜在买主只需要一辆二手车，所以没有出现购买多辆二手车的情况。

［2］Michael Rothschild，Joseph Stiglitz，1976，Equilibrium in Competitive Insurance Markets：An Essay on the Economics of Imperfect Information，*The Quarterly Journal of Economics*，Volume 90，Issue 4，629—649.

［3］准确来说，γK 是保险费在未来理赔时的市场价值。

［4］意即：任意给定一个 $(-\gamma K, (1-\gamma) K)$，存在唯一的 (γ, K) 与之对应；反过来，任意给定一个 (γ, K)，也存在唯一的 $(-\gamma K, (1-\gamma) K)$ 与之对应。

［5］提示：只要证明，对于函数 $(5-2)$，$dX_2/dX_1 < 0$ 和 $d^2 X_2/dX_1^2 > 0$ 和成立。

［6］由全微分 $(1-p) u'(C_1) dC_1 + p u'(C_2) dC_2 = 0$ 可得。

R-S 模型的进一步应用

比较而言，虽然阿克洛夫模型对于保险市场具有一定的适用性，但是 R-S 模型更能抓住保险市场的本质特征，主要体现在它不仅刻画了保险市场的信息不对称，而且刻画了保险市场的"价格＋数量"竞争。根据 R-S 模型的分析，竞争性的保险市场可能会出现没有均衡的异常情况，如果市场存在均衡，就必定是分离均衡，但不能使交易达到帕累托有效率的状态，而且分离均衡还可能缺乏稳健性。这些结论，都是阿克洛夫模型无法得到的。

本章运用 R-S 模型建立起来的框架，继续展开关于保险市场其他问题的讨论，具体安排如下：6.1 节考察垄断的保险市场。既然竞争是保险市场出现异常情况的原因之一，那么我们应该专门考察没有竞争的垄断市场，以作比较。6.2 节考察政府管制是否能够改善保险市场的运行。大家知道，政府介入有时能够很好地克服市场失灵，所以我们有针对性地进行这样一个专题的讨论。6.3 节研究保险市场的道德风险问题。早在本书第 1 章 1.2 节，我们就已经阐明保险市场发生道德风险的机理，这里主要是运用模型进行深入和细致的分析。在最后的 6.4 节，我们对 R-S 模型和保险市场作进一步讨论。

6.1 垄断的保险市场

保持 R-S 模型的其他条件不变，但假设市场上只有一家保险公司，这样，模型描述的就是垄断的保险市场。由于没有竞争，这个唯一的保险公司将以期望利润最大化为目标，制定一系列的保险合同或保险合同菜单。

如图 6—1 所示，设 W 是投保人的初始禀赋，$\overline{U}^L$ 和 $\overline{U}^H$ 分别是经过 W 的两类投保人的无差异曲线。在完全信息的情况下，保险公司可以区别对待两类投保人。于是，保险公司会分别向两类投保人提供他们愿意接受的、同时又能产生最大期望利润的保险合同。为了分析简便，我们假设，只要保险合同带来非负的交易利益，投保人就愿意接受，实际上，如果一个保险带来的交易利益为 0，则投保人接受和拒绝这个保险合同没有差异。可以验证，保险公司向低风险投保人提供的保险合同，是 $\overline{U}^L$ 与 45°线的交点 A。首先容易证明，经过 A 的保险公司的等利润线刚好与 $\overline{U}^L$ 相切于 A。接着不难验证，不存在低风险投保人愿意接受的、同时又能产生期望利润比在 A 处大的其他保险合同。同样的道理，保险公司向高风险投保人提供的保险合同，是 $\overline{U}^H$ 与 45°线的交点 B。也就是说，保险合同 A 和 B 组成了完全信息条件下的垄断均衡。

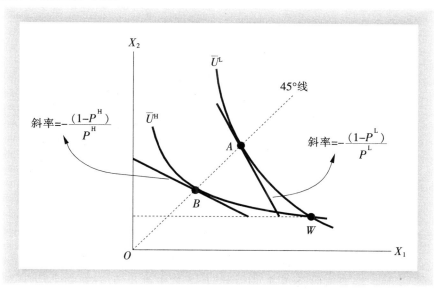

图 6—1 完全信息条件下的垄断均衡

可见，在完全信息的条件下，两类投保人都购买足额保险，而且市场交易达到了帕累托有效率的状态，但所有的交易利益都被保险公司获取。可是，现在我们要讨论的是信息不对称的情况，保险公司无法区分两类投保人。所以，当保险公司提供保险合同 A 和 B 时，两类投保人都会选择保险合同 A。当然，保险公司也可以只提供保险合同 B，但这样一来，就只有高风险投保人愿意投保。

如果保险公司希望向两类投保人提供不同的保险合同，就必须限制低风险投保人的保险金额，但允许高风险投保人购买足额保险。可以验证，为了获取最大的期望利润，保险公司必定向低风险投保人提供弧 $\overset{\frown}{WA}$ 上的保险合同。如图 6—2 所示，假设保险公司决定向低风险投保人提供保险合同 E^L，经过 E^L 的高风险投保人的无差异曲线是 $\overline{U}^{HH}$，$\overline{U}^{HH}$ 与 45°线的交点是 E^H，那么，保险公司就应该向高风险投保人提供保险合同 E^H。[1]从图形分析容易知道，E^L 越靠近 A，E^H 也越靠近 A；反之，E^L 越靠近 W，则 E^H 越靠近 B。特别地，如果 $E^L = A$，则 $E^H = A$，即保险公司向两类投保人提供的保险合同都是 A。另一种极端情况是，如果 $E^L = W$，则 $E^H = B$，这时候保险公司实质上没有向低风险投保人提供保险服务。

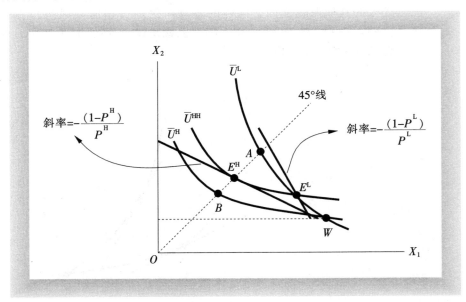

图6—2 信息不对称的垄断市场交易

设保险公司从低风险投保人那里得到的期望利润为 $E\pi^L$，从高风险投保人身上得到的期望利润为 $E\pi^H$，那么保险公司的期望利润为：

$$E\pi = \lambda E\pi^{\mathrm{L}} + (1 - \lambda)E\pi^{\mathrm{H}} \tag{6—1}$$

这里，λ 是低风险投保人的人数比例。

根据图 6—2 的分析不难知道，E^{L} 越靠近 A，$E\pi^{\mathrm{L}}$ 就越大，$E\pi^{\mathrm{H}}$ 就越小；反之，E^{L} 越靠近 W，则 $E\pi^{\mathrm{L}}$ 越小，$E\pi^{\mathrm{H}}$ 越大。所以，保险公司的最优决策，还取决于 λ 的大小。可以肯定的是，当 λ 非常接近 1 时，保险公司的最优决策是只提供保险合同 A，因为期望利润主要来源于低风险投保人；反之，如果 λ 非常接近 0，则保险公司的最优决策是只提供保险合同 B，因为绝大部分的期望利润来自高风险投保人。事实上，还可以进一步证明，存在 $\underline{\lambda}$ 和 $\bar{\lambda}$ 满足 $0 < \underline{\lambda} < \bar{\lambda} < 1$，使得：

（1）当 $\bar{\lambda} < \lambda < 1$ 时，保险公司的最优决策，是只提供保险合同 A。这时候，两类投保人都购买足额保险，市场交易达到帕累托有效率的状态，保险公司和高风险投保人都获得正的交易利益，低风险投保人获得零交易利益。

（2）当 $\underline{\lambda} < \lambda < \bar{\lambda}$ 时，保险公司的最优决策是，向低风险投保人提供弧 $\overparen{WA}$ 上的某一保险合同 EL，然后按照图 6—2 的方式向高风险投保人提供 E^{H}。这时候，高风险投保人购买足额保险，低风险投保人购买部分保险，市场交易没有达到帕累托有效率的状态，保险公司和高风险投保人都获得正的交易利益，低风险投保人获得零交易利益。

（3）当 $0 < \lambda < \underline{\lambda}$ 时，保险公司的最优决策，是只提供保险合同 B。这时候，只有高风险投保人投保，而且购买足额保险，市场交易没有达到帕累托有效率的状态，但是只有保险公司获得正的交易利益。

综上所述，虽然同样存在信息不对称，但与竞争性的保险市场相比，垄断的保险市场不会出现没有均衡的异常情况。令人惊讶的是，当低风险投保人的人数比例很高时，市场交易还能够达到帕累托有效率的状态，克服了市场失灵的问题。不过，当低风险投保人的人数比例较低时，市场就会出现分离均衡，低风险投保人只能购买部分保险。如果低风险投保人的人数比例进一步降低，保险公司就只向高风险投保人提供保险合同，低风险投保人被迫退出市场。后面两种情况的市场交易，都没有达到帕累托有效率的状态，原因是市场出现了逆向选择，即低风险投保人购买部分保险，甚至退出市场。所以，垄断市场同样可能因为信息不对称出现市场失灵。

6.2　政府限制保险费率

政府管制或政府干预，在很多时候可以在一定程度上纠正市场失灵。政府管制和干预保险市场的方式很多，例如制定法律法规来规范保险市场，建

立相关机构对保险市场进行监管，等等。本节简单分析政府限制保险费率对竞争性保险市场的影响。我们知道，竞争性的保险市场出现没有均衡的异常情况，可以视为市场竞争的结果。通过限制保险费率，可以限制保险公司之间的竞争，因此有可能避免上述的异常情况。

现在我们保持 R-S 模型的其他条件不变，但是假设政府限制保险公司不能提供保险费率低于平均风险事故发生概率 p 的保险合同。如图 6—3 所示，设 W 是投保人的初始禀赋，WF 的斜率是 $-(1-p)/p$。由于政府限制保险费率不能低于 p，所以保险公司只能提供 WF 上的或 WF 下方的保险合同。

不难验证，这时候市场一定存在混同均衡，均衡保险合同是 WF 与低风险投保人的无差异曲线的切点。记与 WF 相切的低风险投保人的无差异曲线为 $\overline{U}^L$，相应的切点为 E，图 6—3 画出了它们的大致位置，设经过 E 的高风险投保人的无差异曲线为 $\overline{U}^H$。容易看出来，E 产生的期望利润为 0，并且在所有可提供的保险合同中，E 给低风险投保人带来的期望效用最高。所以，在保险合同 E 存在的情况下，如果保险公司提供其他保险合同，就只有高风险投保人愿意接受，不可能带来正期望利润，因此 E 能够成为混同均衡。在均衡 E 处，两类投保人都购买部分保险。

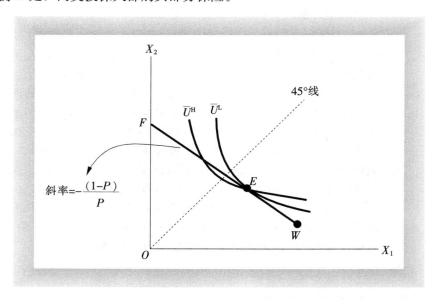

图6—3　限制保险费率的市场均衡

可见，政府限制保险费率，能够保证市场一定存在均衡。但这并不能完全纠正市场失灵。图 6—4 对这个问题进行了分析。由于两类投保人都只是购买部分保险，所以他们与保险公司之间还存在进一步交易的利益空间。具体如图 6—4，设 EF^L 的斜率为 $-(1-p^L)/p^L$，EF^H 的斜率为 $-(1-p^H)/p^H$。如果保险公司进一步向低风险投保人提供保险合同 $\overline{EE^L}$，向高风险投保人提供保险合同 $\overline{EE^H}$，那么两类投保人的期望效用都会有所提高，而保险公司获得的期望利润保持为 0 不变。

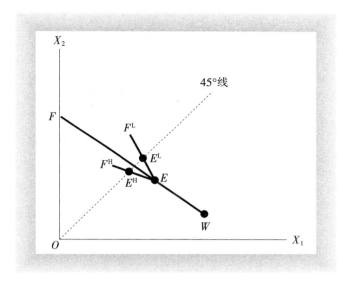

图 6—4　均衡的效率分析

不过，如果市场本来就存在分离均衡，则政府限制保险费率就不一定能够起到改善保险市场的作用。图 6—5 分析了这种情况。假设在没有政府的干预下，E^L 和 E^H 组成保险市场的分离均衡。现在政府限制保险费率不能低于 p，于是保险均衡变成了混同均衡 E。对比前后两种情况我们发现，政府限制保险费率会损害低风险投保人的利益，但同时也改善了高风险投保人的利益。也就是说，高风险投保人占了低风险投保人的便宜。

我们知道，由于信息不对称，高风险投保人的存在使得低风险投保人只能购买部分保险，因而蒙受损失。从这个角度看，我们认为，这时候政府不应该限制保险费率，以免进一步损害低风险者的利益。

综上所述，在保险市场不存在均衡的情况，政府应该限制保险费率，以解决没有稳定交易局面的问题。如果保险市场已经存在分离均衡，则政府要慎重考虑是否应该限制保险费率。

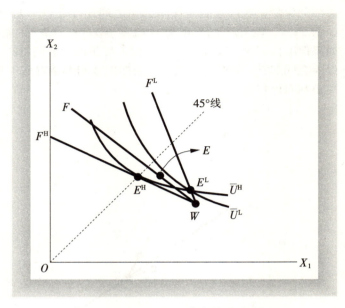

图6—5　限制保险费率的福利分析

6.3　保险市场的道德风险

我们在本书第1章1.2节已经阐明了保险市场发生道德风险的机理，现在运用R-S模型建立起来的框架进一步进行比较深入和细致的分析。

考虑这样一种情况：一个投保人的风险事故发生的概率取决于他是否防范风险，如果他不防范风险，则风险事故发生的概率比较高，记为p^C；反之，如果他防范风险，风险事故发生的概率就会下降到$p^H < p^C$，但他需要为此付出成本$c > 0$。也就是说，投保人不防范风险时的初始禀赋为$(W_1, W_2; p^C)$，防范风险时的初始禀赋为$(W_1 - c, W_2 - c; p^H)$。我们假定：

$$(1-p^H)u(W_1-c)+p^H u(W_2-c) > (1-p^C)u(W_1)+p^C u(W_2)$$
$$(6—2)$$

$$(1-p^H)(W_1-c)+p^H(W_2-c) > (1-p^C)W_1+p^C W_2 \qquad (6—3)$$

第一个不等式的意思是，在无法规避或转移风险的情况下，投保人愿意防范风险；第二个不等式的意思是，投保人防范风险可以获得期望值更高的未来财富，这样能够保证他与保险公司之间存在交易的利益。p^C和p^H的上标C和H，分别是英语单词cheat（欺骗）和honest（诚实）的第一个字母。保险公司与投保人签订保险合同时，一般都要求投保人承担防范相关风险的义务。这样的话，在现在这个模型当中，投保人不防范风险就可以被认为是欺骗保险公司，而防范风险的投保人则可以被认为是诚实的人。

最后假设，投保人在签订保险合同后是否防范风险属于他的隐蔽行为，保险公司无法观察到。

我们依照上述假设在图 6—6 画出了保险市场情况：W^C 表示投保人不防范风险时的初始禀赋，而 W^H 是投保人防范风险时的初始禀赋。$W^C F^C$ 的斜率为 $-(1-p^C)/p^C$，是投保人不防范风险时保险公司的零利润线。$W^H F^H$ 的斜率为 $-(1-p^H)/p^H$，是投保人防范风险时保险公司的零利润线。在一个竞争性的保险市场上，如果投保人不防范风险，则保险公司将向投保人提供 $W^C F^C$ 上的保险合同。如果投保人防范风险，则保险公司将向投保人提供 $W^H F^H$ 上的保险合同。值得注意的是，保险公司提供 $W^C F^C$ 上的保险合同 A，说的是保险合同 $\overline{W^C A}$；而保险公司提供 $W^H F^H$ 上的保险合同 A，说的是保险合同 $\overline{W^H A}$。$W^H F^H$ 与 45°线的交点 E^H，位于 $W^C F^C$ 与 45°线的交点 E^C 的右上方。

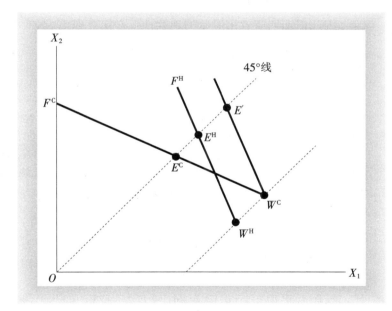

图 6—6　道德风险的发生机理

如上所述，在无法规避风险的情况下，投保人会防范风险。现在不妨假设保险公司按照保险费率为 p^H 向投保人提供保险合同 $\overline{W^H E^H}$，保险金额为 $d = W_1 - W_2$，并与投保人达成协议：投保人投保后承担防范风险的义务，否则合同无效。事实上，如果保险公司能够观察到并证实投保人不防范风险的行为，上述保险合同就是市场的均衡。可是，由于投保人是否防范风险属于隐蔽行为，

保险公司无法观察到，投保人依然可以违反上述承诺而不受惩罚。于是不难想象，在理性人的假设条件下，投保人将不防范风险，这样，投保后他的未来财富就从 E^H 上升到 E'，但保险公司却因此亏损。这就是保险市场上的道德风险：投保人购买保险后，会降低防范风险的努力程度，结果导致保险公司亏损。

那么，保险公司应该如何对付投保人的这种道德风险呢？

假设投保人签订的保险合同是 (γ, K)，那么，他防范风险时的期望效用为：

$$Eu^H(\gamma, K) = (1 - p^H)u(W_1 - c - \gamma K) + p^H u(W_2 - c + (1 - \gamma)K)$$

$$(6\text{—}4)$$

不防范风险时的期望效用为：

$$Eu^C(\gamma, K) = (1 - p^C)u(W_1 - \gamma K) + p^C u(W_2 + (1 - \gamma)K) \quad (6\text{—}5)$$

容易验证，对于任意的 $\gamma \in (0, 1)$，都有：

$$Eu^H(\gamma, 0) > Eu^C(\gamma, 0) \text{ 和 } Eu^H(\gamma, d) < Eu^C(\gamma, d)$$

因此根据期望效用函数的连续性，必定存在 $K^*(\gamma) \in (0, d)$ 使得：

$$Eu^H(\gamma, K^*(\gamma)) = Eu^C(\gamma, K^*(\gamma))$$

而且对于所有的 $K < K^*(\gamma)$，都有：

$$Eu^H(\gamma, K) > Eu^C(\gamma, K)$$

所以，只要保险公司提供的保险合同 (γ, K) 满足 $K < K^*(\gamma)$ 这个条件，那么，理性的投保人就会防范风险。由于市场竞争，如果保险公司提供这样的保险合同 (γ, K)，就会有 $\gamma = p^H$，而 K 会无限接近 $K^*(p^H)$。为叙述简便，记这时候的 $K = K^*(p^H)$。换言之，在竞争性市场上，如果希望投保人防范风险，保险公司就会提供保险合同 $(p^H, K^*(p^H))$。

然而，保险合同 $(p^H, K^*(p^H))$ 却未必是市场均衡。图 6—7 和图 6—8 对这个问题进行了分析。图 6—7 演示了防范风险成本 c 较高的情况，保险合同 $(p^H, K^*(p^H))$ 对应图中的保险合同 $\overline{W^H E}$ 或 $\overline{W^C E'}$。需要说明的是，$\overline{U^C}$ 和 $\overline{U^H}$ 经过 45°线上的同一个点，表明它们的期望效用水平是相同的，都等于它们的交点所对应的确定性未来财富的效用。按照图中所示，与保险合同 $\overline{W^H E}$ 相比，投保人更偏好于保险合同 $\overline{W^C E^C}$。当然，如果投保人签订了保险合同 $\overline{W^H E}$，他就将不防范风险，因而保险公司将获得零期望利润。所以这时候，保险合同 $\overline{W^H E}$ 才是市场均衡。

只有当防范风险的成本 c 较低、市场出现图 6—8 演示的情况时，保险合同 $(p^H, K^*(p^H))$ 才能成为市场均衡，因为此时投保人更偏好于保险合同 $\overline{W^H E}$ 而不是 $\overline{W^C E^C}$。

可见，为了对付投保人的道德风险，保险公司要么将保险费率提高到 p^C，要么限制投保人的保险金额。与信息完全的情况相比，这两种情况都会降低投保人的期望效用。本来，投保人想通过机会主义行为占保险公司的便宜，可是，在保险公司做出相应的防范措施之后，投保人没捞到好处，反而还亏了。

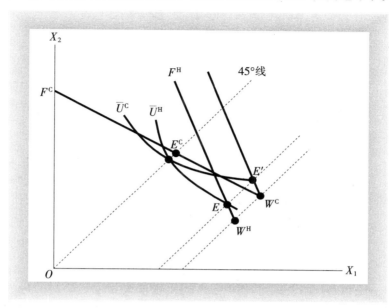

图 6—7　道德风险影响下的均衡（1）

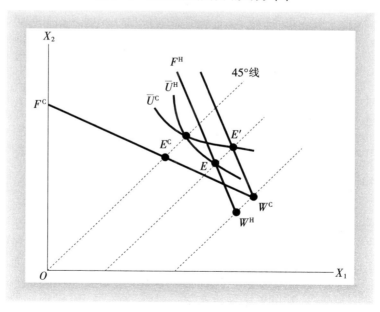

图 6—8　道德风险影响下的均衡（2）

6.4　关于 R-S 模型的进一步讨论

　　R-S 模型能够抓住保险市场的本质特征，通过这个模型，我们详细分析了保险市场在信息不对称条件下的运行，得出了许多有意义的结论。与阿克洛夫模型一样，R-S 模型简化了现实的情况，并且将某些因素推向极端。这样处理的目的是为了简洁而有效地分析保险市场的信息不对称问题。然而，模型分析并不能阐明所有的问题。所以，我们有必要对 R-S 模型和保险市场作进一步讨论。

　　需要说明的是，本书第 2 章 2.5 节关于阿克洛夫模型的讨论的许多内容，也适用于 R-S 模型。例如，信息不对称是市场失灵的根本原因，市场上存在大量的欺骗行为，等等。这里主要讨论前面没有讨论的问题。

R-S 模型的合理性

　　R-S 模型极度简化了保险市场的现实情况，包括：（1）投保人的未来财富只有两种可能的结果；（2）投保人具有相同的效用函数；（3）设计极其简单的保险合同进行讨论；（4）投保人和保险公司的行为都非常简单；等等。与此同时，模型突出了保险市场的两个特征：信息不对称和"价格＋数量"竞争。这样，我们就可以非常简洁地分析保险市场的信息不对称问题。

　　有人也许会质疑 R-S 模型的合理性，因为模型的假设过于简单，以至于"偏离"实际。让我们以人们常用的地图作为类比来回答这个问题。随便拿起一张普通的地图，我们会发现，地图也极度简化了现实的情况，而且主要的道路总是用较粗和颜色鲜明的线条标示出来。没有人会怀疑这样的地图的合理性，也没有人会计较道路的宽度是否符合制图比例。为什么？因为这样的地图已经足够准确，特别是使用起来非常方便。一幅严格按照真实情况绘制的地图，反而没有什么价值，也没有多少人会使用它。同样的道理，R-S 模型就是要突出保险市场的信息不对称问题，因此有意简化了保险市场的其他方面和无关紧要的细节。至于保险市场其他类型的问题，就需要建立相适应的模型，或者另外展开专门的论述。我们不应企望 R-S 模型回答保险市场的所有问题，或者刻画保险市场的所有细节。

　　R-S 模型引导我们得出了一些非常有建设性的结论。首先，逆向选择的表现形式可能是低风险投保人退出市场，也可能是低风险投保人只是购买部分保险。其次，保险市场可能会出现没有稳定交易局面的状态。运用 R-S 模型建立起来的框架，还可以分析有关保险市场的其他问题，得到更多有意义的结论。比如模型分析发现，道德风险会引致这样两种可能后果：一是保险公司按照投保人防范风险时的风险情况提供保险，但限制投保的保险金额；

二是保险公司按照投保人不防范风险时的风险情况提供保险，允许投保人购买足额保险。这些结论可能会有些"过分"，但重要的是，它们可以帮助我们很好地思考和理解保险市场的一些重要特性。

最后我们要指出，R-S 模型与阿克洛夫模型一样，也具有很强的适用性。不同的是，阿克洛夫模型比较适合用来分析信息不对称的物质商品市场，R-S 模型比较适合用来分析信息不对称的服务商品市场，例如劳动力市场、信贷市场，等等。可见，这两个模型各有所长，互为补充，通过它们我们可以比较完整地理解信息不对称对市场运行的影响。

保险市场和二手车市场的差异

大家知道，保险市场和二手车市场都具有明显的信息不对称的特征。但是，它们不同的地方在哪里呢？

首先看看谁拥有信息优势。在二手车市场上，拥有信息优势的是供给方，是潜在卖主；而在保险市场上，拥有信息优势的是需求方，是投保人。所以，两种市场上实施机会主义的主体类型是不同的，这导致了机会主义的治理机制有一定的差异。下面讨论"合同设计与甄别"时，我们还会谈到这个问题。而且我们还发现，价格在两种市场上的作用也有所不同。在二手车市场上，价格决定和体现二手车的期望质量；在保险市场上，价格即保险费率决定和体现提供相关保险服务的期望成本。

再考察一下执行交易与订立合同的时间关系。二手车是实物商品，在交易合同成立之时，交易即宣告结束，所以只存在合同前的信息不对称问题。但保险是无形的服务，交易在合同成立之后按照合同条款执行。也就是说，商品类型差异，导致了交易过程的不同。因此，保险市场不仅存在合同前的信息不对称问题，还存在合同后的信息不对称问题，会出现由投保人的隐蔽行为引起的道德风险问题。事实上，刻画二手车市场的阿克洛夫模型是一个单期模型，而刻画保险市场的 R-S 模型是一个跨期模型，包含"现在"和"未来"两个时期，尽管我们在前面没有明确指出这一点。

接着分析卖主的收入来源。在二手车市场上，卖主只能从买主支付的价格得到收入；而在保险市场上，保险公司的收入来源就丰富得多。投保人交纳的保险费是保险公司的基本收入；而用这些保险费进行各种投资，是增加收入和获取利润的关键，是保险公司一个极其重要的业务。所以，保险公司的行为要比二手车市场的卖主复杂得多。

最后，我们谈谈保险服务的质量问题。按照 R-S 模型关于保险合同的简单假设，前面的讨论并没有涉及保险服务的质量问题。保险公司按照合同向投保人提供服务，为了保证保险服务的质量，一个很自然的想法就是制定详尽而完善的合同。所谓完善，是指合同能够详细地考虑到将来的每一种可能性，并且能够针对每一种可能发生的情况说明解决办法和最终处理。这是极高的要求，在现实中无法办到。一方面，人们一般不能预知未来的所有可能性；退一步，即使可以预知未来的所有的可能性，详细列明所有的可能情况并说明相应的解决办法和最终处理，也将是一个极其庞大的工程，需要耗费大量的人力物力。另一方面，信息不对称使得一些合同条款形同虚设，根本无法有效实施。所以，现实生活中的保险合同，多数都仍然是不完善的合同，这给了保险公司提供了实施各种机会主义行为的空间。可见，保险市场的信息不对称是双向的，投保人和保险公司各自具有自己的信息优势。这是保险市场与二手车市场的又一不同之处。

我国的保险市场尚处于不成熟的发展阶段，保险公司的机会主义行为一度非常严重。我们常常看到这样的现象，一笔保险交易无法达成，不是因为投保人故意隐瞒信息，而是因为投保人担心保险公司的信誉问题和日后的服务质量。签订合同时的服务态度好得要命，理赔的时候却翻脸不认人，这样的情况也是屡见不鲜的。甚至，有些保险公司还故意制定一些晦涩的条款，专门欺负那些缺乏专业知识的投保人。总之，保险公司的机会主义行为搞得人心惶惶，结果是很多人都不敢轻易投保，致使保险市场发展缓慢，对大家都没有好处。现在，保险公司的机会主义行为已经大为减少，保险市场的生态环境有所改善。这主要是因为保险市场开始逐步规范，保险公司的机会主义行为开始受到法律约束和政府监管。外资公司的进入引发更为激烈的竞争，迫使本土公司提高服务质量，也是一个重要的原因。另外，居民关于保险的专业知识比较丰富了，也在一定程度上减少了信息不对称。

合同设计与信号甄别

本书第3章3.4节谈到，拥有信息优势的交易一方，可以通过信号示意向交易的另一方传递自己的私有信息。现在我们要谈的是，处于信息劣势的交易一方如何设计合适的机制来提取或甄别交易另一方的私有信息，这样的做法称为**信号甄别**（Screening）。信号示意和信号甄别都属于私有信息的信号传递，它们最大的不同点在于，是拥有信息优势的一方还是处于信息劣势的一方处于"主动出击"的位置。在后面的第7章和第8章，我们将以劳动力市场为背景详细讨论私有信息的信号示意和信号甄别的问题，说明这两者的区别以及它们带来的不同的结果。

如前面所分析的，保险公司通过合理的合同设计将两类投保人区分开来，就是信号甄别的一个很好的范例。根据两类投保人的偏好不同，保险公司为高风险投保人设计保险费率和保险金额都比较高的保险合同，为低风险投保人设计保险费率和保险金额都比较低的保险合同。于是，通过投保人的自由选择，保险公司实际上已经将两类投保人区分开来，以这种方式提取了投保人的私有信息。

在现实生活中，保险公司还有很多其他方法可以用来甄别信息。至于哪些方法可以甄别信息，为什么能够甄别信息，我们留给读者们自己思考。关键在于，R-S 模型的分离均衡已经足以表达信号甄别的基本思想。

现在着重谈谈信号甄别在其他领域的两个例子。

第一个例子，是调查问卷中的测谎题。大家知道，在调查问卷中，对于研究人员所要测试的问题，无论选哪一个答案都是合理的，否则就没有必要去进行这样的调查了。因此，如果一份调查问卷只含有研究人员心目中真正要测试的问题，那么一些胡乱填写的问卷就无法剔除，这将会严重影响调查的结果。为了避免出现这种情况，在问卷中设置加入一些"测谎题"是一个很好的方法。测谎题的答案是唯一的，而且显而易见，只要稍微留心阅读题目都应该能答对。所以，在调查问卷中加进几道测谎题，基本上就可以甄别哪些问卷是胡乱填写的，从而把它们从统计中剔除出去——如果你连题目都不看就胡乱填写答案，答对所有的测谎题的概率就非常小。

第二个例子，是发达国家航空公司甄别旅客身份以实现价格歧视的制度设计。以美国为例，航空公司之间经常发生价格大战，优惠票价常常只合正常票价的三分之一甚至四分之一。然而，即使是价格大战，航空公司也不愿意让出公差的旅客从价格大战中得到便宜。但是，当旅客去买飞机票的时候，他脸上并没有贴着是出公差还是私人旅行的标记。那么，航空公司如何区分乘客分割市场呢？原来，购买优惠票总有一些条件。例如规定要在两个星期之前订票，又规定必须在目的地度过一个甚至两个周末，等等。老板叫你出公差，往往都比较急，很少有在两个多星期以前就计划好了的国内公差。这就避免了一部分出公差的旅客取得优惠。最厉害的一着，是一定要在目的地度过周末的条件。老板派你出公差，当然要让你住较好的旅馆，还要付给你出差补助。度一个周末，至少要多住两天，两个周末更不得了。这笔开支，肯定比享受优惠票价所能节省的多得多，更何况，度完周末才回来，老板要给你补假，你在公司上班的日子又少了好几天。精明的老板才不会为了那点优惠而贪小便宜吃大亏。

均衡的定义

在前面的分析中，我们谈到的均衡其实都属于纳什均衡。纳什均衡定义的合理性是毋庸置疑的，但除了纳什均衡外，还存在其他的合理的均衡定义。我们不打算详细讲解各种具体的均衡定义，而准备集中谈谈威尔逊在他的博士论文中提出的一种均衡概念[2]，即所谓的威尔逊均衡（Wilson Equilibrium）。按照威尔逊均衡的概念，保险市场的均衡应该被定义为满足下面三个条件的一系列保险合同：（1）投保人愿意接受这些保险合同；（2）保险公司从这些保险合同得到非负期望利润；（3）不存在一个新的保险合同，如果它被提供，那么即使那些因它而产生负期望利润的保险合同退出市场，它仍然可以带来正的期望利润。

不难验证，威尔逊均衡的条件比纳什均衡的条件弱一些。也就是说，纳什均衡必定是威尔逊均衡，反之未必。尽管如此，威尔逊均衡也具有一定的

合理性。因为当一个新的保险合同进入市场，我们没有道理假设那些因它而产生负期望利润的保险合同会一直留在市场上。或者说，一个保险公司在考虑是否提供新的保险合同时，不仅要考虑当时的情况，还要考虑它提供这个新的保险合同后，其他保险公司会有何反应。威尔逊均衡，就是假设其他保险公司能够瞬时做出反应的均衡对局。这样看来，纳什均衡是"短见"的，它假设保险公司只考虑当时的情况，没有进一步考虑以后的情况。但事实上，其他保险公司也不可能瞬时做出反应。所以，一个新的保险合同虽然长期提供会亏损，但如果它能够在短期内获利，保险公司可能还是愿意提供的。

总的来说，纳什均衡和威尔逊均衡都有自己的合理之处，也各有自己的不足。究竟应该采取哪一个均衡概念，则要考虑具体的情况和研究的需要。

现在，我们采用威尔逊均衡的概念来重新分析 R-S 模型。可以验证，如果情况如图 5—11 所示存在分离（纳什）均衡，那么这个分离（纳什）均衡就是唯一的威尔逊均衡。如果情况如图 5—10 所示没有纳什均衡，那么保险市场就必定存在混同威尔逊均衡。具体参见图 6—9，各种标记的含义与图 5—10 一致，E 是 $\overline{U}^L$ 与 WF 的切点。容易验证，保险合同 E 是混同威尔逊均衡。当然，你可以争辩说，像 E 这样的均衡是缺乏稳健性的，因为在 E 存在的情况下，提供阴影区域中的保险合同可以获得正期望利润。但是不要忘了，阴影区域中的保险合同一旦被提供，保险合同 E 就会退出市场，于是新提供的阴影区域中的保险合同也会产生负期望利润。

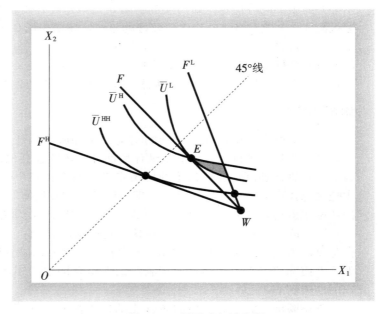

图 6—9 混同威尔逊均衡

习题 **6**

6—1. 在阿克洛夫模型中，如果我们进一步假设所有的二手车都属于一个卖主，即二手车市场是一个垄断市场，请讨论这时候的市场交易结果。

6—2. 对于投保人来说，他们偏好于竞争性的保险市场，还是垄断的保险市场？

6—3. 在一个信息不对称的垄断保险市场里，假设低风险投保人和高风险投保人的初始禀赋分别为（100，50；0.2）和（100，50；0.6），他们的效用函数都为 $u(x) = \ln(x)$。求解市场均衡。

6—4. 假设政府限制保险公司的最低保险费率低于平均的风险事故发生概率，请讨论市场的均衡。如果政府限制的最低保险费率高于平均的风险事故发生概率，情况又会怎样？

6—5. 假设投保人的风险厌恶程度无穷大，即其无差异曲线都是角点在45°线上的"L"形折线，请分析道德风险对保险市场的影响。

6—6. 请讨论垄断保险市场的道德风险问题。你能画图进行相关的分析吗？

6—7. 请设计一个投保人既有隐蔽特征又有隐蔽行为的保险市场模型，并尝试分析你所设计的模型。

6—8. 设想这样的情形：风险事故发生的概率是投保人的私有信息，保险的服务质量则属于保险公司的私有信息。为理解方便和讨论方便，大家可以简单地用投保人的理赔成本来刻画保险的服务质量；投保人的理赔成本越低，说明服务质量越高。请讨论这时候保险市场的交易结果。如果可以，请建立相关的模型，并分析模型。

6—9. 请分别列举一个信号示意的例子和一个信号甄别的例子，讨论它们的异同。

6—10. 假定你需要对于居民在"黄金周"的出游情况进行问卷调查。试为这个问卷设计两道"测谎题"。

6—11. R-S模型采用威尔逊均衡概念的分析结果与采用纳什均衡概念的分析结果有所不同。你觉得哪个分析结果更加合理？

【注释】

[1] 保险合同 E^H 和 E^L 对于高风险投保人来说是无差异的，我们假设高风险投保人在面临这两个保险合同时，总是选择前者。或者我们认为，提供给高风险投保人的保险合同，实质位于 $\bar{U}^{HH}$ 上方，但无限接近 E^H。

[2] Wilson, Charles A., "Equilibrium in a Class of Self-Selection Models", Ph. D. thesis, University of Rochester, 1976

第 7 章

信号示意的斯彭思模型

从本书第 2 章到第 6 章，我们以二手车市场和保险市场为背景，详细而相对完整地讲解了隐蔽信息对市场运行的影响。简单来说，隐蔽信息会引发合同前机会主义，进而引发逆向选择等经济现象，破坏互利的市场交易。可喜的是，人们已经发明了许多方法用来解决市场上的逆向选择问题，包括信号示意、信号甄别、经纪人介入、合同激励、商誉或名誉激励，等等。对于这些方法，我们在前面已经进行过简单的介绍。在本章，我们将通过严谨的数理模型详细讲解信息不对称市场的信号示意。

在二手车市场里，劣质车可以被谎称为优质车，结果导致优质车只能以较低的价格出售。所以，优质车的车主有动机去披露二手车的质量信息。在保险市场里，高风险投保人可以声称自己是低风险投保人，结果导致低风险投保人只能购买部分保险，甚至不愿投保。因此，低风险投保人希望能够披露投保人的风险信息并且让人家相信。这些思考，引导我们提出本书 3.4 节谈到的信号示意这个概念。这里明确指出，拥有信息优势的交易一方希望将自己的私有信息传递给交易另一方的任何一种做法，都可以称为**信号示意**。其中，能够真实可靠地传递私有信息的信号示意，称为**有效的信号示意**。下面，我们以劳动力市场为具体背景，讲述在信息不对称的市场里如何实施有效的信号示意。

劳动力市场与二手车市场和保险市场一样，也是典型的信息不对称的市场，求职者的生产能力高低是他们的私有信息，雇主并不十分清楚，所以，劳动力市场也会发生逆向选择：雇主不能区分生产能力不同的求职者，结果只能按照平均水平付给他们整齐划一的"大锅饭"工资。这样，生产能力高于这个平均水平的求职者，就不愿意应聘，他们要退出市场，于是剩下的就是生产能力比较低的求职者。接着，雇主就要降低"大锅饭"工资的"出价"，于是又有一些求职者退出。逆向选择就这样发生了。

允许求职者自荐，不能避免上述的逆向选择。道理很简单，因为自荐是一种几乎不用耗费成本的廉价交谈，所以每一个求职者都会声称自己具有高生产能力。现在的刊物、报纸甚至"就业指导"课程上的"面试指南"，实际上都只教导求职者充分展示自己的优势，尽量隐瞒自己的劣势，甚至隐含可以把强项"适当"夸大一点儿的意思。这种不惜夸大的自荐，不就等于是声称自己是高生产能力的求职者吗？

因此，人们必须寻求其他方法来避免劳动力市场的逆向选择。斯彭思（Michael Spence）在 1973 年发表的文章《劳动力市场的信号示意》[1] 指出，求职者在选择不同的受教育程度的过程中，实际上向雇主传递了关于他们的生产能力的私有信息。大家知道，提高受教育者的能力是教育最主要的一个基本功能。但斯彭思建立的模型，我们以后称为**斯彭思模型**（Spence Model），却在假设教育完全不能提高受教育者的能力的条件下，讨论受教育程度的信号示意功能。在这么极端的假设条件下，模型论证，求职者依然愿意投资教育。不过这时候，人们投资教育获取学历，目的已经不在于提高自身的能力，而在于他们要进行信号示意。

值得一提的是，斯彭思的这篇文章在十多年前被初次介绍到我国的时候，曾经受到猛烈批评。往好的方面想，猛烈批评一时成为气候的原因之一，就是善良的人们难以接受教育不能提高受教育者的能力这个非常极端的假设。事实上，这个非常极端的假设凸显了教育的信号示意作用，而且大大简化了模型分析的难度。人们不知道，斯彭思模型可以拓展到教育也提高受教育者的能力的情形。更加重要的是，这个非常极端的假设还使得斯彭思模型的思想和结论具有更强的一般适用性，可以推广应用到其他信息不对称的市场和领域。同时兼顾教育也提高能力的斯彭思模型，反而没有这么好的一般适用性。

本章以斯彭思的文章为基础，讲解劳动力市场的教育信号示意，具体安排如下：7.1 节探讨教育的信号功能。7.2 节讲解斯彭思模型的思路。7.3 节构造斯彭思模型的一个数字化例子，并求解各种情况下的信号示意均衡。7.4 节继续上一节的分析，对各种情况下的信号示意均衡进行比较和精炼。最后在 7.5 节，我们概括地对斯彭思模型进行一个简单的讨论。

7.1 教育的信号功能

　　教育能够提高受教育者的能力是毋庸置疑的，它是教育原本就应该具有的"本位"功能。事实上，许多人为了使自己成为求职者队伍中素质较高的人，从而获得比较好的工作，都会进行人力资源投资来争取接受更高级别的教育，以求提高自身的能力。因此，雇主自然就认为那些拥有较高学历的求职者更可能具有较强的生产能力，因而愿意支付给他们较高的工资。现代社会已经不是拼力气的社会。一般来说，学历较高的求职者生产能力也比较高，值得付给他们比较高的工资。

　　这样，在求职者和雇主的上述互动之中，学历就成为一种信号，一种能够传递求职者生产能力这种私有信息的信号。这就是教育的信号功能。从这个角度看，教育的信号功能是由教育能够提高能力这种功能"衍生"出来的一种功能。但是，教育的信号功能一旦形成，即使教育不再具有提高能力这种功能，它本身也能够维持下去。

　　既然高学历作为一种信号与高工资相挂钩，那么，为什么并不是所有的求职者都通过获取高学历来获得更高的工资呢？这里的关键在于，"发送"学历这样有价值的信号，是需要成本的。对低素质的求职者而言，通过接受教育来发送教育信号，比起高素质的求职者来要困难得多，成本要高得多。这种情况之所以出现，最主要是因为在接受教育时，素质较低的求职者比起素质较高的求职者来，更难通过各门课程的考试考核，从而较难拿到学分和学位。所以，低素质的求职者面对投资教育的重大决策，可能会望而却步，而高素质的求职者就不会出现这样的犹豫。

　　大家知道，人们的天赋是不同的。有些人天生能歌善舞，有些人却老是歌咏唱不成调、舞蹈跟不上步；有些人学外语很容易，朗朗上口，有些人却结结巴巴，困难重重；有些人对电脑几乎可以"无师自通"，有些人虽然一直使用电脑但却从来不会自己安装一个应用软件；有些人学习比较轻松，仍然取得很好的成绩，有些人经常开夜车，却还是在为及格而拼搏。这一切都是我们熟知的事实。

　　正是由于不同素质的人在获取像受教育程度这样有价值的信号时所需要支付的成本不同，使得受教育程度作为传递求职者能力高低的信号变得可信了。这样一来，信号示意行为就可以作为内生的市场过程，为雇主提供可靠的信息。

　　教育的信号功能，会影响人们对教育的投资决策，通常表现为人们会"过度"投资教育。更加准确地说，与信息对称条件下教育只能提高能力的情形相比，人们对信息不对称条件下同时还具有信号功能的教育，投资水平会更加高。现在，许多毕业生为了找到更好的工作，考取了各种各样的资格证书，便属于这种情况。尽管大家都知道花费大量的时间与精力去应付这些考试不会带来多少能力上的提高，但如果你没有考取这些证书，就会被人认为你没有这些能力，或者在这些方面能力较差。

更加值得注意的是，我国有一些专门训练学员通过考试的学校，特别是训练学员通过外国入学测试的学校，包括 TOEFL、GRE、GMAT 等等。这些学校非常火爆，甚至发出"打败北大清华"这样的"豪言壮语"，一时蔚为壮观。这些考试学校的本事，是把学员的考试技巧和考试本领发挥到极致，却不注重提高学员的实际能力和素质。如果说这些学校提供的培训也算是教育的话，那么这样的教育大概只有发布信号的功能。

最要命的是，这些考试学校的出现让那些准备出国留学的学生陷入囚徒困境：不管别人是否参加考试学校的训练，参加考试学校训练都是你的优势策略。具体来说，别人参加你不参加，你一定吃亏；别人不参加而你参加了，你就占便宜。所以为了得到好的分数，你必须参加考试学校训练。这个囚徒困境的格局，迫使准备留学的学生纷纷参加考试学校，考试学校就这样红火起来。但是在这么做的时候，中国学生并没有得到什么好处：当 TOEFL、GRE、GMAT 考试的主办机构认识到我国这些考试学校能够把学员的 TOEFL、GRE、GMAT 成绩大幅度提高的时候，他们实际上采取了折扣认识我国学生的考试成绩的应对措施。就这样，中国学生失去了"分数面前人人平等"的地位。

考试学校是比较极端的例子，其实，我国的正规教育也多多少少存在这类问题。我们常说的应试教育，不就是这样的情况吗？绝大多数人都已经意识到，应试教育不利于提高学生的综合素质和实际能力，主要只是提高他们的考试能力，它起到的作用，充其量是将不同素质的学生区分开来。这就是单纯的信号功能。所以，大家都知道要提倡素质教育。可是在目前的高考体制下，学校选择应试教育还是素质教育时也陷入囚徒困境：从提高高考成绩以获取更好的"政绩"这个角度看，选择应试教育是每个学校的优势策略。所以，素质教育提倡了这么多年，实际上的改善却非常有限。

可见，教育不仅具有信号功能，而且如果教育体制设计不当的话，教育的信号功能还会被过分放大，从而弱化教育提高能力的"本位"功能。现在，我国的教育不就面临这样的尴尬局面吗？所以，设计出更合理的升学机制，还教育主要用以提高能力的本色，应该作为我国教育改革的基本原则之一。发达国家的一些做法，值得我们借鉴。以美国为例，虽说 TOEFL、GRE、GMAT 是中学毕业生申请进入大学、大学本科毕业以后申请进入研究生院的基本测试，但毕业学校的品牌和老师的推荐信，比 TOEFL、GRE、GMAT

之类的成绩更加重要。因为与学生朝夕相处的老师，更加清楚学生的能力水平，况且有些重要的能力是不能通过考试测量出来的。美国这种做法有一个基本前提，就是已经建立起很好的信誉机制，能够保证老师的推荐信基本上真实可靠。

7.2 斯彭思模型

上一节阐述了教育的信号功能，并且还以我国的情况为例谈到了教育的信号功能可能带来的一些负面影响。我们在这里再次着重指出，提高受教育者的能力是教育最主要的一个基本功能。不过因为现在要研究教育的信号功能，所以在接下来讲述的斯彭思模型里，我们将假设教育不具有提高受教育者能力的作用，集中讨论教育的信号功能，而且主要谈其积极的一面。我们希望从中得出普遍适用的一般化结论，借此了解在信息不对称的市场里如何进行有效的信号示意。

为了集中研究教育的信号功能，最初的斯彭思模型完全不考虑教育提高受教育者能力的功能。换句话说，暂时假设教育完全不能提高受教育者的能力。这时候，教育就只有信号功能，求职者投资教育可以看做一种纯粹的信号示意行为。按照斯彭思模型，信号示意的过程是这样的：

首先，潜在的求职者决定他们希望进行多大的教育投资，以向雇主发布教育信号，为此他们要支付相应的信号示意成本。

然后，雇主会根据求职者受教育的程度来决定他们的工资水平。这时候，虽然求职者的生产能力仍然是私有信息，但是他们的受教育程度却是公共信息。所以，雇主可以根据自己对受教育程度和实际能力之间的关联概率的**信念**（belief），决定给予各种受教育程度的求职者不同的工资水平。

最后，在求职者受雇以后，雇主就可以真实地观察他们的实际能力水平了，并据此调整自己对受教育程度和实际能力之间的关联概率的信念。

雇主对受教育程度和实际能力之间的关联概率的信念，简称**雇主（的）信念**，表示的是雇主对于学历与能力的相关性的主观判断，它在信号示意的过程起着关键的作用。这种主观判断自然因人而异，因具体的雇主而异。例如从事高新技术的企业的老板，可能对求职者的学历和专业要求比较高，在他们看来，学历太低或者专业很不对口，根本应付不了他们的工作；而从事一般土方作业的雇主，可能觉得学历和专业并不那么要紧。雇主的这种主观判断还可能因招聘雇员的具体岗位而异，同一个高科技企业，不同的工作岗位对求职者的学历和专业有不同的要求。

但是为了现在讨论的方便，我们把雇主对受教育程度和实际能力之间的关联概率的信念，简化为雇主认为多高的受教育程度是高素质和低素质求职者的"分界"。具体来说，假定雇主的这个信念简单地表达为一个受教育程度：他认为达到这个受教育程度的求职者，是高素质的求职者，达不到这个受教育程度的，则是低素质的求职者。

在这样简化理解的基础上，我们说雇主根据自己对受教育程度和实际能力之间的关联概率的信念，决定给予各种受教育程度的求职者不同的工资水平，是容易理解的模型假设。例如，同样面对一个受教育程度很高的求职者，即使假定其他条件都一样，相信受教育程度和实际能力"关联程度"高的雇主，愿意出比较高的工资，而认为受教育程度和实际能力关系不大的雇主，认为大学生也不怎么样的雇主，就可能出比较低的工资。简而言之，雇主对可以观察到的信号和不能观察到的生产能力之间的关联程度形成自己的概率信念，并据此决定支付工资的水平。但是在所有这些假定以后，我们仍然认为只有在雇佣了求职者之后，雇主才可以实际观察到雇员的真实的生产能力水平。这一点没有变化。

面对这样的劳动力市场环境，有些人可能认为念大学太困难，是赶鸭子上架，算了。他们愿意在接受普通教育以后就到劳动市场上谋生，运气好每个月拿800元，也勉强过得去；但是另外一些人觉得，多花些时间、精力和金钱，接受大学教育并且拿一个学位，并不是太困难的事情，这样投资以后，将来每个月可以拿2 000元或者更多，是划得来的，何乐而不为。这样的决策是稳定的，也就是说求职者没有动机去改变他们的信号示意决策：前一类人觉得月收入2 000元以上固然好，但是读大学拿学位高不可攀或者代价太大，不如就安分守己，选择不受高等教育这条路，而后一类人觉得读大学拿学位并不那么辛苦，成本不是太大，没有道理不投资于更好的前景。

上述的信号示意过程中求职者与雇主的策略互动关系，可以用一个博弈模型表达出来，这个博弈模型自然称为斯彭思模型。具体来说，我们假设劳动力市场是一个竞争性市场，市场上存在两种类型的求职者——低素质的求职者和高素质的求职者，简称 L 型求职者和 H 型求职者，两者的人数比例分别为 q 和 $1-q$，$0 < q < 1$。L 型求职者的保留收益为 v_L，生产能力为 a_L，恰好值得用工资 $w_L = a_L$ 来雇佣；H 型求职者的保留收益为 v_H，生产能力为 $a_H > a_L$，恰好值得用工资 $w_H = a_H$ 来雇佣。这里有两点需要说明：（1）"恰好值得"的意思是说，这样的工资安排刚好使企业获得正常利润即零经济利润。长期来说企业只能获取零经济利润，是竞争性市场的基本要求，具体到斯彭斯模型里，这个基本要求就是雇主要支付给求职者等于其生产能力的工资。（2）一个求职者的保留收益，是指他在没有被雇佣时所能节省的劳动成本与从其他途径获取的收入的总和。

为使模型分析能够进行，我们假设 $a_L > v_L$，$a_H > v_H$，以保证求职者与雇主之间存在交易劳动的可能性，因为互利是交易的前提。

求职者可以投资教育，并获取相应的学历，但已经被假设不能提升自己的生产能力。假设求职者的受教育程度可以用一个实数 y 表示；y 越大，表示受教育程度越高；$y = 0$ 表示求职者不再投资教育。用 $c_L(y)$ 和 $c_H(y)$ 分别表示 L 型求职者和 H 型求职者接受教育的成本；其中 $c_L(0) = c_H(0) = 0$，$c_L'(y) > c_H'(y) > 0$。不等式的含义是，随着受教育程度的增加，L 型求职者和 H 型求职者的教育成本都会增长，而且前者增长得更快。这里要注意，教育成本既是实在的金钱的和时间的成本，也包括心理的智力的成本，只不过所有这些时间的、心理的和智力的成本，都设想为已经折算成金钱表示的成本。

假设雇主具有这样的信念：认为受教育程度低于 $y^* > 0$ 的求职者是 L 型求职者，受教育程度高于或等于 y^* 的求职者是 H 型求职者。换言之，受教育程度 y^* 是 L 型求职者和 H 型求职者的分界线。我们用符号 $b = (L, y^*, H)$ 简单表示这种类型的雇主信念。这时候，雇主会给予受教育程度低于 y^* 的求职者工资 $w_L = a_L$，给予受教育程度高于或等于 y^* 的求职者工资 $w_H = a_H$。

请注意，雇主还可能有其他类型的信念，但这种旨在区分两类求职者的信念是最为合理的，因此也是我们分析的重点。在下面分析具体的数字化例子时，我们会介绍和分析其他类型的信念。

关于市场里的信息，我们假设，在雇佣合同签订之前，生产能力是求职者的私有信息，而求职者的受教育程度和雇主的信念则是公共信息。在雇佣关系成立以后，雇主可以观察到求职者的生产能力。

最后需要明确，求职者和雇主的行动决策顺序是这样的：首先，在了解雇主信念的条件下，求职者选择一定的受教育程度来进行信号示意；用 y_L 和 y_H 分别表示 L 型求职者和 H 型求职者的决策，即他们所选择的受教育程度。接着，雇主根据自己的信念和求职者发出的信号即受教育程度，给予他们相应的工资。具体来说，如果雇主认为受教育程度为 y 的求职者的生产能力或平均的生产能力为 a，雇主就会给予这个求职者相应金额为 a 的工资。

从博弈论的知识容易知道，斯彭思模型实质是一个两阶段的动态博弈，参与人为所有的 L 型求职者、所有的 H 型求职者和所有的雇主。在第一阶段，求职者发布教育信号；在第二阶段，雇主根据求职者的教育信号决定他们的工资。不存在失业的情况。因此，我们也可以将斯彭思模型称为**斯彭思信号示意博弈**（Spence Signaling Game）。由于雇主的策略完全由他自己的信念决定，也就是说，雇主的信念浓缩了他的决策信息，所以博弈的对局可以表示为 $(y_L, y_H; b)$，b 表示雇主的信念。注意，斯彭思信号示意博弈是将求职者投资教育和出售劳动力两种活动联结起来的一个博弈，雇主的信念是联结的关键要素。

我们称对局 $(y_L, y_H; b)$ 是斯彭思信号示意博弈的一个均衡，并且仅当这个对局满足如下两个条件：

（1）在知道雇主的信念为 b 的条件下，y_L 和 y_H 分别表示 L 型求职者和 H 型求职者的最优决策；

（2）雇主的信念 b 与雇主实际观察到的结果相符，即雇主的信念得到印证。

容易验证，这样定义均衡满足纳什均衡的要求。条件（1）保证两类求职者不会偏离自己的策略；条件（2）保证雇主不会偏离自己的策略。

图 7—1 展示了信号示意博弈均衡的逻辑结构，它是一个逻辑循环：在雇主信念的支持下，求职者和雇主分别作出最优的决策，从而决定了博弈的均衡结果，而均衡结果反过来验证了雇主信念。

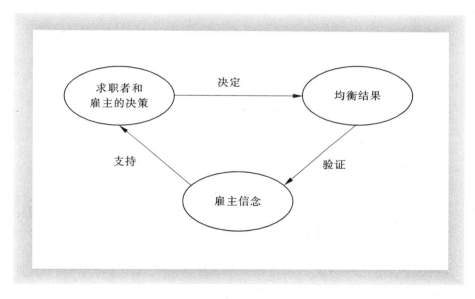

图 7—1　信号示意博弈均衡的逻辑结构

7.3　一个数字化例子

求解和分析一般化的斯彭思模型，比较繁琐，而且不利于说明原理，所以现在构造并分析一个数字化例子。令 $v_L = v_H = 0$；$a_L = 1$，$a_H = 2$；$c_L(y) = y$，$c_H(y) = y/2$。也就是说，所有求职者的保留收益都为 0；L 型求职者和 H 型求职者的生产能力分别为 1 和 2，与此对应的，L 型求职者接受教育的成本和所受教育的程度是一比一地上升的，而 H 型求职者为获取相同程度的学历

所花费的成本只有 L 型求职者的一半。

$b=$ （L，y^*，H） 时的均衡分析

我们构造的数字化例子是否存在均衡以及存在什么样的均衡，取决于雇主的信念 b。我们首先分析雇主具有 $b=$（L，y^*，H）这种类型的信念时斯彭思信号示意博弈的均衡。请注意，雇主信念 $b=$（L，y^*，H）的含义及其浓缩的雇主决策信息是这样的：雇主认为受教育程度低于 y^* 的求职者是低素质的，并支付给他们 $w_L=1$ 这么多工资；认为受教育程度高于或等于 y^* 的求职者是高素质的，并支付给他们 $w_H=2$ 这么多工资。

首先容易论证，如果求职者打算选择低于 y^* 的受教育程度，那么他最好选择 0 的受教育程度；如果他打算选择高于或等于 y^* 的受教育程度，则最好选择 y^* 的受教育程度。因为这两种情况下求职者的工资都恒定不变，所以每种情况都应该选择成本最小的受教育程度。也就是说，我们只需要讨论求职者受教育程度为 0 和 y^* 这两种决策就足够了。当求职者选择 0 的受教育程度时，我们就形象地说"求职者发送'低素质求职者'的信号"，或者干脆说"求职者不发送信号"。相应的，当求职者选择 y^* 的受教育程度时，我们就说"求职者发送'高素质求职者'的信号"。

接着分析雇主用来区分两类求职者的受教育程度 y^* 与 L 型求职者的决策 y_L 的关系。如图 7—2 演示的，无论 $y^*>0$ 的取值是多少，L 型求职者选择 $y_L=0$ 的得益都是 1。所以，当 $y^*=1$ 时，L 型求职者选择 $y_L=y^*$ 与选择 $y_L=0$ 没有差异，得益都为 1；当 $0<y^*<1$ 时，L 型求职者选择 $y_L=y^*$ 的得益大于 1，所以 $y_L=y^*$ 是其最优决策；当 $y^*>1$ 时，L 型求职者选择 $y_L=y^*$ 的得益小于 1，所以 $y_L=0$ 是其最优决策。

同样的道理，通过图 7—3 的分析我们知道，当 $y^*=2$ 时，$y_H=0$ 和 $y_H=y^*$ 对于 H 型求职者没有差异；当 $y^*<2$ 时，$y_H=y^*$ 是 H 型求职者的最优决策；当 $y^*>2$ 时，$y_H=0$ 是 H 型求职者的最优决策。

两类求职者的决策在直观上都很容易理解。y^* 的大小决定了求职者发出"高素质求职者"信号的成本，y^* 越大，发送这样的信号的成本就越高。所以，当 y^* 比较小时，求职者发出"高素质求职者"的信号的成本也比较低，所以值得发送。反过来，当 y^* 比较大时，求职者发出"高素质求职者"的信号的成本就比较高，因此不再值得发送。不同的是，决定 L 型求职者发送与不发送"高素质求职者"信号的 y^* 的临界值比较小，决定 H 型求职者发送与不发送"高素质求职者"信号的 y^* 的临界值比较大。

综合图 7—2 和图 7—3 的分析可以得出这样的结论：如果雇主的信念属于 $b=$（L，y^*，H）这种类型，那么斯彭思信号示意博弈的均衡是 $(y_L, y_H; b)=$ $(0, y^*; (L, y^*, H))$，其中 $1 \leq y^* \leq 2$。因为当雇主具有（L，y^*，H）（$1 \leq y^* \leq 2$）

信念时，$y_L = 0$ 和 $y_H = y^*$ 分别是两类求职者的最优决策；反之，当两类求职者的决策分别为 $y_L = 0$ 和 $y_H = y^*$ 时，雇主的信念得到印证。

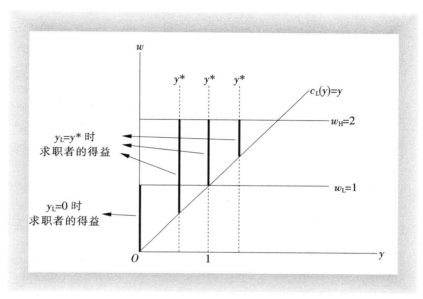

图 7—2　雇主的信念与 L 型求职者的决策

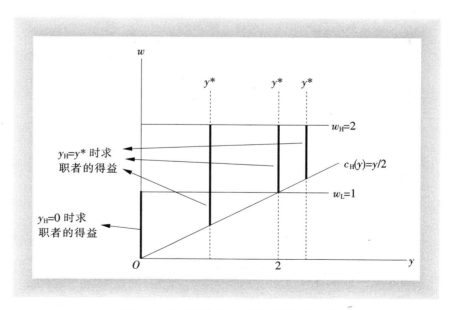

图 7—3　雇主的信念与 H 型求职者的决策

此外我们还知道，如果博弈的均衡为（$y_L, y_H; b$）＝（$0, y^*; (L, y^*, H)$）（$1 \leqslant y^* \leqslant 2$），则求职者的信号示意是有效的，因为它能够揭露关于求职者生产能力的私有信息，从而帮助雇主区分两类求职者。

图7—4、图7—5和图7—6画出了我们的论证过程。这里需要做一个总的说明：在这3幅图中，较粗的阶梯形折线是雇主信念隐含的决策信息所产生的工资函数曲线；a 和 c 分别是 L 型求职者和 H 型求职者选择受教育程度为 y^* 时的得益，d 是两类求职者选择受教育程度为 0 时的得益。在图7—6中，L 型求职者选择受教育程度为 y^* 时的得益是负数，所以没有标出来。

图7—4分析 $1 \leqslant y^* \leqslant 2$ 的一种情况。一方面容易证明，这时候 $y_L = 0$ 是 L 型求职者的最优决策，$y_H = y^*$ 是 H 型求职者的最优决策。另一方面，当 L 型求职者选择 $y_L = 0$、H 求职者选择 $y_H = y^*$ 时，雇主的信念符合实际的观察结果。所以，（$0, y^*; (L, y^*, H)$）确实是斯彭思信号示意博弈的均衡。

图7—5演示 $y^* < 1$ 的一种情况。容易看出，L 型求职者的最优决策是 $y_L = y^*$，H 型求职者的最优决策是 y_H 也是 y^*。如果雇主按照自己的信念给予他们 $w_H = 2$ 的工资，就会亏损，所以雇主会调整自己的信念以及相应的工资策略。

图7—6演示的是 $y^* > 2$ 的一种情况，在这种情况下，两类求职者的最优决策 y_L 和 y_H 都是 0。如果雇主按照自己的信念给予他们 $w_L = 1$ 的工资，就会获得超额利润，所以雇主会调整自己的信念，与此同时，超额利润引发的市场竞争还会迫使他们调整工资策略。

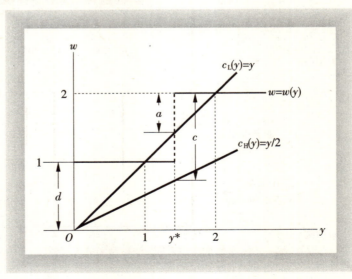

图7—4　$1 \leqslant y^* \leqslant 2$ 时的均衡分析

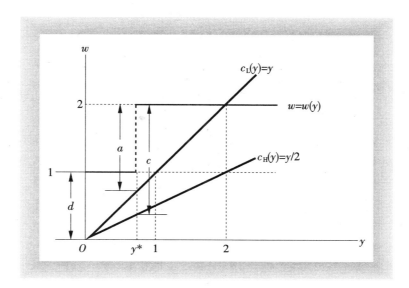

图 7—5 $y^* < 1$ 时的均衡分析

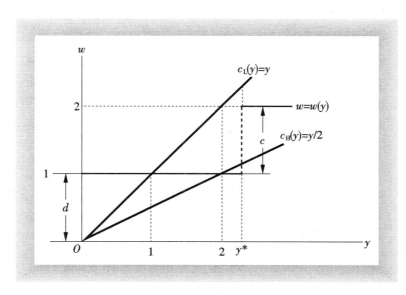

图 7—6 $y^* > 2$ 时的均衡分析

其他类型的雇主信念及相应的均衡

除了 $b = (L, y^*, H)$ 这种比较合理的信念，雇主还可能具有其他类型的信念。尽管这些类型的信念看起来不那么合理，但为了讨论的完整性，我们仍然需要对它们进行简单的讨论。需要指出的是，在一些较为复杂的信号示意模型中，合理的雇主信念可能有很多类型。

首先设想雇主的信念是这样的：认为受教育程度低于 y^* 的求职者都是 L 型求职者，认为受教育程度高于或等于 y^* 的求职者有 q 的概率是 L 型求职者，有 $1-q$ 的概率是 H 型求职者。雇主这种类型的信念记为 $b=(L,y^*,LH)$。按照这样的信念，竞争性市场里的雇主会给予受教育程度低于 y^* 的求职者工资 $w_L=1$，给予受教育程度高于或等于 y^* 的求职者工资 $\overline{w}=q\times1+(1-q)\times2=2-q$。

可以验证，这时候斯彭思信号示意博弈的均衡是 $(y_L,y_H;b)=(y^*,y^*;(L,y^*,LH))$，其中 $0<y^*\leqslant1-q$。图 7—7 画出 $0<y^*\leqslant1-q$ 的一个示例。如果 $y^*>1-q$，则所有的 L 型求职者都会选择 0 的受教育程度，所以雇主的信念必定不符合实际观察的结果。

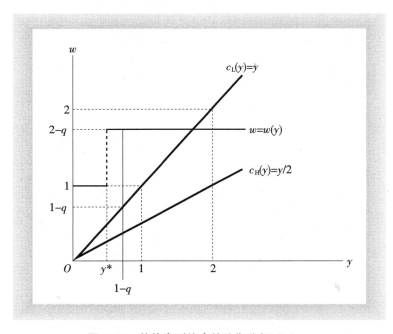

图 7—7　其他类型信念的均衡分析（1）

雇主还可能具有如下类型的信念：认为受教育程度低于 y^* 的求职者有 q 的概率是 L 型求职者，有 $1-q$ 的概率是 H 型求职者；认为受教育程度高于或等于 y^* 的求职者都是 H 型求职者。雇主这种类型的信念记为 $b=(LH,y^*,H)$。所以，雇主会给予受教育程度低于 y^* 的求职者工资 $\overline{w}=q\times1+(1-q)\times2=2-q$，给予受教育程度高于或等于 y^* 的求职者工资 $w_H=2$。容易验证，这时候斯彭思信号示意博弈的均衡是 $(y_L, y_H; b) = (0, 0; (LH, y^*, H))$，其中 $y^* \geqslant 2q$。如果 $y^* < 2q$，则所有的 H 型求职者都会选择 y^* 的受教育程度，因此雇主的信念必定不符合实际观察的结果。图 7—8 画出了 $y^* \geqslant 2q$ 的一个示例。

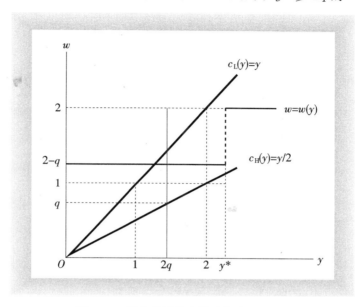

图 7—8　其他类型信念的均衡分析（2）

本节小结

总结上面的分析，在我们构造的数字化例子中至少有下面三种类型的均衡：

（1）$(0, y^*; (L, y^*, H))$，$1 \leqslant y^* \leqslant 2$；

（2）$(y^*, y^*; (L, y^*, LH))$，$0 < y^* \leqslant 1 - q$；

（3）$(0, 0; (LH, y^*, H))$，$y^* \geqslant 2q$。

从中可以发现，信号示意均衡与雇主信念之间有重大的关系，不同类型的雇主信念支持不同类型的均衡。其中，信念 (L, y^*, H)（$1 \leqslant y^* \leqslant 2$）支持**分离（的）信号示意均衡**（separating signaling equilibrium），雇主可以根据求职者发布的不同的教育信号将 L 型求职者和 H 型求职者区分开来。这时候，我们也说求职者通过教育投资进行的信号示意，是有效的信号示意。在实施有效的信号示意后，劳动力市场便变成了信息对称的市场。需要注意的是，在这个过程中，每个 H 型求职者都支付了 $y^*/2$ 的教育成本。由于我们假设教育不能提升受教育者的能力，所以，所有 H 型求职者支付的教育成本的总和，就应视为社会福利（social welfare）或者社会效率的损失。

信念（L，y^*，LH）（$0 < y^* \leqslant 1-q$）和信念（LH，y^*，H）（$y^* \geqslant 2q$）则支持**混同（的）信号示意均衡**（pooling signaling equilibrium），雇主不能通过教育信号将两类的求职者区分开来。不同的是，在信念（L，y^*，LH）（$0 < y^* \leqslant 1-q$）支持的均衡（y^*，y^*；（L，y^*，LH））中，两类求职者都投资教育，他们的受教育程度都为y^*；而在信念（LH，y^*，H）（$y^* \geqslant 2q$）支持的均衡（0，0；（LH，y^*，H））中，两类求职者都不投资教育，他们的受教育程度都为0。因此，在这两种情况中，求职者通过教育投资进行的信号示意，都不是有效的信号示意，在信号示意之后，劳动力市场仍然是不对称的市场。特别是当均衡（y^*，y^*；（L，y^*，LH））出现时，教育除了会给社会造成一个净社会福利损失外，就没有其他作用了。

此外，从上面的分析我们还知道，有很多雇主信念是不能支持产生信号示意均衡的，这些雇主信念因为与实际观察到的结果不同，所以是不可信的，也不能长久维持下去。

最后请同学们思考，除了上述三种类型的雇主信念外，是否还有其他类型的雇主信念，它们是否会支持产生信号示意均衡，又会支持产生什么样的信号示意均衡？

7.4　均衡的比较和精炼

上一节的分析表明，在我们构造的简单的数字化例子中，信号示意博弈会出现非常多的均衡，不仅会出现不同类型的均衡，而且同一种类型的均衡还存在无限多种情况。这就留给我们两个问题：（1）对这些均衡进行比较，评价各个均衡的优劣；（2）讨论均衡的精炼（refinement）问题，即找出最有可能成为博弈结果的均衡，排除那些不大可能发生的均衡。

均衡的帕累托排序

要对不同的均衡进行比较，首先要有一个合理的标准。然而，好还是不好的标准因人而异，本身并没有统一的口径。所以，经济学讲究帕累托效率标准。我们在前面说过，"帕累托有效率的状态"或者说"帕累托最优的状态"，指的是已经达到"不损害一些人就不能进一步改善任何人"的状态。能够改善一些人而同时不损害所有其他人的过程，称为"帕累托改善"。所以，还能够做帕累托改善的状态，就不是帕累托最优的状态，不能够再做帕累托改善的状态，才是帕累托最优的状态。

事实上在本书第4章，我们曾经运用帕累托效率标准对二手车市场的各个瓦尔拉斯均衡进行比较，得出各个均衡的优劣排序。现在，我们运用帕累托效率标准来比较不同的信号示意均衡。不过，在此之前我们有必要指出，信号示意的本意是要传递求职者的私有信息，以帮助雇主将两类求职者区分开来。所以，能否有效传递求职者的私有信息，也应该是判断信号示意博弈的均衡的一个标准。从这个标准来看，只有第一种类型的均衡是好的，第二种类型和第三种类型的均衡都不够好。

事实上，在第三种类型的均衡 $(0,0;(LH,y^*,H))$（$y^* \geqslant 2q$）中，两类求职者都没有投资于教育，与没有信号示意的情况并无二致。在第二种类型的均衡 $(y^*,y^*;(L,y^*,LH))$（$0 < y^* \leqslant 1-q$）中，两类求职者都对教育进行投资，而且投资的水平相同，但得到的工资和没有信号示意的情况一样。所以不难证明，第二种类型的均衡总是帕累托劣于没有信号示意时的市场均衡，并且 y^* 越大，求职者的境况就越糟糕。

下面分析并比较第一种类型的均衡的不同情况。第一种类型的均衡 $(0,y^*;(L,y^*,H))$（$1 \leqslant y^* \leqslant 2$）的不同情况，取决于 y^* 的大小。首先注意到，求职者的工资与 y^* 的大小没有关系，L 型求职者总是得到工资 1，H 型求职者总是得到工资 2。但是，H 型求职者支付的信号示意成本即教育成本与 y^* 成正比关系，y^* 越大，他支付的信号示意成本就越高。据此容易证明，均衡 $(0,1;(L,1,H))$ 帕累托优于 y^* 取其他值的第一种类型均衡。也就是说，按照帕累托效率的标准，在能够区分两类求职者的情况下，用于区分两类求职者的教育水平 y^* 越小越好。

$(0,1;(L,1,H))$ 帕累托优于其他的信号示意分离均衡，在直观上是很容易理解的。斯彭思假设教育只耗费成本，不带来收益，所以只要能够区分不同类型的求职者，用来区分两类求职者的受教育程度 y^* 便越小越好。

最后需要说明的是，当信号示意博弈的结果是均衡 $(0,1;(L,1,H))$ 时，L 型求职者得到的交易利益为 1，H 型求职者得到的交易利益为 3/2。而在没有信号示意的情况下，两类求职者的交易利益都为 $\overline{w} = q \times 1 + (1-q) \times 2 = 2-q$。所以，如果 L 型求职者的人数比例 q 小于 1/2，则没有信号示意时的市场均衡将帕累托优于所有的分离信号示意均衡。可见，在一个原来没有信号示意的劳动力市场里，只有 q 小于 1/2，H 型求职者才有激励去进行信号示意。

均衡的精炼

多重均衡留给我们的另一个问题是：到底哪一个均衡会发生？一个好的理论应该能够告诉人们什么可能发生，什么不可能发生，而不只是罗列各种可能的结果。所以，我们有必要去研究一下，在所有的均衡中，哪些均衡比其他的均衡更有可能发生。理想的情况是，找到一个原则和标准来帮助我们从所有的均衡中筛选出那些最有可能发生的均衡。这就是博弈论的均衡精炼方法。

到目前为止，博弈论专家已经建立了许多均衡精炼的标准和方法。[2]但不幸的是，大多数博弈论专家用来精炼均衡的标准，运用到信号示意博弈都会失效，这是因为，绝大多数的甚至所有的信号示意的均衡，都已经满足精炼的那些标准，所以经过精炼的检验后，留在我们手头的通过检验的均衡，和我们开始进行检验时的均衡几乎一样多。这就迫使人们开始着力于寻找专门用于精炼信号示意模型的方法和标准。这中间最著名的方法是由卓（In-Koo Cho）和克瑞普斯（David Kreps）在1987年提出的**直觉标准**（Intuitive criterion）。[3]他们的讨论比较技术性，也就是说，讨论用到比较高深的数学技巧。我们在这里尽量用通俗的语言说明他们的方法的要点。

从上一节的分析我们知道，信号示意博弈的均衡，与雇主的信念密切相关。因此，雇主信念的合理性，直接关乎均衡的合理性。卓和克瑞普斯提出的直觉标准，就是要通过考察雇主信念的合理性来筛选合理的均衡，舍弃那些看来是由不合理的或愚蠢的雇主信念支持的均衡。比如，信念（L，y^*，LH）（$0 < y^* \leqslant 1-q$）和信念（LH，y^*，H）（$y^* \geqslant 2q$）肯定不能帮助雇主区分不同类型的求职者，因此由这两种类型的信念支持的均衡应该首先被排除。下面，我们专门讨论由信念（L，y^*，H）（$1 \leqslant y^* \leqslant 2$）支持的分离均衡（0，$y^*$；（L，$y^*$，H））。

在分离均衡（0，y^*；（L，y^*，H））中，如果没有求职者偏离均衡策略，那么，雇主只能观察到受教育程度为0和受教育程度为y^*的求职者。这时候，是否所有的求职者都真的不愿意偏离均衡策略呢？与此同时，如果雇主遇到一个受教育程度不为0和y^*的"异常"求职者，雇主应该给予他多少工资呢？

让我们从一个具体的情况开始分析，假设信号示意博弈的结果为（0，y^*；（L，y^*，H）），其中$1 < y^* \leqslant 2$。如果现在出现一个受教育程度为$y' \in (1, y^*)$的求职者，那么按照雇主的信念（L，y^*，H），雇主会认为这个求职者是低素质的，因而给予他的工资为1。但是，卓和克瑞普斯指出，雇主也许非常"老谋深算"，他们会这样想：

> 任何一个求职者能够获得的最高工资都为2。所以，一个L型求职者选择受教育程度为$y' \in (1, y^*)$，他能够获得的最大净收益将为$2 - y'$，小于他选择受教育程度为0时的净收益1。因此，一个理性的L型求职者无论如何都不会选择y'的受教育程度。相反，H型求职者选择受教育程度为$y' \in (1, y^*)$，能够获得的最大净收益将为$2 - (y'/2)$，大于他们选择受教育程度为y^*的净收益$2 - (y^*/2)$，所以他们有可能会选择y'的受教育程度。

经过这样"老谋深算"的思考，雇主就会认为受教育程度为y'的"异常"

求职者应该是 H 型求职者，因而应该给予他的工资为 2。也就是说，雇主经过"老谋深算"的思考后更改了自己的信念，用信念 (L, y', H) 取代了信念 (L, y^*, H)。

所以，当 H 型求职者也"老谋深算"地意识到雇主会这样"老谋深算"地思考时，他们就会选择受教育程度 y' 而不是 y^* 作为信号，于是信号示意博弈的结果相应就变成了 $(0, y'; (L, y', H))$。

按照上述的思路，不仅信念 (L, y^*, H) 不大合理，信念 (L, y', H) 也不大合理，它会被新的信念 (L, y'', H) 取代，这里 $y'' \in (1, y')$，同时均衡 $(0, y''; (L, y'', H))$ 成了新的信号示意博弈的结果。就是这样，雇主的信念由 (L, y^*, H) 一步一步地收敛到 $(L, 1, H)$，信号示意博弈的结果也由 $(0, y^*; (L, y^*, H))$ 一步一步地收敛到 $(0, 1; (L, 1, H))$。

事实上，$(0, 1; (L, 1, H))$ 是唯一的能够通过直觉标准检验的分离均衡，因为这时候"老谋深算"的雇主不会再修正他们的信念。也就是说，通过直觉标准筛选出来的分离均衡只有 $(0, 1; (L, 1, H))$，这个均衡在所有的分离均衡中刚好也是帕累托最优的均衡。

总结以上的分析，直觉标准的大致含义是：雇主和求职者不会盲目接受现有的信念，他们会对现有的信念进行理性分析，纠正其中不合理的地方。只有那些经得起理性思考检验的信念，才是满足直觉标准的信念，而这样的信念支持的均衡则更有可能发生。

7.5　关于斯彭思模型的简单讨论

在阿克洛夫模型和 R-S 模型中，我们假设拥有信息的交易一方无法将他们的私有信息传递到交易的另一方。这个假设在某些市场上与现实比较吻合，但在其他的一些情况下，信息传递机制有可能存在，所以有必要把信号示意加入到模型中来。一个经典的例子，是求职者可以通过投资教育来进行示意信号，向雇主传递有关他们的生产能力的私有信息。斯彭思模型分析表明，将信号示意引入信息不对称的市场可以得到一些令人兴奋的发现，尤其是有效的信号示意可以使原本信息不对称的市场变成信息对称的市场，从而克服信息不对称对市场的负面影响。但是关于斯彭思模型，我们还有几点内容需要强调和说明：

1. 斯彭思模型假设教育没有起到提高受教育者生产能力的作用，但人们仍然理性地对它进行投资。如果人们都在投资教育，但是教育并没有提高他们的生产能力，那么我们只能得出结论：教育是一个有净成本的信号示意过程。因此，尽管通过投资教育进行信号示意可以披露关于求职者生产能力的私有信息，使原来信息不对称的市场变成信息对称的市场，但是投资教育本身只消耗成本，不产生收益，所以信号示意会带来社会的效率损失，不能完全克服信息不对称带来的市场失灵。

2. 雇主信念在信号示意博弈中发挥着至关重要的作用。不同的雇主信念，会导致不同的博弈结果。有些信念支持分离均衡，有些信念支持混同均衡，有些信念则根本不支持任何均衡。然而，模型本身不能够完整地告诉我们雇主的信念是怎么形成和维持的，又会如何变化。虽然直觉标准可以帮助我们剔除那些由不合理或愚蠢的雇主信念支持的均衡，但经济学家的进一步研究表明，在较为复杂的模型里面，会出现多个均衡同时满足直觉标准的情况。所以，为了找出哪些均衡比其他均衡更有可能成为博弈的结果，就很可能需要借助于历史的、文化的和社会的知识，因为雇主信念的形成，不仅仅是一个经济的过程，同时也是一个历史的、社会的过程。

3. 在斯彭思模型里，有效的信号示意能够实现有两个必要的前提条件：（1）雇主形成了能够区分两类求职者的合理的信念，而且为求职者所共知；（2）两类求职者的教育成本都会随着受教育程度的增加而增加，但 L 型求职者的教育成本增加的速度更加快。条件（1）保证求职者会将某一个受教育程度作为两类求职者的分界线；条件（2）确保当作为分界线的受教育程度足够大时，就只有 H 型求职者愿意投资教育。

4. 斯彭思模型具有很好的一般适用性，其方法和结论可以推广到其他信息不对称的市场和领域。以二手车市场为例，卖主可以通过提供免费保修服务来发送二手车的质量信号。对于相同的免费保修服务期限，卖主的二手车质量越好，他需要支付的保修服务成本就越低，因此就越倾向于提供期限较长的免费保修服务。于是，免费保修服务期限的长短就成了二手车质量优劣的可靠信号。

习题 **7**

7—1. 试举一个信号示意的日常例子，并阐明在这个例子中私有信息是如何传递的。

7—2. 质量较好的商品，通常包装也比较好。请分析这个经济现象。

7—3. 在本书 7.3 节的数字化例子中，如果我们将 L 型求职者的教育成本改成 $c_L(y) = 2y$，请问斯彭思模型的均衡会发生什么变化？

7—4. 在 7.3 节的数字化例子中，如果两类求职者的保留收益都改为 1/2，请重新求解斯彭思模型的均衡。

7—5. 在 7.3 节的数字化例子中，如果 L 型求职者的保留收益改为 1/2，

H 型求职者的保留收益改成 $v_H = 1$，请重新求解斯彭思模型的均衡。

7—6. 假设在 7.3 节的数字化例子中，信号示意博弈原来的结果是 $(0,1;(L,1,H))$。后来，由于出现了专门培训考试的学校，使得 L 型求职者的教育成本降低到 $c_L(y) = 2y/3$，请问信号示意博弈的结果跟着会发生什么变化？

7—7. 在 7.3 节构造的数字化例子中，我们假设 90% 的 L 型求职者和 10% 的 H 型求职者的教育成本为 $c(y) = y$，其余 10% 的 L 型求职者和 90% 的 H 型求职者的教育成本为 $c(y) = y/2$。请分析并讨论这时候斯彭思模型的均衡。

7—8. 在 7.3 节的数字化例子中，我们假设 70% 的 L 型求职者和 50% 的 H 型求职者的教育成本为 $c(y) = y$，其余 30% 的 L 型求职者和 50% 的 H 型求职者的教育成本为 $c(y) = y/2$。请分析并讨论这时候斯彭思模型的均衡。

7—9. 在 7.3 节的数字化例子中，假设雇主具有这样的信念：认为受教育程度低于 y_1* 的求职者都是 L 型求职者；认为受教育程度高于或等于 y_1*、小于 y_2* 的求职者有 q 的概率是 L 型求职者，有 $1-q$ 的概率是 H 型求职者；认为受教育程度高于或等于 y_2* 的求职者都是 H 型求职者。这里，$y_2* > y_1* > 0$。请分析并讨论这时候斯彭思模型的均衡。

7—10. 你认为雇主的信念是如何形成的？请与其他同学交换你们的观点和看法。

7—11. 请用直观标准对 7—9 题中的均衡进行精炼。

7—12. 在一个信息不对称的市场里，有信号示意的情况是不是一定比没有信号示意的情况好？

【注释】

[1] Spence，Michael，Job Market Signaling，*Quarterly Journal of Economics*，87（1973），pp. 355—374.

[2] 关于均衡精炼的标准和方法，读者可以参考《博弈论教程》，王则柯、李杰编著，北京，中国人民大学出版社，2004。

[3] Cho，In-Koo and Kreps，David，Signalling Games and Stable Equilibria，*Quarterly Journal of Economics*，102（1987），pp. 179—221.

第8章

斯彭思模型拓展与
信号甄别模型

斯彭思模型的分析表明，一个存在隐蔽信息的信息不对称市场，经过有效的信号示意传递私有信息之后，可以变成信息对称的市场。在这个过程中，拥有信息优势并且希望传递私有信息的那一部分交易者，需要支付一定的信号示意成本。

在本章，我们将对斯彭思模型作进一步的分析和拓展，以便得到更多有意思和有价值的结论。此外，我们还会分析另一种私有信息的信号传递模型——信号甄别模型。本章具体安排如下：8.1 节构造一个新的数字化例子，以说明信号示意如何避免逆向选择的发生，从而提高社会的福利水平。8.2 节将斯彭思模型拓展到教育能够提高受教育者能力的情形。我们发现，与假设不能提高能力的教育相比，用能够提高能力的教育来进行信号示意，所需支付的信号示意成本更低，甚至无需支付信号示意成本。8.3 节分析教育的信号甄别模型。至此，本书有关教育信号的内容的介绍就告一段落，但是我们特意安排最后的一节即 8.4 节，介绍有关信号传递的其他一些研究。

8.1　一个新的数字化例子

本书第 7 章 7.3 节的数字化例子表明，求职者可以通过投资教育来进行有效的信号示意，使得原来信息不对称的劳动力市场变成信息对称的劳动力市场。美中不足的是，在 7.3 节的例子中，劳动力市场原来就不会发生逆向选择，所以有信号示意时劳动力市场的社会福利水平，还比不上没有信号示意时劳动力市场的社会福利水平。因为既然已经假设教育不能提高受教育者的能力，那么由 H 型求职者付出的教育成本，是一个社会福利的净损失。

在斯彭思模型中，劳动力市场的社会福利等于所有雇主的净得益与所有求职者的净得益之总和，由于我们已经假设竞争性市场里得雇主总是得到零经济利润，所以现在只需讨论求职者的净得益。为简单起见，我们用求职者的净得益代替社会福利进行讨论，也就是说，在这里我们将社会福利定义为求职者的净得益。对于 7.3 节的数字化例子，如果没有信号示意，所有求职者都会得到工资 $\overline{w} = q \times 1 + (1-q) \times 2 = 2 - q$，劳动力市场实现的社会福利为 $N\overline{w} = N(2-q)$。如果存在信号示意，并且假设博弈的结果是帕累托最优的均衡 $(0,1;(L,1,H))$，则劳动力市场实现的社会福利减少到 $qN1 + (1-q)N\left(2 - \dfrac{1}{2}\right) = N(2-q) - \dfrac{(1-q)N}{2}$，减少的数额 $\dfrac{(1-q)N}{2}$ 等于所有 H 型求职者支付的教育成本之和。这里的 N 是求职者的总人数。

H 型求职者通过有效的信号示意从 L 型求职者那里夺回原本属于自己的交易利益，但为此付出了教育成本作为代价，因此总的来说，劳动力市场的社会福利会有所减少。

现在我们重新构造一个数字化例子，展示信号示意提高社会福利的情况。

假设 $v_L = 3/5$，$v_H = 8/5$；$a_L = 1$，$a_H = 2$；$c_L(y) = y$，$c_H(y) = y/5$；$q = 1/2$。也就是说，L 型求职者和 H 型求职者的保留收益分别为 3/5 和 8/5；L 型求职者和 H 型求职者的生产能力分别为 1 和 2；L 型求职者接受教育的成本和受教育程度是 1∶1 地上升的，而 H 型求职者为获取相同程度的学历所花费的成本只有 L 型求职者的 1/5；L 型求职者的人数比例为 1/2。

在这个例子中，如果没有信号示意，则雇主只能按照平均的生产能力向所有的求职者支付工资 $\overline{w} = \dfrac{1}{2} \times 1 + \left(1 - \dfrac{1}{2}\right) \times 2 = \dfrac{3}{2} < \dfrac{8}{5}$，所以 H 型求职者会觉得不合算而退出劳动力市场。逆向选择就这样发生了，结果市场上只剩下 L 型求职者，雇主支付给求职者的工资也相应调整为 1。容易计算得到，这时候实现的社会福利为 $\dfrac{1}{2} N \left(1 - \dfrac{3}{5}\right) = \dfrac{N}{5}$，$N$ 是求职者的总人数。

接着分析存在信号示意的情况。设想雇主具有 $b = (L, y^*, H)$ 这种类型的信念，即认为受教育程度小于 y^* 的求职者是 L 型求职者，认为受教育程度不小于 y^* 的求职者是 H 型求职者。这时候，L 型求职者选择 $y_L = 0$ 的净得益为 $1 - \dfrac{3}{5} = \dfrac{2}{5}$，选择 $y_L = y^*$ 的净得益为 $2 - \dfrac{3}{5} - y^* = \dfrac{7}{5} - y^*$；H 型求职者

肯定不会选择 $y_H = 0$，而当他选择 $y_H = y^*$ 时，其净得益为 $2 - \dfrac{8+y^*}{5} = \dfrac{2-y^*}{5}$。所以，当 $1 \leqslant y^* \leqslant 2$ 时，$y_L = 0$ 是 L 型求职者的最优选择，$y_H = y^*$ 是 H 型求职者的最优选择，因此信号示意博弈存在均衡 $(0, y^*;(L, y^*, H))$。图 8—1 画出了雇主信念 $b = (L, y^*, H)$（$1 \leqslant y^* \leqslant 2$）的一种情况的图形分析。

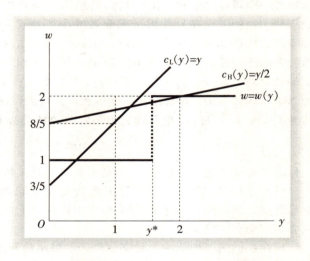

图 8—1 $b = (L, y^*, H)$ 时的均衡分析

由此可见，有效的信号示意确实能够避免劳动力市场的逆向选择问题。不仅如此，而且当 $1 \leqslant y^* < 2$ 时，社会的福利水平还有所提高，因为均衡 $(0, y^*;(L, y^*, H))$ 实现的社会福利为：

$$\frac{1}{2}N \times \frac{2}{5} + \frac{1}{2}N \times \frac{2-y^*}{5} = \frac{N}{5} + \frac{N(2-y^*)}{10}$$

与没有信号示意的情况相比，社会福利增加了 $\dfrac{N(2-y^*)}{10}$，增加的数额等于所有 H 型求职者的净得益的总和。

最后请读者们思考，在这个新的例子中，斯彭思模型是否存在混同的信号示意均衡？

8.2 斯彭思模型的一个拓展

前面说过，提高受教育者的能力是教育的一个基本功能，而且斯彭思模型可以拓展到教育也提高受教育者能力的情形。我们现在就开始讨论这种情形。事实上，其他市场上的信号示意活动，也常常具有类似的"增值"功能。比如二手车车主可以通过提供免费保修服务进行信号示意，而免费保修服务本身也可以提高所出售的二手车的价值。

保持本书第 7 章 7.3 节的其他假设条件不变，但假设教育能够提高求职者的生产能力，L 型求职者和 H 型求职者的生产能力与受教育程度 y 的函数关系分别为：

$$a_L(y) = a(y) + 1 \tag{8—1}$$

和

$$a_H(y) = a(y) + 2 \tag{8—2}$$

式中，$a(y)$ 是接受教育对求职者的生产能力的提升，假设其与求职者的类型无关。进一步，我们还假定 $a(0) = 0, a'(y) > 0, a''(y) < 0$，意即：0 的受教育程度，带来的生产能力提升也为 0；随着受教育程度 y 的上升，生产能力提升的幅度 $a(y)$ 越来越大大，但提升的速度 $a'(y)$ 越来越慢。

根据上述假设，我们在图 8—2 中画出了 L 型求职者和 H 型求职者的生产能力函数曲线，它们都是向上倾斜的、凹向原点的曲线。而且，H 型求职者的生产能力函数曲线，可以由 L 型求职者的生产能力函数曲线向上平移 1 个单位得到。

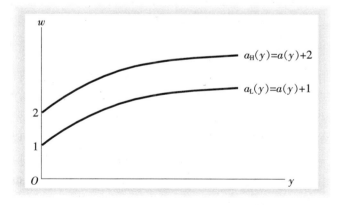

图 8—2 求职者的生产能力函数曲线

按照零经济利润的假设，在完全信息的条件下，雇主应该给予 L 型求职者和 H 型求职者的工资恰好分别为 $w_L(y) = a_L(y)$ 和 $w_H(y) = a_H(y)$。在这样的工资安排下，两类求职者会分别选择使他们的净得益最高的受教育程度。为分析简单，我们假设 L 型求职者最优的受教育水平为 $y_L^* = 0$，相应的净得益为 1；H 型求职者最优的受教育水平为 $y_H{}^* > 0$，相应的净得益为 $a_H(y_H{}^*) - c_H(y_H{}^*)$。图 8—3 演示了我们的假设。在图中，两条虚射线的斜率为 1，上方的虚射线与曲线 $w_L(y) = a_L(y)$ 相交于 E_L；两条实射线的斜率为 $1/2$，上方的实射线与曲线 $w_H(y) = a_H(y)$ 相切于 E_H，E_H 的横坐标为 $y_H{}^*$。

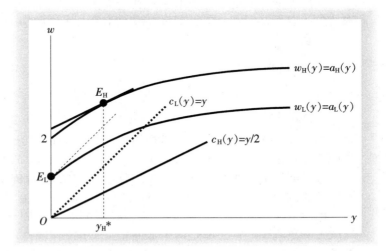

图 8—3　完全信息时的均衡分析

现在讨论信息不对称条件下的信号示意，并假设雇主具有 $b = (L, y^*, H)$ 这种类型的信念，即认为受教育程度低于 y^* 的求职者是 L 型求职者，因而支付给这些求职者的工资为 $w_L(y) = a_L(y)$；认为受教育程度高于或等于 y^* 的求职者是 H 型求职者，并支付给他们工资 $w_H(y) = a_H(y)$。

如图 8—4 所示，设 L 型求职者的教育成本线 $c_L(y)$ 与曲线 $w_L(y) = a_L(y)$ 的交点的横坐标为 $\underline{y}$，L 型求职者的教育成本线 $c_H(y)$ 与曲线 $w_L(y) = a_L(y)$ 的交点的横坐标为 $\bar{y}$。因为 H 型求职者的生产能力函数曲线由 L 型求职者的生产能力函数曲线向上平移 1 个单位得到，所以可以验证，当 $y^* < \underline{y}$ 时，$y_L = y^*$ 是 L 型求职者的最优决策；当 $y^* = \underline{y}$ 时，$y_L = y^*$ 和 $y_L = 0$ 对于 L 型求职者没有差异；当 $y^* > \underline{y}$ 时，$y_L = 0$ 是 L 型求职者的最优决策。类似的情况，当 $y^* < \bar{y}$ 时，$y_H = y^*$ 是 H 型求职者的最优决策；当 $y^* = \bar{y}$ 时，$y_H = y^*$ 和 $y_H = 0$ 对于 H 型求职者没有差异；当 $y^* > \bar{y}$ 时，$y_H = 0$ 是 H 型求职者的最优决策。

因此，当 $\underline{y} \leqslant y^* \leqslant \bar{y}$ 时，$(y_L, y_H; (L, y^*, H)) = (0, y^*; (L, y^*, H))$ 便是信号示意博弈的均衡。图 8—5 分析了 $\underline{y} \leqslant y^* \leqslant \bar{y}$ 的一种情况。

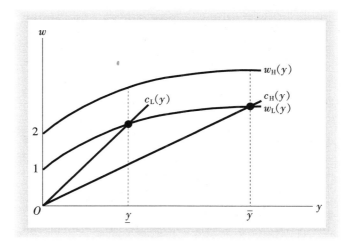

图8—4　y^* 的取值与求职者的决策

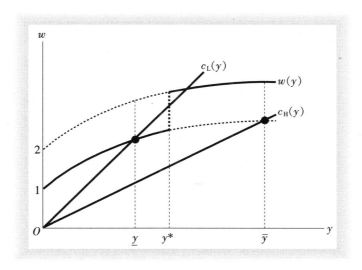

图8—5　$b=$ (L，y^*，H) 时的均衡分析

上一章假设教育不能提高受教育者的生产能力，所以 H 型求职者付出的全部的教育成本都算作信号示意成本。现在教育能够提高受教育者的生产能力，那么，教育成本中多大一部分应该算作信号示意成本呢？承接着图 8—5 的分析，我们在图 8—6 探讨这个问题。

首先回顾图 8—3 的分析，在完全信息的条件下，H 型求职者的最优受教育程度为 y_H^*。现在是信息不对称的情况，而且雇主具有信念 $b=$ (L, y^*, H)，

于是 H 型求职者选择的受教育程度为 y^*，高于完全信息时的受教育程度为 $y_H{}^*$。据此可以判断，在信息不对称的条件下，H 型求职者为了进行信号示意，会"过度"投资教育。对教育的"过度"投资，将使 H 型求职者蒙受损失。

具体而言，如果 H 型求职者的受教育程度为 $y_H{}^*$，得到的工资为 $w_H(y_H{}^*)$，那么他获得的净得益就等于线段 AE_H 的长度 $|AE_H|$。当他将受教育程度提高到 y^*，工资也跟着提高到 $w_H(y^*)$ 时，他获得的净得益就等于线段 BE 的长度 $|BE|$，小于之前的净得益 $|AE_H|$。具体到图 8—6 中，H 型求职者减少的净得益等于线段 EC 的长度 $|EC|$，这就是 H 型求职者因"过度"投资教育所蒙受的损失，故而应该视为其所支付的信号示意成本。简而言之，H 型求职者付出的信号示意成本等于 $|EC|$。

从平面几何学中全等三角形的知识可以知道，H 型求职者支付的教育成本等于线段 DC 的长度 $|DC|$，因此必定大于其信号示意成本 $|EC|$。事实上，我们可以将 H 型求职者支付的教育成本 $|DC|$ 分解成两个部分，$|EC|$ 是信号示意成本，余下的部分 $|DE|$ 是受教育者为提升能力而支付的成本。

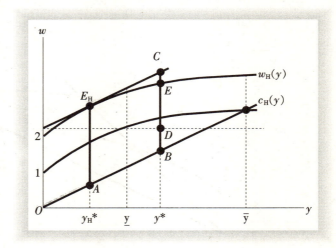

图 8—6 信号示意成本的图解

从图 8—6 我们还容易做出推断：对于所有的均衡 $(0, y^*; (L, y^*, H))$ $(\underline{y} \leqslant y^* \leqslant \bar{y})$，$y^*$ 越接近 $\underline{y}$，H 型求职者支付的信号示意成本就越小；尤其是当 $y^* = \underline{y}$ 时，H 型求职者支付的信号示意成本达到最小值。也就是说，在分离均衡 $(0, \underline{y}; (L, \underline{y}, H))$ 中，H 型求职者将支付最小的信号示意成本。当然，我们还可以进一步论证，$(0, \underline{y}; (L, \underline{y}, H))$ 帕累托优于其他所有的分离均衡，而且 $(0, \underline{y}; (L, \underline{y}, H))$ 是所有的分离均衡中唯一满足直观标准的均衡。这

些论证留给读者们做练习。

至此，我们可以得出如下结论：与假设教育不能提高生产能力的情况相比，如果 H 型求职者改为通过能够提高生产能力的教育来进行信号示意，就可以降低信号示意成本。既然如此，那么，是否会出现信号示意成本降低到零这种极端情况呢？图 8—7 的分析告诉我们，这种情况的确有可能发生。

保持其他条件不变，假设 H 型求职者的教育成本函数 $c_H(y)$ 如图 8—7 所示，使得在信息完全时，H 型求职者也选择受教育程度 y^*。于是我们不难论证，当均衡 $(0, y^*; (L, y^*, H))$ 出现时，H 型求职者通过投资教育实施了有效的信号示意，但没有因此而"过度"投资教育，因而也没有支付信号示意成本。

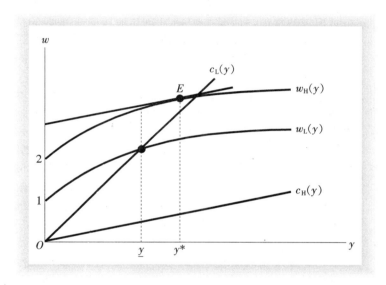

图 8—7　零成本的信号示意

综上所述，与假设教育不能提高生产能力的初始模型相比，如果假设教育具有提高生产能力的作用，那么 H 型求职者的信号示意成本将会有所下降，甚至下降到零。这个结论对于其他市场或领域的信号示意同样适用。大致的意思是说，如果信号示意活动本身对商品具有"增值"功能，则单纯信号示意的成本就会有所下降。

现在我们提出一个有点超出信息经济学范畴的问题让大家思考：如果有两种教育，一种不能提升受教育者的能力；另一种则能够提升受教育者的能力，请问哪一种教育会成为社会认可的正式教育？

在我国漫长的封建社会年代，科举制度是朝廷选拔人才的重要制度，但同时古语有云："百无一用是书生"，说的是科举制度并不能很有效地培养人

才。可见，一种教育尽管对提升能力没有多大帮助，也会有可能成为社会认可的正式教育。

这些问题，都值得我们深入思考。

8.3　劳动力市场的信号甄别

在斯彭思模型里，求职者和雇主的行动决策顺序是这样的：首先，求职者通过投资教育主动向雇主进行信号示意；然后，雇主根据自己的信念和求职者的受教育程度向他们支付相应的工资。在这个过程中，求职者扮演一个相对积极的角色，而雇主则相对被动地接受求职者的信号示意。如果现在雇主改变战略，主动提供一系列雇佣合同供求职者选择，每个雇佣合同都指明一个特定的受教育程度，以及达到这个受教育程度的求职者所能获得的工资，那么情况会发生什么变化呢？

雇主上述"主动出击"的做法，实际上是我们在本书第6章谈到的信号甄别。信号甄别说的是，处于信息劣势的交易一方如何设计合适的机制来提取或甄别交易另一方的私有信息。信号示意和信号甄别的一个主要区别，就在于是具有信息优势的交易一方首先采取行动，还是处于信息劣势的交易一方首先采取行动。但总起来说，信号示意和信号甄别都属于信号传递。

下面，我们研究劳动力市场的信号甄别问题。大家会发现，虽然我们在研究中使用斯彭思模型的基本假设，但分析的思路和结论，与R-S模型基本上是一致的。所以，对于本书第5章已经阐述明白的一些内容，我们在这里将不再详细讲解。不熟悉这些知识的同学，请温习第5章的相关内容。不同的是，保险市场的信号甄别不需要嵌入其他的经济活动作为信号媒介，因而我们有时会意识不到保险公司的做法属于信号甄别；而劳动力市场的信号甄别以教育作为信号媒介，是信号甄别的常见情况。

我们沿用本书第7章7.3节的简单假设，并用一个二元组(y,w)表示具体一个雇佣合同，意思是说：如果求职者的受教育程度大于等于y，则雇主会给予他工资w。这样，我们可以用$y-w$平面上的一个点来表示一个雇佣合同。这里需要明确的是，信号甄别模型假设求职者和雇主的行动顺序是这样的：

首先，雇主提供一份雇佣合同菜单供求职者选择。

然后，每一个求职者都从中选择给他带来最大利益的雇佣合同。

这里，求职者是通过选择相应的受教育程度来选择雇佣合同的。

按照我们在第5章的讨论，劳动力市场的信号甄别模型的均衡，是指满足下述三个条件的一个雇佣合同菜单：（1）求职者愿意接受菜单上的雇佣合同；（2）雇主从这些雇佣合同中得到非负的经济利润；（3）在这些雇佣合同存在的情况下，没有其他的雇佣合同是求职者愿意接受而同时又能给雇主带来正的经济利润的。

由于我们讨论的劳动力市场是竞争性市场，所以上面均衡条件中的第二个条件可以进一步明确为"雇主从这些雇佣合同中得到零经济利润"，即雇主向求职者支付的工资要等于其生产能力或平均生产能力。

与 R-S 模型一样，劳动力市场的信号甄别模型也存在两种类型的均衡——混同均衡和分离均衡。在混同均衡中，雇主向两类求职者提供相同的雇佣合同；反过来，在分离均衡中，雇主向两类求职者提供不同的雇佣合同。

看图 8—8，我们先分析混同均衡。如果混同均衡出现，则雇佣合同菜单上只有一个雇佣合同，按照竞争性市场的要求，这个雇佣合同给雇主带来零经济利润，所以它必定在平均水平的工资线 $\overline{w}=2-p$ 上。但我们容易证明，平均工资线 $\overline{w}=2-p$ 上任何一个雇佣合同都不能成为混同均衡中的雇佣合同。

比如，我们在平均工资线 $\overline{w}=2-p$ 上任意选取一个雇佣合同 E，然后以 E 为起点作两条斜率分别为 1 和 1/2 的射线 EA 和 EB，它们会与 H 型求职者的工资线 $w_H=2$ 交出一个三角形区域，即图中的阴影三角形。可以验证，在雇佣合同 E 存在的情况下，如果有雇主提供阴影区域内的一个雇佣合同 F，那么 L 型求职者和 H 型求职者就分别会选择雇佣合同 E 和 F。也就是说，这时候只有 H 型求职者选择雇佣合同 F，而这个合同的工资低于 H 型求职者的生产能力，因此雇佣合同 F 将会给雇主带来正的经济利润。至于验证的具体过程，我们留给读者们做练习。

可见，只包含雇佣合同 E 的合同菜单不是信号甄别模型的均衡，因而信号甄别模型不存在混同均衡。这个结论与 R-S 模型是一致的。

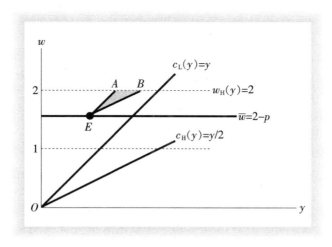

图 8—8　信号甄别的混同均衡

信号甄别模型不存在混同均衡，不会让人感到惊讶，因为信号甄别的目的就是为了区分不同的求职者，而混同均衡不能区分不同的求职者。下面我们分析能够区分不同求职者的分离均衡。

分离均衡要求雇主向不同的求职者提供不同的雇佣合同，所以依据零利润法则，雇主会向 L 型求职者提供 L 型求职者的工资线 $w_L = 1$ 上的雇佣合同，向 H 型求职者提供 H 型求职者的工资线 $w_H = 2$ 上的雇佣合同。首先容易证明，市场的竞争会迫使雇主向 L 型求职者提供雇佣合同 $E_L(0,1)$，这个雇佣合同对 L 型求职者最有利。至于为什么，大家可以在本书第 5 章找到论证的思路。

我们已经清楚，雇主向 L 型求职者提供雇佣合同 $E_L(0,1)$，那么雇主会向 H 型求职者提供什么样的雇佣合同呢？注意，雇主不能区分不同的求职者，需要提供合理的合同菜单，促使不同的求职者对号入座自动选择不同的合同。

请看图 8—9，我们以 E_L 为起点画出一条斜率为 1 的射线 $E_L E_H$，这条射线上的雇佣合同对于 L 型求职者来说是无差异的，因为雇佣合同在这条射线上移动时，L 型求职者的工资和教育成本按照 1：1 的比例变化。换言之，$E_L E_H$ 是 L 型求职者的一条无差异曲线。与无差异曲线 $E_L E_H$ 右方的雇佣合同相比，L 型求职者更偏好于雇佣合同 E_L，因为这些合同与 E_L 相比，工资的增加量大于教育成本的增加量。所以，为使不同的求职者自愿选择不同的雇佣合同，雇主就应该向 H 型求职者提供位于 $E_L E_H$ 右方的、H 型求职者工资线 $w_H = 2$ 上的雇佣合同。

好了，现在让我们在 H 型求职者工资线 $w_H = 2$ 上 $E_L E_H$ 右方随意选取一个雇佣合同 F，考察由它和 E_L 组成的合同菜单是否能够成为信号甄别模型的分离均衡。我们的分析是这样的：经过 F 作一条斜率为 1/2 的直线，设它与 $E_L E_H$ 相交于 A。因为在直线 AF 上，H 型求职者的工资和教育成本将按照 1：1 的比例变化，所以 AF 是 H 型求职者的一条无差异曲线。如果 H 型求职者的雇佣合同从 AF 移动到 AF 的左方，则 H 型求职者的净得益会有所增加，原因是工资的增加量大于教育成本的增加量，或者工资的减少量小于教育成本的减少量。至此我们不难证明，雇佣合同 E_L 和 F 不能成为分离均衡，因为阴影三角形内的雇佣合同会淘汰雇佣合同 F。首先，H 型求职者更加偏好于阴影三角形内的雇佣合同，而不是 E_L 和 F；其次，阴影三角形内的雇佣合同位于 H 型求职者的工资线 $w_H = 2$ 的下方，可以给雇主带来超额利润。

按照图 8—9 的分析，设想雇佣合同 F 沿着工资线 $w_H = 2$ 向左平移，我们会发现，随着 F 越来越接近 E_H，由将 F 淘汰出市场的雇佣合同所组成的阴影三角形会越来越小。最后，当 F 无限接近 E_H 时，阴影三角形就趋于消失。这就是说，只有由 E_L 和 E_H 组成的雇佣合同菜单才有可能成为信号甄别模型的分离均衡。这里为了讨论简单，假设 L 型求职者面对 E_L 和 E_H 时总是选择前者，尽管它们对于 L 型求职者是没有差别的。

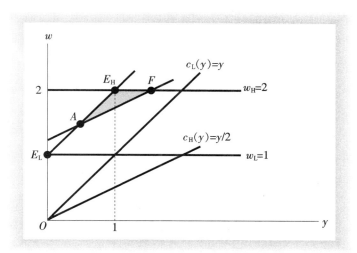

图 8—9　信号甄别的分离均衡（1）

　　图 8—9 的分析已经证明，由 E_L 和 E_H 组成的雇佣合同菜单有可能成为信号甄别模型的分离均衡，但是否真的能够成为均衡，就取决于 L 型求职者的人数比例 q。当 L 型求职者的人数比例 q 小于 1/2，以致于平均水平的工资 $\bar{w} = 2 - p > 1/2$ 时，由 E_L 和 E_H 组成的雇佣合同菜单便不能成为均衡。理由我们已经在图 8—10 展示出来：面对雇佣合同 E_L、E_H 和阴影三角形内的一个雇佣合同，两类投保人都会选择阴影三角形内的雇佣合同；而这个雇佣合同位于平均水平的工资线的下方，能够给雇主带来正的经济利润。

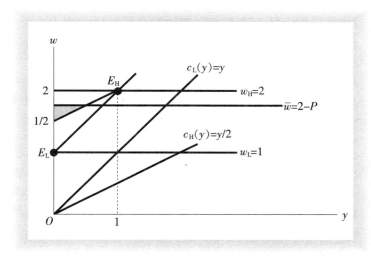

图 8—10　信号甄别的分离均衡（2）

由于混同均衡不可能存在，所以当分离均衡也不存在时，信号甄别模型实际上就不存在均衡。

只有如图8—11所示的，当L型求职者的人数比例 q 大于1/2时，由 E_L 和 E_H 组成的雇佣合同菜单才是信号甄别模型的分离均衡。

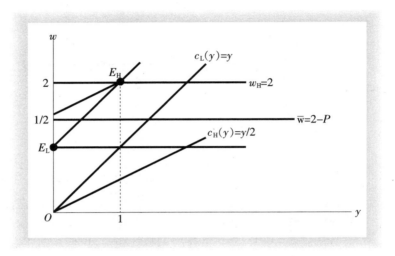

图8—11 信号甄别的分离均衡（3）

回顾上面的内容，无论是分析思路，还是分析结论，劳动力市场的信号甄别模型都和R-S模型并无二致。从这个角度看，劳动力市场的信号甄别模型应该算作R-S模型的一个拓展。我们把它放在这里讲述，是因为它与信号示意模型一起，能够完整地讲清楚教育信号的作用。

同样是劳动力市场里的教育信号模型，信号甄别模型得出了与信号示意模型不一样的结论。信号甄别模型不会出现多重均衡的问题，如果模型存在均衡，就一定是分离均衡 $(E_L, E_H) = ((0,1),(1,2))$。然而，信号甄别模型会出现另外一个问题，那就是模型可能没有均衡。总而言之，两个模型的结论有所不同。

既然两个模型的结论不一样，我们很自然要问：究竟哪一个模型是"对"的，是信号示意模型还是信号甄别模型？这个问题的答案要看具体的情况而定。不同的市场有不同的制度。在一些市场中，可能假设没有私有信息的一方（比如雇主）先行动，然后具有私有信息的一方（比如求职者）对先动者的行动作出反应，要合理一些。在这样的情况下，选择"信号甄别"模型显得是比较合理的。很显然，在罗斯查尔德和斯蒂格利茨关于保险市场的模型中，这样的假设是适当的。保险公司提供各种不同类型的保险合同，顾客从中选择他们所需要的那种。事实上，你很难想象保险市场的情况会不是这样。

但在其他的市场中，也许拥有私有信息的一方先行动，因此使用信号示意模型在此时是合适的。比如在劳动力市场中，求职者先选择作为示意信号的教育水平，而后雇主通过求职者传递出来的示意信号分析求职者生产能力的高低。

回顾这一节的讨论，在劳动力市场的信号甄别模型中，雇主通过提供雇佣合同菜单先行动，接着，求职者通过在这些合同中作出选择而自我挑选。在劳动力市场常规的信号示意模型中，求职者通过向雇主发出教育水平的示意信号先行动，而后雇主通过提供不同的工资来回应。在后一种情况中，雇主对示意信号的水平没有控制能力，他们只能通过自己关于教育水平和生产能力的关系的信念，来解释教育水平的示意信号并提供相应水平的工资；而在信号甄别模型中，因为雇主在供选择的合同中同时规定工资和教育水平，所以他们有动机向市场提供任何可以使他们获利的雇佣合同。这里的差别意味着，在信号甄别均衡中，再也没有只要提供出来就可以获利但却未曾提供出来的合同存在，所有可以获利的合同都已经被雇主们采用了。但在斯彭思类型的信号示意均衡中，这样的条件并不满足。

结果是，在信号示意模型下可能出现的多重均衡结果，在信号甄别的条件下就不复存在了。在信号甄别模型中，因为总可以找到一个能够把好工人都吸引走的分离合同，所以不存在混同均衡。如果有一个分离均衡存在，它将是唯一的，这是一个和通过卓和克瑞普斯的精炼方法的信号示意模型的均衡完全一样的结果，是帕累托最优的分离均衡结果。但是，这样的均衡只会在求职人群中的低素质的工人的比例大于高素质的工人的比例的时候才会成立，也就是 $q > 1/2$ 的时候才会出现。而在 $q < 1/2$ 的时候，这样的帕累托分离合同组合将会被一个有利可图的混同合同所替代，因此这时候就没有均衡存在了。

8.4　信号传递的其他研究

有关信号传递现象的文献很多。在这一节，将会给感兴趣的读者指出信号理论在其他经济领域的一些应用，展现其基本理论在实际应用中的灵活性和广泛性。

扑克牌游戏

这是一个相对复杂的信号示意博弈的例子。每个玩扑克的参与者都拥有关于自己手上的牌的好坏的私有信息，每个参与者都通过下注的多少来传递一个公众可以观察到的示意信号。一个诚实的参与方式可能是这样的：当他手中的牌较差的时候就下一个小数目的赌注，而在手中的牌较好的时候则下一个数目较大的赌注。但是"模仿动机"或"滥竽充数动机"的存在，将很容易地使这样的示意信号所传递的信息发生混淆。如果你手上的牌很差，你依然可以通过下重注来吹牛夸大你手中的牌的质量，寄希望于其他的参与者相信你手中的牌一定不差，从而退出这一轮搏杀——当然，如果他们看穿你是在吹牛，那么你就有可能会输掉所下的赌注。而更有意思的是，拥有较好的牌的参与者也可能通过"模仿"常见的对待较差的牌的方法，下一个很小的赌注，以便诱使其他的参与者不断地增加赌注而不是放弃这一轮赌局，从而增加自己可以从这手好牌中可能得到的收益。

一个扑克好手一般已经意识到在扑克的游戏中，唯一的交流信息的方式是他们所下的赌注，所以他们往往带着一张毫无表情的脸，摆出一张冷酷得可以的"扑克面孔"，把他们的牌紧紧地压在自己的胸口。另外他们往往还采用博弈论所说的"混合策略"，即具体采用夸大或高姿态策略的概率是多少、采用保守或低姿态策略的概率是多少，而不让你知道这次实际上将采取哪种策略，以图迷惑你的判断。在他们手中的牌不太好的时候，他们有时吹牛有时放弃，以便使其他参与者无法通过他以前的行为来判断现在他手中的牌的实际情况。

许多人认为，一个扑克好手往往也会是生意场上的一员猛将，因为打扑克和做生意这两种情形下所使用的策略非常相似。实际上，政治家有时候也会披露自己是扑克或棋牌的高手，来营造博弈行家的形象和战略家的形象。前方在作殊死的战斗，统帅却在敌人"眼皮底下"下棋。这不仅仅是文学形象的需要。诸葛亮的"空城计"，应该是信号理论的范例。《三国演义》里面有许多这样的故事。

行业进入障碍

这是产业经济学的一个十分重要的话题，因为人们认为集中度较高而又能为进入设置障碍的产业（比如垄断）和虽然现在集中度较高但难以为别人进入设置障碍的产业相比，带来的社会福利损失的程度要更大。那些已经在市场上站稳脚跟的具有阻碍能力的垄断企业，可以采用不同的方法来阻碍新的进入者，我们不可能把这些不同的方法一一列举。但其中有一种方法是我们所感兴趣的，因为它和不完全信息的存在有关。

举例来说，在一个市场上存在一个垄断企业，另外还有一个潜在的进入者希望能进入这个市场来建立一个企业和原的垄断企业相互竞争。假设潜在的进入者不知道垄断企业是有效率的（产品的单位成本很低）或者是无效率的（产品的单位成本很高）。如果潜在的进入者决定进入这个市场，并最终发现那个垄断企业是低效率的，那么进入将给这个潜在的进入者带来利润，但如果最终证明原有的垄断企业是高效率的，潜在的进入者将无力与之竞争而以亏损告终。

假设潜在的进入者在决定是否进入市场之前就可以观察到垄断企业的产量水平，但无法观察到垄断企业的成本。进入者知道一个低成本的垄断企业的利润最大化产量是高的，用 Q_H 来表示，而一个高成本的垄断企业的利润最大化产量必然是低的，用 Q_L 来表示。这样一来，潜在的进入者就可以通过观察垄断企业的产量高低来推测垄断企业的效率水平和成本高低。例如，如果潜在进入者观察到垄断企业的产量是低的 Q_L 的话，那么他们就可以做出这样的推断："这个垄断企业应该是低效率的。"因此进入者将会进入市场以图分享利润。而这个被观察的垄断企业的原有产量，就可以被进入者解释为传递垄断企业的不可观察的效率水平高低的一种信号。

现在让我们来考虑一下这种情况下垄断企业的决策。假设一个有效率的垄断企业可以生产的产量是高的（Q_H），但眼下这个垄断企业恰好是无效率的，那么，它既可以通过在潜在的进入者进入之前生产低产量来同高效率的垄断者的形象"分离"，又可以硬是生产高产量来和高效率的垄断者的形象加以"混同"。前一个选择使垄断企业在潜在的进入者进入之前的利润达到最大，而后一种策略可能会有很大的代价，垄断企业必须要牺牲一些利益来支付信息示意的成本，但他们这么做将有可能成功地"骗过"潜在的进入者，使他们相信垄断企业是高效率的，从而放弃进入市场以获得大量未来利润的计划。这样一来，原有的垄断者就将独享这个市场上以后的所有利润了。

但需要注意的一点是：在这样的一个低效率的垄断者通过生产高产量来成功地模仿高效率的垄断企业、从而阻碍了潜在的进入者进入市场的"混同"的进入阻碍策略中，消费者本可以从潜在进入者的市场进入带来的高产量和低价格中获得的利益就会因此消失了。归根结底，维护垄断有损于消费者的利益。

广告的信息示意作用

假设市场上的企业生产互相竞争的不同牌子的同种商品，而消费者只有在使用过具体某种商品后才能得到有关它的质量的真实信息。（我们这里讨论的商品是像面包、牛奶、牙膏、肥皂那样消费者会重复购买的那种商品。）在这样的情况下，成本昂贵的广告宣传将会起到传递质量信息的信号的作用。也许广告本身的字面内容是毫无意义的，因为广告都讲好话，但企业采取这样代价昂贵的促销活动的行为将可以传递信息，从而是一种信号示意。这样的广告信号之所以有用的原因在于，出售和生产质量较差的品牌的商品的企业能从促销活动中获得的收益，相对于生产和出售质量较好的品牌的商品的企业要少。对于重复购买使用的商品，使用过一次质量较差的商品的消费者，

将不会再次购买这个品牌的产品。这是竞争市场的普遍规律。这样一来就可能会形成一个分离均衡，只有生产和销售质量好的品牌商品的企业，才会下力气为它们的品牌做广告。

有趣的是，因为广告促销活动的成本很可能是相同的，所以广告能够起作用，关键不在于信号示意成本的差异，而在于未来收益的差异。低质量商品的生产厂家从这样的宣传促销中可以得到的第一次买卖的收益，比高质量商品的生产销售企业可以获得的要少得多。因为对于消费者来说，自己的亲身经验，最终要比企业广告语所造成的印象来得权威。如果一个企业因为产品质量低明白自己顶多只能骗人一次，它恐怕很难下决心为商品的广告花大力气。

新股是企业状况的负信号

许多学者认为，如果一个公司的投资人对这个公司的预期盈利能力的了解程度很差，公司可以采用分红政策作为传递他们的财务状况好坏的一个信号。但这样做将会带来成本，不仅是因为从尽量合法避税的角度看还存在其他可以用来分配利润的途径，而且还因为存在为了实现到期分红的承诺而必须融资的成本。效率低的公司可能会发现自己的公司很难实现这样的高水平的分红承诺，因此利润率高的公司就可以通过采用一个慷慨的分红政策来和其他的利润率低的公司"分离开来"，从而达到吸引投资者的目的。这样的推论已经从现实中一旦公司宣布分红股利上升，公司的股票价格将会上升的有案可查的案例中得到了证实。因为投资者会把这样的分红水平上升的现象解释为潜在的盈利能力增强的信号，因此购买该公司的股票，从而导致股票价格的上升。

另外类似的，公司的资产结构也可以用作预期利润高低的信号。假设一个公司的经理偏好于较高的公司股票价格和较低的破产可能性。债务融资会加大公司破产的可能性，但较高的预期利润会降低这种风险。所以经理在债务融资或者资产融资之间进行融资选择来提高预期利润的时候，利润率较低的公司的经理愿意选择资产融资以避免债务融资和较低的预期利润率可能带来的公司破产的风险，而利润率较高的公司的经理就可以通过承担破产风险这样的信号示意成本而采用债务融资来和利润率较低的公司分离开来，因为对高利润率的公司而言，破产风险可以为较高的利润率所化解。经理对公司的预期利润的了解程度远比公司的股东强，所以股东可以通过观察经理的融资选择来判断公司的利润情况。

这个理论预示着在均衡的条件下，资产投资者把发行债券解释为预期利润率上升的信号，从而引起股票价格的上涨，以回报经理承担的信号示意成本，而把发行股票视为预期利润率下降的信号，因此导致股票价格的下跌。

一句话，发行新股常常是企业状况的负信号。在现实中，的确存在较多和这个理论所描述的类似的情况。

事实上，我们可以假设不能借到钱的企业更会通过发行新的股票来筹集资金。以美国为例，近年来通过发行新的股票来筹集资金的企业不到十分之一。原因是清楚的：当企业发行新股时，现有股票价格总有下降的趋势。考虑到现有股东的所有权因发行新股而被稀释，上述下降的幅度很可能会大于人们的预期。

发行更多股票常常会对股价产生不利影响，这里面有很多原因：

首先，发行新股不利地影响了市场对企业价值的评价。投资者会觉得企业的原始股东和管理者是信息较充分的人，他们在认为市场高估其股票的价值时才会最急于出售股票，而且投资者知道所有者和管理者在股价被低估时会拒绝发行股票。企业通常先找银行贷款这一事实更加剧了这些顾虑。投资者会疑心："企业试图发行新股是不是因为银行不肯借钱给它，或至少是以不那么有利的条件借给它，或至少是没有借到它想要的那么多？银行应该仔细调查过企业，对发生了什么事情会有相当的了解，连它都不愿借钱，为什么我要拿出辛苦赚来的钱呢？"按这种方式推理，他们只会在认为自己在做一桩足够好的交易时，也即股价足够低时，才会对企业投资。

其次，给企业更多的钱使用，而没有任何确定的清偿承诺，当然会对激励产生不利效应。这正是发行新股所做的事情。

由于这些及其他一些可能的原因，发行新股一般来说会降低企业股票价值，因此，已建立的企业很少通过公开发行新股筹集资金。

年资工资制度和劳动力市场

在许多行业，因为工人和雇员的生产能力随工作经验的积累而增长，所以工资应该随着工龄的增长而上升。然而，即使工人和雇员的生产能力随着工作时间增加保持不变，工资依然应该随着工龄的增长而上升。对这个问题，经济学家在信号甄别模型的基础上提出了解释。比如说，企业宁愿吸引可能会留下来继续为它工作的工人，也不愿意承受劳动力连续不断的大规模流动和更替，所以企业提出了工资随服务年份的增加而增加的年资工资制度的雇佣合同：开始几年中的工资水平相对偏低，但时间一长，工资水平就会赶上来。这样的合同对愿意长期在这里工作的工人的吸引力，明显比对那些只想短期供职的工人的吸引力要大很多，因为短期供职的工人无法享受到后来的比较高的工资。因此这样的工资安排将对求职人群进行甄别，从而比较有效地控制人员的流动性。

事实上，正如前面讲过的，企业常常把轻易跳槽的工人和雇员看做是低素质的工人和雇员。这和我们在"初级阶段"常常听说的"树挪死，人挪活"

的故事，的确有相当大的距离。

作为年资工资制度另一个角度的理解，值得注意有些经济学家研究过次品市场模型在劳动力市场的应用。他们指出，被老板解雇的工人和雇员相对于因为工厂倒闭而失业的工人和雇员，更可能是劳动力市场的次品。这是因为雇主更有机会在他的雇员中进行挑选，决定留下谁，辞退谁，但当公司倒闭时，所有的工人和雇员都将失去工作。为证明他们的观点，他们对白领工人有工作时和失业时的工资进行对比，发现在其他情况一样时，被辞退的白领工人的工资减少程度比因公司倒闭而失业的白领工人的工资的减少程度高5.5个百分点。

至于教育是否能提高劳动生产率，答案当然是肯定的。有人比较了受雇的工人和自由职业者的教育回报水平和他们获得的教育程度的高低的关系。结果是，教育作为示意信号传递的作用对自由职业者是无关的，因为他们自己雇用自己，所以对他们而言，教育水平只反映他们的纯粹的人力资本的多少。于是，以这些人作为参照，我们就可以推导出教育在受雇工人中起到的信号示意作用的程度。这项研究固然证明人力资本效应是明显存在的，即肯定教育会提高劳动生产率，但是对教育作为示意信号的假设也提供了温和的支持，因为教育信号对于受雇的工人十分重要。

还有人认为生产能力的不可观察性在某些行业明显比另外一些行业更可能成为一个严重的问题。所以在这些行业中，示意信号的作用更重要。他们的研究所做的关于一生收入和教育程度的关系的跨行业分析，也为信号示意理论提供了支持。

廉价交谈

到现在为止，我们讨论的都是用耗费成本的信号传递机制来传递私有信息的方式。传递示意信息的"成本"，是讨论中具有关键意义的因素。然而，人们每天都在用语言的或者其他不耗费成本的信息传递方式，比如说运用眼色和体态语言，进行日常的交流。这些不耗费成本的交谈，经常也能够提供信息并为人们所相信。不耗费成本的信号示意，叫做**廉价交谈**。

确切地说，在一些情况下，使用不耗费成本的信息并不足以传递示意信息。我们经常听见人们说"口说无凭"，"下巴轻轻，说得倒好听"，"语言的巨人，行动的矮子"。在这样的情况，耗费成本的信号示意方式是必需的。比如在斯彭思的劳动力市场的信号示意模型中，单纯的口头保证，将会被雇主视为廉价交谈而置之不理。之所以在这样的情况下廉价交谈是无效的，是因为两种工人都想要达到共同的结果，即更高的工资。如果不用什么代价就可以传递能给自己带来利益的示意信息，很多人就会做这样无本获利的事情。这也是卖主不能只通过口头保证他所卖的是好货来把信息有效地传递出去的原因，因为卖好货的卖主和卖次货的卖主都想让买主相信他所卖的是好东西，从而获得更高的售价。这时候如果廉价交谈奏效，买主就无法把两种卖主区分开来。这些都是使用不费成本的语言并不足以传递有效信息的情况。

但在其他一些时候，廉价交谈是可以令人信服地传递示意信息的。举一个例子来说，如果有两个求职者，他们有不同的技能：例如一个是能力很强的经理；另一个是经验丰富的程序员。对一个雇主而言，一方面他们各有所长都非常重要，另一方面他们正因为各有所长而不能相互取代对方的位置。这样一来，每个求职者就可以通过"廉价交谈"有效地传递有关他们技能的示意信息了。这里的关键是不存在替代性，而前面说的如果示意信号传递是不费成本的，那么 L 类型工人就要发出 H 类型工人的信号，一般品的卖主将发出特级品的信号，是因为有替代性，即 L 型工人可以冒充 H 型工人，并且得到好处；一般品的卖主可以冒充特级品的卖主，冒充者都将得到好处。但是如果经理人才抢了程序员的饭碗，计算机人才占了他不擅长的经理的位置，他们谁都不能从中得到好处。

这个例子和斯彭思模型的本质区别在于，现在的情况下共同的利益在于传递真实的信息。经理希望获得管理方面的职务，而这正是雇主想安排他去的地方，同样，程序员的目的是进入计算机室，而雇主也正有此打算。如果他们传递虚假的信息，必然只会给包括自己在内的各方都带来损失而不会带来收益，雇主自己也明白这一点。如果一个心存疑惑的雇主对求职者说："你能向我证明你是一个经理，而不是一个程序员吗？"那么这个求职者会说："为什么我要向你撒谎呢？我所希望的结果正和你一样。"当共同利益存在时，廉价交谈是可以传递真实的信息的。

把我们日常的语言和交流作为不完全信息的博弈来研究，无疑是一个艰巨的和雄心勃勃的研究项目。但在它们中间的确存在着一些对经济学家而言可以获得丰厚的研究成果的有趣的例子。例如，有人就曾经把美国联邦储备委员会的政策声明作为廉价交谈的一种来研究，也有人把美国总统声言如果国会通过某项法案的话他将使用否决权的声明作为廉价交谈来研究，后者已经不是共同利益的博弈。但是不管怎么说，发表声明本身，并不需要耗费多少成本。

可证实信息

现在让我们来考虑一下证人在法庭上的宣誓："我发誓将说出事实的整个真相。"这是许多美国电影和共同情节。之所以设置宣誓，是因为现实生活中人们并不总是那么诚实。例如，他们可能在他们的汽车的质量上说谎，或者假装他们具有较高的生产能力等等。即使不说道德方面的责任，把情况稍稍往好的方面表达，似乎也是人之常情。

但有关可证实信息的研究的对象，和上述情况有所不同。它研究的是人们所说的任何话都可以被免费验证的情形，或者如果他们不说真话将要受到很严峻的惩罚，从而使人们都被限制要说真话的情形。如果一个制造商声称他的产品达到一定的安全和质量标准，消费者们或者法律机构就可以检查他所说的是不是真的；如果一个政客为了支持自己的一个论点而引用了一个历史事件，那么就会有记者和反对他的政客去翻阅历史书籍以证明是否确有其事。如果一个申请就读大学的学生声称他的成绩如何如何好，招生委员会的官员将会检查他的毕业证书和成绩单，甚至向他毕业的学校发出询问以便确认。

"可证实信息"的问题并不在于接受到的信息是否真实，因为传递信息的人必须说真话，关键在于这些信息所说的是否是全部的事实。产品制造商所给出的有关他的产品的安全标准方面的信息可能是真实的，但如果这些标准是很低的，所有的其他同类产品都可以达到这样的标准，那么这个制造商的话就不是那么有用了，而且可能还存在这个制造商的产品无法达到的更为严格的标准，但制造商"忘记"提起了，这样，制造商提供的部分事实可能足以掩盖其产品的缺陷。又比如政客所引用的事实可能是确有其事的，但很有可能还存在其他一些他没有引用的于其观点不利的事实的存在，而这些被掩盖的事实可能足以证明政客所提出的建议没有道理。

不少人都曾经研究过这方面的问题，下面着重介绍米尔格罗姆（Paul Milgrom）和罗伯茨（John Roberts）1986 年的论文[1]所作的讨论。首先考虑这样一种情况：一个"决策人"依赖"受益人"来获得信息。后者提供给前者的信息是可以证实的，而前者就根据后者提供的信息来做决策。米尔格罗姆和罗伯茨证明，在一些假设之下，决策人有一个唯一的均衡策略（这里的均衡是一系列的均衡经过精炼后留下的纳什均衡），这个策略就是：对所接受的真实信息做最坏的理解，然后在这个基础上做决策。它的意思是，在均衡策略中，一个老谋深算的决策人将会用"极端怀疑"的态度来看待从受益人那里得到的真实信息：如果制造商声称产品的质量至少是 x，那么决策人将认为这种产品的质量就是 x；如果一个申请上大学的学生声称"我的考试成绩至少是 60 分"，那么决策人就认为这个学生的考试成绩正好是 60 分。在均衡策略中的这种怀疑的态度实际上是对的，在这样的基础上作出的决策将和在完全信息下作出的决策相同。

人们很容易直观地想象和理解这个研究结果：受益人总想在不说谎的基础上，把他们的情况说得动听一些。如果一个大学入学申请人的考试成绩是 70 分，那么他将会依靠可证实信息作出使决策人能确确实实了解这一点的声明，以免遗留误解。但是如果他说什么"我的考试成绩至少 60 分"，效果就完全不同了。由此可以推知，说"我的考试成绩至少 60 分"的申请人实际上可以真实地声明的成绩不会超过 60 分。

当然有一些决策人可能会不这么老谋深算，他们可能会天真地相信他们听到的消息，让受益方有机可乘：如果你声明至少 60 分，他们可能真的以为你的成绩是 70 分上下。但对一个老谋深算的决策人而言，他总是会选择"假设最坏的情形"。

法律给我们提供了另外一个很好的例子。特别是在西方的电影里，你经常看到一个人被捕的时候被告之："你可以保持沉默，这是你的权利。"如果一个被告人选择他沉默的权利，人们就想，他沉默大概是想隐瞒什么东西，进而推论被告可能有罪。这就等于"假设最坏的情形"。前面我们说过的"真实广告"也可以作为很好的例子。

正像前面指出的，这种均衡只会在一定的条件下出现，这些条件包括：

（1）决策人必须是足够老谋深算的。

（2）决策人必须了解受益人的偏好情况，如果大学招生委员会的官员不了解入学申请人想要实现的目标，那他就难以解读他的廉价交谈。

（3）决策人必须了解受益人在哪些方面掌握了信息。如果入学申请人在复试中不及格，但他没有透露这方面的信息，而同时如果招生委员会的官员也不了解这个情况，那么招生委员会的官员将无法作出正确的判断。

如果有一个或者多个假设条件未能满足，将会发生什么样的情况呢？米尔格罗姆和罗伯茨指出：在存在利益相互冲突的几方面受益者的时候，通过竞争将仍然可以产生和完全信息条件下一样的均衡结果。想象一个法庭辩论，其中的两方的利益是直接对立的。如果一方忽略了传递相关的信息，那么另一将会把它公之于众；反之亦然。这就像人们常说的："事实终将真相大白。"因此，所有和决策相关的信息最终将会全部传递出来，这样一来，即使是一个原来对受益人的偏好了解得很少并且不那么老谋深算的决策人，最终也可以作出像完全信息条件下一样的决策。

习题 8

8—1. 请继续分析本章 8.1 节的数字化例子，考察是否存在混同均衡。

8—2. 在本章 8.1 节的数字化例子中，保持其他条件不变，但假设 H 型求职者的教育成本为 $c_H(y) = y/2$，请重新分析模型的均衡。

8—3. 请继续分析本章 8.2 节构造的斯彭思模型的拓展情形，考察是否存在混同均衡。

8—4. 请用"直观标准"筛选本章 8.2 节的例子中的分离均衡。

8—5. 保持本书第 7 章 7.3 节的其他假设条件不变，但假设 L 型求职者和

H 型求职者的生产能力与受教育程度 y 的函数关系分别为：

$$a_L(y) = 1 + y/3$$

和

$$a_H(y) = 2 + y/3$$

请画图分析这时候的信号示意均衡。

8—6. 将上题中 L 型求职者和 H 型求职者的生产能力与受教育程度 y 的函数关系修改为：

$$a_L(y) = 1 - y/3$$

和

$$a_H(y) = 2 - y/3$$

请重新画图分析信号示意的均衡。注意，这时候假设教育不但不能提高受教育者的能力，反而会降低他们的能力。

8—7. 对上题的分析结果进行讨论，尝试写一段评论。我们鼓励读者们将自己的想法写出来，也鼓励读者们编写一些具有经济寓意的故事。

8—8. 请读者们自己构造一个信号示意的具体例子，并进行分析。

8—9. 请读者们将本章 8.1 节和 8.2 节的例子改成信号甄别的例子，然后求解信号甄别均衡。

8—10. 在本书第 7 章 7.3 节的例子中，如果出现一个能力为 3 的求职者，他的教育成本为 $c(y) = y/3$，请问他会选择多高的受教育程度？

8—11. 请以二手车市场为背景，设计一个信号示意模型和一个信号甄别模型。

【注释】

[1] Milgrom，Paul and Roberts，John，Relying on the Entry under Incomplete Information：An Equilibrium analysis ，*Economitrica*，50（1986），pp. 443—459.

第9章

道德风险的委托—代理模型

从本书第 2 章到第 8 章，我们一直都在讨论市场上的信息不对称问题，主要是隐蔽信息引发的经济现象和经济问题，很少涉及存在隐蔽行为的信息不对称模型，只有本书第 6 章 6.3 节讲述的保险市场的道德风险模型是例外。本章转为讨论企业里的信息不对称问题，专门探讨由隐蔽行为引发的道德风险问题。

我们知道，在交易双方签订合同以后，如果合同一方的履约行为属于隐蔽行为，那么他就可以为了自己的私利故意违反合同的承诺而不受惩罚，并常常致使合同另一方蒙受损失。这样的行为被认为是不道德的，因而相应的经济现象被称为道德风险。

道德风险在日常生活中，特别是在企业这样的等级关系组织内部十分常见：投保人在购买保险之后降低防范风险的努力程度；你请人装修房子，他却欺负你对相关的专业知识一窍不通，偷工减料糊弄了事；员工利用上级监督不完善之机偷懒少干活；经理为了提高企业在其任内的业绩表现，不惜损害股东的长远利益……

经济学的研究表明，"委托—代理"的理论框架，可以阐明绝大部分道德风险现象的经济学原理。因此在本章，我们将以企业的"股东—经理"关系为具体背景，以泰罗尔（J. Tirole）在 1992 年提出的"委托—代理"模型[1]为基础，并参考马可-斯达德勒（Ines Macho-Stadler）和佩雷斯-卡斯特里罗（J. David Perez-Castrillo）的图形分析[2]，建立简洁的模型阐述道德风险的一

般经济原理。

本章的内容安排如下：9.1节以"股东—经理"关系为背景引出"委托—代理"的理论框架。9.2节建立并分析完全信息条件下的"委托—代理"模型。9.3节讨论信息不对称的"委托—代理"模型，阐明道德风险产生的经济原理。9.4节在上一节的基础上对"委托—代理"问题作进一步讨论。

9.1 "股东—经理"关系和"委托—代理"框架

在传统的新古典经济学理论中，企业被看成是一个黑箱（black box）——经济学家通常简单地假设，在企业的一头投入生产要素，另一头便会得到产出，中间的生产过程被省略。经济学家还假设，"利润最大化"是企业的行为准则。这些假设在很多情况下是十分有用的，能够帮助我们研究清楚企业的对外行为，得出清晰的、有用的和可验证的预测结果。

但是，如果要深入理解企业的内部行为和内部治理，我们就必须认识到，企业的决策是由管理人员做出的，但他们的目的并不总是"追求企业利润最大化"那么单纯。如果赋予企业的管理人员一定的斟酌情况再自主作出决定的权力，即通常所说的**酌情权**（discretionary power），他们有可能会利用这个权力来谋求自己的利益，而不是企图增加企业的利润，提高股东的收益，这时候他们所做的决定可能会和依照利润最大化原则得出的决策很不相同。大家知道，许多大企业或股份制企业，都赋予管理人员很大的酌情权。因此从这个意义上说，传统的根据利润最大化原则作出的预测，在现实中就可能会出现较大的误差。

现在，让我们将注意力集中于20世纪30年代就提出来的"股东—经理"关系。在当今社会，大部分的现代化企业都是按照"股东—经理"的关系模式组织起来的。在这种组织结构下，经理经营企业，进行各种经营决策；而股东拥有企业，拥有对企业的剩余利润（residual profit）的要求权和控制权，即股东以分红的方式获得企业的利润收益，并在遵守所有的合同的基础上，拥有对利润的最终控制权。

我们通常假设，股东的兴趣所在是利润最大化：人们总是希望能从他们的投资中获得最好的回报。然而，进行经营决策的人是经理，作为理性的经济主体人，他们追求自身的利益，而未必将利润最大化作为自己的决策目标。这是因为，经理的利益与股东的利益并不完全一致，他们存在**利益冲突**（conflict of interest）。比如：经理付出努力去经营企业，所产生的利润大部分却归股东；经理要求更好的办公环境，如豪华的办公室、名贵的轿车和奢侈的社交活动等，成本却由股东支付；经理追求其任内的短期的公司业绩，股东却在乎公司长期的真实价值。所以，经理在谋求自己的利益的同时，常常会损害股东的利益。

　　经理能够为自己谋求利益的前提条件，是他们拥有一定的酌情权，即斟酌情况再自行作出决定的权力。这样的权力的产生，是以不对称信息的存在为基础的。事实上，如果股东能够知道现在的所有情况并且预见将来可能发生的所有情况，原则上就可以规定在怎样的情况下经理应该怎样做，而不必赋予经理酌情权。因此，经理之所以有酌情权，是经理是知情者而股东是不知情者这一事实的结果。正是因为股东不能完全观察到经理的行为，经理就有机会运用他必然拥有的酌情权，做出一些为自己牟私利而不符合企业利润最大化原则的决策。道德风险就是这样产生了。

　　"股东—经理"关系所产生的问题，是道德风险问题的一个典型情况，通过它我们可以抽象出一个具有普遍适用性的道德风险理论框架，即**"委托—代理"**框架。简单地说，"委托—代理"框架是这样的：一个命名为**"委托人"**的经济主体人与另一个命名为**"代理人"**的经济主体人签订合同，通过这个合同，代理人以委托人的名义来承担和完成一些事情，并从委托人那里取得一定的收入作为报酬，如工资和代理费等等。代理人需要完成的业务，我们称之为委托业务。委托人拥有对委托业务的收益的最终控制权和分配权。非常清楚，在"股东—经理"关系中，股东是委托人，经理是代理人，经理以股东的名义管理和经营企业。

　　"委托—代理"这样的关系之所以存在，原因是多种多样的。除了信息问题以外，很大程度上还是为了获得专业化分工带来的好处。比如，委托人可能拥有很多的投资项目，有很多业务要处理，无法一一兼顾，因此需要将一些业务的经营责任分给代理人来承担。又比如，委托人可能不具有经营其业务的专业才能，需要聘请相应的专业人才代为经营。

　　在"委托—代理"关系中，代理人一般不用对其行为的结果负全部责任，也不能享受其行为带来的所有成果。比如，代理人的疏忽造成了 100 万元的损失，但他至少不必承担这全部 100 万元的损失，而且通常还只承担一个比较小的份额，余下的部分由委托人承担。反过来，如果代理人加倍努力多赚了 100万元，那么，他也不可能获得这全部 100 万元作为酬劳，而且一般只能获得其中一个较小的份额，剩余的收益则归委托人所有。简言之，代理人与委托人的利益是不完全一致的。不仅如此，代理人与委托人之间还常常存在利益冲突。委托人希望委托业务能产生更高的收益，这需要代理人付出更多的努力。与此同时，代理人则希望得到更多的工资或代理费，这直接增加委托人的支出。

　　代理人与委托人的利益不一致和利益冲突，使得代理人不可能完全站在委托人的立场来思考和处理委托业务，有时甚至会站在委托人的对立面。通常情况下，委托人无法完全观察到或者至少无法完全证实代理人的履约行为，所以，代理人就很可能会不惜损害委托人的利益，为了一己之私而实施合同后机会主义行为，进而引发道德风险。

需要说明的是，委托人也并非是在一无所知的情况下进行决策，他们还是有一些信息可以用来参考。比方说，委托人一般都可以观察到委托业务的结果，从而至少在一定程度上推断和评价代理人履约时所采取的行为。举例来说，如果代理人的经营业绩优异或投资成功了，那么委托人就可能会得出代理人工作比较努力的推论。这里请注意，代理人的行为和所观察到的经济结果之间没有必然的联系，同样的行为可能导致这样的结果，也可能导致那样的结果。换言之，到底会出现什么样的结果，不仅取决于代理人的行为，还取决于其他无法观察到的因素，比如说运气。生活经验也告诉我们，考试成绩好不好，工作是否有成绩，投资是否成功，不是努力就可以完全决定的，运气等也是重要的因素。

9.2 完全信息的"委托—代理"模型

这一节对泰罗尔在 1992 年提出的模型加以简化，建立一个比较简单的"委托—代理"模型，并在完全信息的情形下展开分析。目前，有关"委托—代理"问题的文献对数学的运用比较多，技术上比较深比较难。我们将尽量使用比较简单的数学方法和几何形象的图形来进行叙述，特别是会参考马可-斯达德勒和佩雷斯-卡斯特里罗的图形分析。

假设一个委托人将一项业务委托给一个代理人去完成。由于受到无法观察到的自然随机因素影响，这项业务可能会出现两种结果：一种是比较好的结果，将产生收益 R^G；另一种是比较差的结果，将产生收益 $R^B < R^G$；G 和 B 分别是英文单词 good 和 bad 的第一个字母。两种结果出现的可能性 p^G 和 $p^B = 1 - p^G$，取决于代理人完成业务时的努力程度 e。也就是说，p^G 是关于 e 的函数，可表示为 $p^G(e)$；相应的，$p^B(e) = 1 - p^G(e)$。这里，符号 e 取自英文单词 effort 的第一个字母，它是一个实数，数值越大，表示代理人的努力程度越高。我们假定 $dp^G / de > 0$，即代理人的努力程度越高，比较好的那个结果出现的概率就越高，比较差的那个结果出现的概率就比较低。

用函数 $v(e)$ 表示代理人为努力程度 e 所支付的成本，现在我们简单地令 $v(e) = e$，意思是说，代理人付出的成本与努力程度按照 $1:1$ 的比例变化。我们也可以反过来理解，即用代理人付出的成本来表示代理人的努力程度。总之，代理人付出的成本越高，意味着他的努力程度也越高。

委托人可以观察到委托业务的结果，即知道委托业务所产生的收益。事实上，委托人拥有对委托业务的收益的支配权。因此，委托人可以根据不同的结果支付给代理人不同的工资和报酬。用 w^G 和 w^B 分别表示委托人在出现比较好的结果时和出现比较差的结果时给予代理人的工资和报酬。如果委托人不管出现哪种结果都给予代理人一个固定的工资和报酬 w，那就是 $w^G = w^B = w$。

为简单起见，我们还假设委托人和代理人的保留收益都是 0，即如果他们不进行交易的话双方的得益都为 0。

我们知道，在"委托—代理"关系中，代理人的努力程度 e 是一个重要的信息，但是关于这个信息，委托人往往观察不到。不过现在，我们先分析完全信息的情形，那就是假设委托人能够观察到代理人的努力程度。因此这时候，委托人可以将代理人完成委托业务的努力程度写进合同里面。用 $(w^G, w^B; e)$ 表示委托人与代理人之间的合同，意即：委托人要求代理人履行合同的努力程度为 e，如果出现收益为 R^G 的较好的结果，委托人将付给代理人工资 w^G；如果出现利润为 R^B 的较差的结果，委托人就付给代理人工资 w^B。

签订"委托—代理"合同 $(w^G, w^B; e)$ 之后，代理人将有 $p^G(e)$ 的可能性得到工资 w^G，有 $p^B(e) = 1 - p^G(e)$ 的可能性得到工资 w^B。相应的，委托人将有 $p^G(e)$ 的可能性得到利润 $\pi^G = R^G - w^G$，有 $p^B(e)$ 的可能性得到利润 $\pi^B = R^B - w^B$。按照本书第 5 章表示随机变量的方法，代理人的工资和委托人的利润分别可以用 $(w^G, w^B; p^B(e))$ 和 $(\pi^G, \pi^B; p^B(e))$ 表示。

在隐去变量 $p^B(e)$ 的情况下，任意给定一个"委托—代理"合同 $(w^G, w^B; e)$，代理人的工资和委托人的利润都可以用同一个特定的艾奇沃斯盒里的一个点表示。具体见图 9—1，这个艾奇沃斯盒的左下角 A 是代理人的原点；右上角 P 是委托人的原点；长为 R^G，表示委托业务出现较好的结果时的收益；高为 R^B，表示委托业务出现较差的结果时的收益；点 C 表示签订合同 $(w^G, w^B; e)$ 后代理人的工资和委托人的利润，即表示代理人和委托人对两种结果的收益的分配。

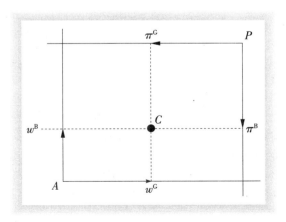

图 9—1 "委托—代理"关系的艾奇沃斯盒

艾奇沃斯盒是微观经济学中一种简洁有效的图形方法。在本书第1章的1.3节，我们曾经运用这种图形方法讲解"利益是交易的前提"的道理。现在，我们也将运用它来讲述"委托—代理"关系的各种问题。

我们首先需要了解委托人和代理人的无差异曲线。考虑通常的情况，假设委托人和代理人都是风险厌恶者。按照我们在本书第5章的推导，委托人的无差异曲线 U^P 凸向 P 点，代理人的无差异曲线 U^A 凸向 A 点。特别地，在经过点 P 的45°线与委托人的无差异曲线 U^P 的交点处，U^P 的切线斜率等于 $-p^G(e)/p^B(e)$。同样，在经过点 A 的45°线与委托人的无差异曲线 U^A 的交点处，U^A 的切线斜率也等于 $-p^G(e)/p^B(e)$。示例请见图9—2。对这些内容不熟悉的同学，请复习本书第5章的相关内容和证明。需要注意的是，代理人的效用水平提高的方向是右上方，而委托人的效用水平提高的方向刚好相反，是左下方。

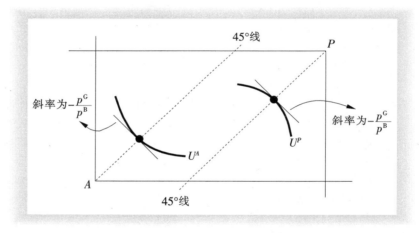

图9—2　委托人和代理人的无差异曲线

我们接着分析委托人如何确定代理人的工资。为简便计，假定委托人具备制定合同的全部势力，代理人完全没有对工资的讨价还价能力。设想委托人在合同中要求代理人提供的努力程度为 e。按照我们的假设，选择努力程度 e 需要付出的成本也是 $e = v(e)$，所以代理人至少要得到效用等于确定性收入 e 的工资组合 (w^G, w^B)。因此，代理人的保本（break-even）线就是他的经过点 (e, e) 的无差异曲线 $\underline{U^A}$；$\underline{U^A}$ 上的和 $\underline{U^A}$ 上方的工资组合都是代理人愿意接受的工资组合。在代理人愿意接受的工资组合中，理性的委托人会选择其效用水平最高的工资组合——委托人的无差异曲线 U^P 与代理人的保本线 $\underline{U^A}$ 的切点。

图9—3演示了我们的分析：对于要求代理人选择努力程度 e，委托人最

优的工资安排为 $(w^G(e), w^B(e))$；$(w^G(e), w^B(e))$ 是以 A 为原点的坐标系中的坐标。从图形分析可知，点 $(w^G(e), w^B(e))$ 位于经过点 A 的 45°线的下方，据此可以判断 $w^G(e) > w^B(e)$，也就是说，当委托业务出现较好的结果时，委托人会给予代理人更高的工资。

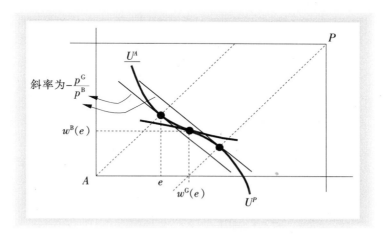

图 9—3　最优的工资安排

最后我们需要分析的，是委托人如何确定代理人的努力程度，这是一个简单的单变量最大化问题：委托人选择合适的 e，使得利润：

$$(\pi^G(e), \pi^B(e); p^B(e)) = (R^G(e) - w^G(e), R^B(e) - w^B(e); p^B(e))$$

给他带来最高的效用水平。至于求解的过程，我们留给读者思考和讨论。关键在于，问题的思路已经非常清楚了。

9.3　信息不对称的"委托—代理"模型

上一节引入艾奇沃斯盒的方法对完全信息的"委托—代理"问题进行分析。简单来说，委托人将选择一个对他自己来说最优的代理人的努力程度 e^*，并按照图 9—3 演示的方法确定代理人的工资安排 $(w^G(e^*), w^B(e^*))$，最终确定了最优的合同 $(w^G(e^*), w^B(e^*); e^*)$。

然而在信息不对称的条件下，代理人的努力程度 e 委托人是无法观察到的，因而不可能被有效地写进合同里，所以这时候的"委托—代理"合同应表示为 (w^G, w^B)，它只规定两种情况下代理人的工资。这时候，情况又会怎么样呢？

为了便于展开分析，我们对模型作进一步简化。首先假定委托人是风险中性者，因此，委托人的无差异曲线是斜率为 $-p^G(e)/p^B(e)$ 的直线。事实上，风险中性的委托人的目标函数是期望利润，他的无差异曲线就是等（期望）利润线。图9—4画出了一个示例：在完全信息的条件下，如果委托人要求代理人提供的努力程度为 e，他就会给予代理人一个确定性的工资 $w = w^G(e) = w^B(e) = e$。换言之，委托人会承担所有的风险，代理人则获取一个刚好等于其努力成本的确定性工资，无须承担任何风险。这在直观上是很容易理解的。风险对于风险厌恶的代理人会造成损害，但对风险中性的委托人没有任何影响，所以委托人愿意承担所有的风险。

其次我们假定代理人只有两种努力程度可供选择：一种是低努力程度 e_L，一种是高努力程度 $e_H > e_L$，分别需要代理人付出努力成本 e_L 和 e_H。并且，代理人提供高努力程度 e_H 对双方的交易而言更有效率，即：

$$ER(e_H) - e_H = p^G(e_H)R^G(e_H) + p^B(e_H)R^B(e_H) - e^H > ER(e_L) - e_L$$
$$= p^G(e_L)R^G(e_L) + p^B(e_L)R^B(e_L) - e_L$$

图9—5画出了这个假设。$U^P(e_L)$ 是代理人选择努力程度 e_L 时委托人的无差异曲线，它与代理人的保本线 $U^A(e_L)$ 相切；$U^P(e_H)$ 是代理人选择努力程度 e_H 时委托人的无差异曲线，它与代理人的保本线 $U^A(e_H)$ 相切。$U^P(e_H)$ 与过点 P 的45°线的交点，位于 $U^P(e_L)$ 与过点 P 的45°线的交点的左下方，据此可以断定，$U^P(e_H)$ 对应的期望利润更高，因而代理人选择努力程度 e_H 对双方的交易而言更有效率。

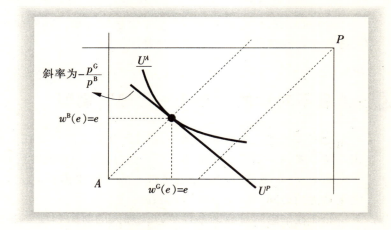

图9—4 风险中性的委托人

既然代理人选择努力程度 e_H 对双方而言更有效率，那么在完全信息的条

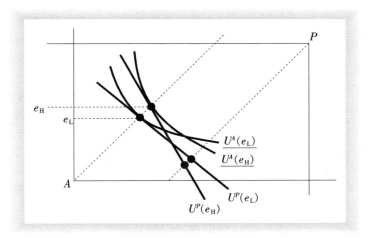

图 9—5 代理人只有两种努力程度

件下，委托人必定会要求代理人提供 e_H 的努力程度，并给予他固定的工资 $w = e_H$。因此我们又常常这样表述：当代理人选择努力程度 e_H，我们就说他**努力工作**；当代理人选择努力程度 e_L，我们就说他**敷衍偷懒**。

在信息不对称的条件下，如果委托人向代理人提供固定工资 $w = e_H$，并要求代理人提供 e_H 的努力程度，那么，代理人就很可能会利用其信息优势敷衍偷懒，只提供 e_L 的努力程度。这样一来，代理人可以获得一个正的净得益 $e_H - e_L$，委托人的期望利润则由预想中的 $E\pi_1$ 减少到 $E\pi_2$。e_L 和 e_H 是代理人的坐标系中的坐标，$E\pi_1$ 和 $E\pi_2$ 是委托人的坐标系中的坐标。图形分析请参考图 9—6。

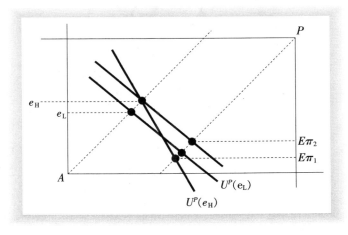

图 9—6 "委托—代理"关系中的道德风险

道德风险就这样发生了。

当委托人意识到道德风险会发生时，他就会作出一定的防范措施，以使代理人能够自愿地努力工作，选择努力程度 e_H。我们在图9—7展开相应的分析。设 $U^A(e_L)$ 和 $U^A(e_H)$ 相交于 C^*，在这个交点的右下方，$U^A(e_L)$ 和 $U^A(e_H)$ 相交出一个阴影区域。可以论证，如果委托人提供的工资组合位于阴影区域里时，代理人会自愿选择努力程度 e_H，而不是 e_L。这里只需注意，代理人选择努力程度 e_L 时 $U^A(e_L)$ 上的工资组合和他选择努力程度 e_H 时 $U^A(e_H)$ 上的工资组合，会给他带来相同的效用水平。所以，为使代理人自愿地选择努力程度 e_H，委托人就需要提供阴影区域里的工资组合。在这些工资组合中，$U^A(e_L)$ 和 $U^A(e_H)$ 的交点 C^*，将会给委托人带来最高的期望利润。

从图9—7的分析我们可以得出两个结论：（1）为了促使代理人自愿选择努力程度 e_H，委托人需要增加出现较好结果时的工资 w^G，同时减少出现较差结果时的工资 w^B。我们也可以这样理解：委托人将支付给代理人的工资分成两部分，w^B 是基本工资，$w^G - w^B$ 是绩效工资；当委托业务的结果较好时，代理人可以在基本工资的基础上多获得一个绩效工资，否则就只能获得基本工资。（2）委托人的上述做法，使得他的期望利润从 $E\pi_1$ 下降到 $E\pi_3$，而代理人的景况没有变好，也没有变差。之所以会这样，是因为委托人为了激励代理人努力工作，给予代理人一个不确定性的工资，从而需要多给予他相应的风险贴水，这个风险贴水就等于 $E\pi_1 - E\pi_3$。

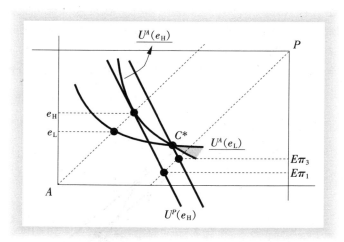

图9—7 使代理人提供高努力程度的最优工资组合

现在的问题是：工资组合 C^* 是不是委托人提供给代理人的最优合同？图9—8的分析告诉我们：未必。

按照图9—8显示的情况，如果委托人提供合同 C^*，那么他的期望利润为 $E\pi_3$，还比不上他提供合同 (e_L, e_L) 时的期望利润 $E\pi_4$。所以，委托人宁愿向代理人提供合同（e_L, e_L），尽管这时代理人会敷衍偷懒，只选择努力程度 e_L。

只有当情况如图 9—9 演示的那样时，委托人提供合同 C^* 时的期望利润 $E\pi_3$ 大于他提供合同（e_L, e_L）时的期望利润 $E\pi_4$，委托人才会选择提供合同 C^*，促使代理人努力工作，选择努力程度 e_H。

合同 C^* 意在为代理人自愿选择高的努力程度 e_H 提供激励，因而我们常常将它称为**激励合同**（incentive contract）。其原理是通过将绩效工资和好的业绩联系起来，从而达到激励代理人提供较高的努力程度的目的。目前，激励合同已经成为了比较流行的做法，其形式有奖金、利润分成、工资与公司的利润水平挂钩、佣金制、分一定的股票给经理、经理的工资和企业股票价格挂钩，等等。

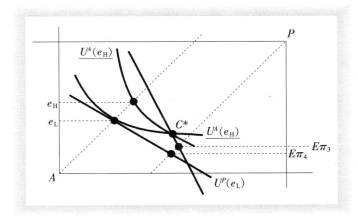

图 9—8　道德风险的最后结果（1）

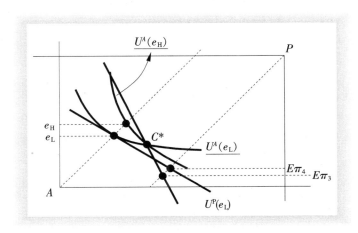

图 9—9　道德风险的最后结果（2）

总的来说，为了防范代理人的道德风险，委托人不会向代理人提供合同
(e_H, e_H)。根据不同的情况，委托人的应对方法会出现两种可能：（1）提供激
励合同 C^*，即将工资分成基本工资和绩效工资两部分，利用绩效工资来激励
代理人自愿地努力工作，选择高的努力程度 e_H；（2）干脆提供合同 (e_L, e_L)，
并允许代理人敷衍偷懒，提供低的努力程度 e_L。与完全信息的情况比较，这两
种做法都会损害委托人的利益，但对代理人却也没有任何好处，故而都会造
成社会福利的损失。

9.4 "委托—代理"问题的进一步探讨

本节将在上一节的简单模型的基础上，对"委托—代理"问题作进一步
讨论，企图在"委托—代理"的理论框架内推广标准的道德风险理论，使之
更接近现实。我们将主要围绕不同条件下的激励合同问题展开讨论。

激励合同的约束条件

到目前为止我们还没有考虑的一个困难，是委托人在激励合同中提出的
工资安排，可能会受到一些外来条件的限制。比如政策或法律规定了代理人
的最低工资 w_0。如果在激励合同 C^* 中，$w_0 > w_L$，这个激励合同便无法实施。

多重努力水平

在上一节的模型中，我们假设代理人只有两种努力程度可供选择。在现
实世界中，代理人很可能存在多种不同程度的努力水平。在一般化的例子中，
代理人的努力程度可能是一个可以在一个实数区间内取任一数值的变量。有
关这方面的推广改进的文献数不胜数。但对付"连续的努力程度"的研究，
会遇上很多技术上的问题。所以，我们并不打算过多地讨论这种模型的求解。

需要强调的是，在存在道德风险的条件下，激励合同的安排，可能产生
代理人的努力程度"太高"的结果。人们一般会认为，即使实施激励合同，
代理人的努力程度也会低于完全信息条件下的努力程度。但克雷普斯（David
Kreps）在他 1990 年的论文[3]中给出了一个非常漂亮的数值例子，其均衡结
果是，代理人在信息不对称条件下的努力程度比在完全信息条件下的努力程
度还要高。

为了理解上述均衡结果为什么会出现，我们考虑一个代理人有三种努力
程度的例子，在努力程度 e_H 和努力程度 e_L 之间增加一个中等的努力程度 e_M，
并假设代理人选择努力程度 e_M 是最有效率的，选择努力程度 e_H 的效率次之，
选择努力程度 e_L 的效率最低，即：

$$ER(e_M) - e_M = p^G(e_M)R^G(e_M) + p^B(e_M)R^B(e_M) - e_M > ER(e_H) - e_H$$
$$= p^G(e_H)R^G(e_H) + p^B(e_H)R^B(e_H) - e_H > ER(e_L) - e_L$$
$$= p^G(e_L)R^G(e_L) + p^B(e_L)R^B(e_L) - e_L$$

在这样的情况下，为了对付代理人的机会主义行为，委托人有三种可能的做法：（1）提供一个"基本工资＋绩效工资"的激励合同，促使代理人选择努力程度 e_M；（2）提供另一个"基本工资＋绩效工资"的激励合同，促使代理人选择努力程度 e_H；（3）提供合同 (e_L, e_L)，允许代理人选择努力程度 e_L。

在一定的条件下，第二种做法可能会成为委托人最优的选择，于是便出现了代理人的努力程度"太高"的结果。读者们可以在参照图9—8和图9—9的分析的基础上，尝试作图验证这个结论。这是一个相当有难度的练习。

多重收益水平

在前面的模型中，我们假设委托业务只存在两种结果，即高收益的较好结果和低收益的较差结果，这样，工资安排只需规定与两种结果对应的工资 w^G 和 w^B。然而，在一般的情况下，委托业务很可能会出现多个不同的业绩水平，业务收益可能会在"坏到可怕的程度""还不错"到"非常好"的水平之间上下变动。那么，代理人的工资与业绩之间会是什么样的关系呢？

通常认为，业绩越好，代理人获得的工资越高，或者至少他的工资不应该下降。但格罗斯曼（S. Grossman）和哈特（O. Hart）在1983年的论文[4]中指出，理论上情况不一定是这样。按照标准的"委托—代理"理论，在一定的范围内，代理人的工资有可能会随着业绩水平的提高而下降。这里，让我们考虑一个只有三种结果的例子。假设委托业务有可能会出现 R^G、R^M 和 R^B 三种收益，$R^G > R^M > R^B$，记它们出现的概率为 p^G、p^M 和 p^B。如果代理人努力工作，选择努力程度 e_H，则 $p^G(e_H)$ 和 $p^B(e_H)$ 较大，$p^M(e_H)$ 较小；如果代理人敷衍偷懒，选择努力程度 e_L，则 $p^M(e_L)$ 较大，$p^G(e_L)$ 和 $p^B(e_L)$ 较小。但总的来说，代理人努力工作时的期望收益大于代理人敷衍偷懒时的期望收益。作为极端的情形，可进一步假设 $p^M(e_H) = 0$，$p^M(e_L) = 1$，$p^B(e_H) > 0$，$p^G(e_H)R^G + p^B(e_H)R^B > R^M$。也就是说，收益为 R^G 或 R^B 时，就隐含着代理人在努力工作，收益为 R^M 时，就意味着代理人在敷衍偷懒。于是不难想象，委托人为了激励代理人努力工作，会在收益为 R^G 和 R^B 时给予代理人较高的工资，在收益为 R^M 时给予代理人一个惩罚性的低工资。这样，便出现了委托业务的收益从 R^B 上升到 R^M 而代理人的工资却有所下降的情况。

接下来我们马上要问：在什么样的情况下，更高的业绩水平可以保证代理人得到更高的工资？格罗斯曼和哈特在他们的论文中进一步探讨了这个问题。粗略地说，当下面两种条件得到满足时，代理人的工资将随业绩的上升而单调上升：

（1）"单调似然率要求"得到满足，基本意思是说，随着努力程度的上升，观察到高利润的机会在增加。

（2）"分布函数的凹向原点的性质"成立，即如果我们画出期望收益关于努力程度的函数曲线，则这条线应该凹向原点。说明随努力程度的提高，努力程度对业绩的边际影响力在减弱。

从理论的角度来看，如果以上的两个条件得不到满足，那么，最优的工资安排很可能会出现在某一个范围内工资随业绩上升而下降的情况。这似乎简直是在捣乱。这样想也不是没有道理，因为在现实生活中很少会观察到业绩上升工资反而下降的现象。另一方面，也没有证据表明，以上两个条件在现实世界中总是得到满足。总而言之，"委托—代理"理论显然未能对此作出令人信服的预测。

关于上述的理论与实际情况的冲突，我们认为，可能主要有下述两个原因：（1）人们一般不能接受业绩上升工资反而下降这种"反常"的工资安排。实际上，人们比较倾向于接受形式简单而又合乎情理的工资安排。（2）代理人有办法降低委托业务的收益。之前我们假设代理人花费努力去提高委托业务的收益，但代理人也可以花费努力去降低委托业务的收益，而且与前者相比，后者显然简单得多。所以，如果高收益对应低工资，低收益对应高工资，那么代理人就会将他的努力用于降低委托业务的收益，而不是提高委托业务的收益。

现在我们介绍人们熟悉的两种销售合同安排：（1）基本工资加销售提成；（2）销售提成加上目标奖励，即每达到一个特定的销售目标高度，就给予相应的目标奖励。在两种合同中，代理人的工资都和委托业务的业绩正向相关。在第一种合同中，代理人的工资和业绩之间常常是线性关系：

$$w = w_0 + aR \tag{9—1}$$

式中，$w_0 > 0$ 是基本工资；R 是业绩，如销售收益；$a > 0$ 是提成比例，一般小于 1。

经济学家试图解释，为什么在现实世界中的工资安排，有时不仅和业绩相关，而且还可能是线性相关。他们建立多阶段的委托代理模型，分析表明，并不是所有的情况下线性的工资安排都是最优的，但它总是"靠近"最优。他们指出，最优的工资安排常常十分复杂，而且对模型的特点十分敏感。相比之下，线性的工资安排更富有生命力，在绝大多数情况下都能很好地起到激励的作用。而且，线性机制同时还具有易于管理、易于理解的实用性优点。毋庸讳言，对于学者来说，线性关系还具有容易进行分析的好处。

在第二种合同中，只有业绩达到预设的某个目标，代理人才能得到相应的目标奖励。这样的工资安排明显不符合线性特点，而且一旦代理人达到某一个预定的目标，继续努力的激励就会大大降低。然而，经济学家的分析表明，这样的工资安排在一定程度上仍然可以模仿出线性的工资安排。首先，如果完成预设目标的阶段比较短，代理人就不会在长时间内没有感受到工作激励。其次，代理人得以策略性地在不同的阶段选择不同的行动或不同的努力程度，尽管目前的努力可能几乎不会带来多少收益，但他可以在后来的阶段中获得补偿。

额外的信息

到目前为止我们一直假设，委托人唯一可以获得的用来估计代理人的努力程度的信息，是委托业务的业绩。在"现实世界"中，委托人也许不会像我们假设的那样完全被蒙在鼓里。比如，一个企业的股东可能拥有各种不同的信息，有些来自企业内部，如从审计员那里获得的详细的数据信息；有一些来自企业外部，如其他类似企业的经营业绩方面的信息，或者总体的经济状况等等。在设置激励合同的时候把这些额外信息因素考虑进去，可能将提高委托人的利益。

让我们考虑这样的拓展情形：假设经济的总体表现只有好和差两种情况，委托人可以无成本地获取这方面的信息。如果代理人努力工作，选择努力程度 e_H，那么在总体经济状况好的时候，出现高收益的概率为 x_G；在总体经济状况差的时候，出现高收益的概率为 x_B；反之，如果代理人敷衍偷懒，选择努力程度 e_L，那么在总体经济状况好的时候，出现高收益的概率为 y_G；在总体经济状况差的时候，出现高收益的概率为 y_B。这里我们有：

$$x_G > x_B, y_G > y_B$$
$$x_G > y_G, x_B > y_B$$

第一组不等式的含义是，在代理人的努力程度相同的情况下，总体经济状况好，高收益出现的概率就高；总体经济状况差，高收益出现的概率就低。第二组不等式的含义是，在总体经济状况相同的情况下，代理人的努力程度高，高收益出现的概率就高；代理人的努力程度低，高收益出现的概率就低。

所以，委托人可以设计这样的工资安排：在总体经济状况好时，如果出现高收益，就给予代理人工资 w_G^H；如果出现低收益，就给予代理人工资 w_G^L。在总体经济状况差时，如果出现高收益，就给予代理人工资 w_B^H；如果出现低收益，就给予代理人工资 w_B^L。

换言之，由于存在关于总体经济状况的额外信息，委托人的工资安排由两种情况的工资组合拆分成四种情况的工资组合。由于工资的可能组合在原来的基础上增加了更多的选择，因此从逻辑上我们可以断定，委托人的利益有可能提高，而且肯定不会降低。只有出现 $w_G^H = w_B^H$ 和 $w_G^L = w_B^L$ 这种形式的

最优工资安排时，委托人的利益才没有提高。

至于详尽的分析和细节的思考，我们留给读者们作为练习。

业绩的衡量

在前面简单的模型里面我们假设，委托业务的业绩可以用收益这样的单一指标来进行准确的衡量。可是在现实中，衡量委托业务的业绩可能是一件非常复杂的事情。比如，委托业务可能包含多种活动或多种责任，但却没有一个可以从总体上衡量这些活动或责任完成情况的综合指标。也就是说，我们需要使用多个指标才能比较准确地衡量委托业务的业绩。

我们比较熟悉的例子是，大学的老师可以视作学校的代理人，他们需要完成的委托业务主要包含两个部分——教学和科研，所以要考察大学老师的业绩，就需要从教学和科研两个方面进行衡量。

一般来说，研究成果比教学业绩更容易评估，也方便于进行校际的比较。原因在于，科研成果有比较多客观的因素，而且比较容易形成数字化的指标；而教学业绩则较多依靠主观的评价，而且不同科目的教学难以比较，不同学校之间的教学就更加难以比较。于是，工资提升和职称提升也往往比较看重老师的研究成果。这样的激励机制，使得许多老师都重科研而轻教学，结果教学工作遭了殃，受害的是求知若渴的众多学生。现在，认真教学的大学老师已经越来越少。如果你有机会到校园来，很值得花时间听听学生关于这方面的意见。

再者，在科研成果的考核中，也常常是重"量"不重"质"，只数论文发表篇数，却不管论文的质量。一篇论文出来，哪怕十分平庸，也是一个筹码。相反，教学是长时间才能够见功夫的活。即使你的教学很好，培养出很好的学生，顶多也被当作是敬业的教师匠，却得不到制度的"赏识"。

以上例子所描述的现象，在"委托—代理"关系中是一个相当普遍的现象。在英国，很多的新闻报道都曾经批评退休金、保险、抵押及其他的金融产品的买卖中出现了不顾质量，只求数量的问题。这类问题，在我国的保险业市场一度也非常严重。导致这类问题出现的一个原因，就是销售代表往往是按销售量的多少来计算报酬，因此他们可能会使用高压型的推销政策，而无视买这种金融产品的顾客是否可能会从其他的产品中获得更大的福利满足，或者顾客是否合适购买某种金融产品，这样他们的企业和行业就不得不蒙受信誉的损失，大量的法律纠纷也由此而来。但毕竟销售人员不是按照销售的质量来计算他们的报酬的，销售人员的行为是在委托他们进行销售的企业所制定的激励机制的作用下的理性行为。那么这样的问题应该由谁负责任呢？

多个代理人

现在我们展开一个委托人与多个代理人打交道的讨论。这是现实生活十分常见的情况。比如，一个企业主雇佣几个经理；一个主管管理几个工人；一个校长管理多个属下的教师；等等。这样的情况可能会产生一些新的问题，我们首先讨论激励合同会发生什么变化。

关于这个问题，经济学家分析了一个存在多个风险厌恶的代理人的模型。模型假设，每个代理人的业绩不仅取决于他自己的努力，还受两个随机因素影响：一个总体的随机因素，对于所有的代理人都一样，比如市场总体交易条件的好坏，经济景气情况，等等；另一个是个体的随机因素，对各人的影响可能不一样，比如说有时一个代理人可以突然做成一笔很大的交易，尽管这时候的整体市场环境并不好。面对这种情况，委托人有两种形式的激励工资安排：一是提供给每个代理人一个独立的激励合同；二是委托人比较所有代理人的业绩，并给予业绩最好的代理人额外的工资或奖赏。这样的做法称为**横向竞争**（horizontal competition）。那么，横向竞争的做法是否会产生更好的激励效果呢？

经济学家的研究发现，这个问题的答案，取决于总体随机因素的方差和个体随机因素的方差的大小关系。如果个体随机因素的方差小于总体随机因素的方差，横向竞争的激励效果就会比较好；相反，如果个体随机因素的方差大于总体随机因素的方差，单个激励合同的效果就相对好些。

上述结论的直观经济解释是这样的：如果个体随机因素的方差小于总体随机因素的方差，那么，采用相互独立的单个激励合同，代理人的工资会严重地受到不为他们自己所控制的整体经济变动的影响，波动将会比较大。于是，代理人就会要求一个较高的风险贴水做补偿。横向竞争的做法能够大大地减轻这个问题，因为这时候相对业绩变得比较重要。尽管每个代理人的绝对业绩波动比较大，但他们的相对业绩比较稳定。这样，通过采用横向竞争的合同，将有效地过滤掉代理人收入受市场波动引起的不确定性。因此，横向竞争合同带给代理人的风险较少，从而减少了风险贴水，降低了代理费用。

相反，如果个体随机因素的方差大于总体随机因素的方差，那么，横向竞争的做法会起到相反的作用。因为这时候的横向竞争，比较接近于赌博——谁的业绩好，更多地取决于运气，而不是努力程度。我们知道，赌博会带来新的风险。这样，横向竞争就增加了代理人的风险，同样需要委托人给予较高的风险贴水来补偿。

在上面讨论的情况中，每个代理人都单独完成自己的委托业务。现在讨论多个代理人组成一个小组共同工作的情况。假设小组中单个代理人的行为是无法被观察到的，但总的结果是可以观察到的，而且没有受到随机因素的影响。这种条件下将会发生的道德风险，是小组中有代理人搭便车（free riding）的道德风险，因为每个理性的代理人都希望坐享其成，让别人去努力，自己来享福。虽然这时候的道德风险存在于代理人之间，但是因为结果会造成整个小组的努力程度低于最优水平，从而最终将损害委托人的利益。于是，委托人就需要采用一种激励合同来促使每个代理人努力地工作。进行整组激励的关键在于，如果业绩不佳，全组的人都将受到惩罚，比如全组的人都会被扣工资。如果小组成员不多，这样的惩罚将会成功阻止小组的成员敷衍偷懒。也就是说，这时候均衡结果是小组的所有成员都不会敷衍偷懒，因此惩罚条款将不会被使用——仅仅是威胁就可以解决问题。

跨期道德风险

从博弈论的知识看，上一节讨论的是一次博弈，按照模型，委托人与代理人进行完一次交易后就不再交易。但在现实中，委托人与代理人常常进行多次交易。所以有必要研究多次重复进行交易的"委托—代理"模型。

拉德纳（R. Radner）在他 1985 年的论文[5]中建立了这样一个博弈重复无穷多次的委托代理模型。他得到的最基本的结论是：模型可能存在很多的均衡。其中最显然的一个均衡是，原来一次博弈的均衡结果，将在每一次阶段博弈重复地出现。但模型还可能存在其他的均衡结果。例如，可能会出现长期合同，委托人和代理人就未来收益的流量来签订合同，其中规定，一旦发现不好的结果连续出现的次数达到设定阈值，就认定代理人敷衍偷懒，并减少其工资支付以示惩戒。连续观察较长一段时间内的业绩，将提高委托人评估代理人的行为的准确性，这样一来委托人就能够设计出更有效率的激励合同。

事后磋商

激励合同实施的有效性，是可以被**事后磋商**（renegotiation）破坏的。有关这一方面的文献可以参看杜瓦特波特（M. Dewatripont）和马士金（E. Maskin）1990 年的综述。[6]他们给出了一个简明的例子，大意如下：一个老师为了激励他的学生努力学习，决定在下星期二安排一次考试。为了应付考试，学生在接下来的一周努力地学习。到了考试那天，老师提议取消考试，学生欣然同意。看起来，这是很自然的事情，既然激励学生努力学习的目标已经达到，为什么还要耗费成本去作答和批改考卷呢？然而，允许这样的事后磋商，将会破坏这个激励机制的有效性。事实上，即使学生没有努力学习，取消考试对于双方也是有利的。所以，如果允许事后磋商，学生就会预见到考试必然会被取消，于是就不会为考试做准备而努力读书，于是安排考试原本的目的就不能达到了。

同样的情况也会发生在上一节"委托—代理"模型里。我们把相应的讨论留给读者们做练习。我们希望，这样的练习不会令读者们感到茫然。毕竟，很多读者都习惯于题意明确的练习，习惯于计算和推导为主的练习。然而，现代经济学的学习，不单需要会被动地去演算和推导，还需要主动地去思考和表达。

道德风险和逆向选择共存

本书第 6 章曾经提到过，保险市场可能会同时存在逆向选择和道德风险。现在我们探讨一个逆向选择和道德风险共存的具体例子。

考虑一个作家（委托人）和一个出版商（代理人）协商出书的情况。假设作家自己并不知道他的书的销售潜力到底有多大，而出版商则比较了解这方面的信息，因此书的潜在销售量方面的信息是出版商的私有信息。但作家可以对出版商进行激励，促使他采取一些办法提高书的销售量。出版商是否努力，就是隐蔽行为。可见，这里还存在隐蔽行为的问题。对隐蔽信息和隐蔽行动同时存在的这种不对称信息的问题，究竟应该采用什么样的激励合同呢？

如果作者把版权卖给出版商，那么后者将有动力来很好地安排促销活动，因为他们可以从中获得所有的销售收入，这样道德风险问题就克服了。但问题是逆向选择会发生，作者很难把他的书卖一个好价钱，他只能得到一个低于他的书的真实版权价值的售价。

如果改为使用版税制度，作者从每一本售出的书中获得版税收入，情况又怎样呢？通过这种方法，如果书的出版取得巨大的成功，作者将从中分享收益，但这样出版商就不会像版权制度下那么大力对书进行很好的促销，因为他们可以从书的销售中获得的收益将因为版税而减少。

有关这一方面的文献的一个基调是，委托人应该按照能够从代理人那里获取部分隐蔽信息的要求来作出安排，这样做将会给他带来最大的效用。有经济学家提出，作家可以通过提供一个**事件条款合同**（contingent contract）来实现这样的目标。作者可以要求出版商报告预测的销售情况，合同要根据这个预测的不同来提供不同的激励：如果出版商预测销售量将比较高，作者将要求一个较高的一次性总付的稿费，以后按照书的销售或出版量收取较低的版税；如果出版商预测销售前景不乐观，作者可以要求一个较低的一次性总付的稿费，但对以后每卖出一本书收取较高的版税。面对这种"随情况的变化而变的"合同，出版商将会受到激励而在预测书的销售问题上说真话，因为如果书的销售前景很好，他们当然偏好于有较低的版税率的合同，反之亦然。由此看来，这种"事件条款合同"的作用，是使代理人就销售前景预测说真话。实际上，我们还可以采用更直接的方法来达到这样的目的，就是把"高的一次性总付稿费和低的版税"和"低的一次性总付稿费和高的版税"这样两种合同放在出版商面前，让他来挑选。这时候，出版商挑选哪种合同，就披露了他对销售前景的预测的私人信息。

习题 9

9—1. 请在日常生活中寻找一个"委托—代理"关系的例子，在这个例子中是否存在道德风险问题？如果存在，请将其发生的机理描述出来。

9—2. 在完全信息的情况下，如果委托人是风险厌恶者，代理人是风险中性者，请用艾奇沃斯盒的方法找出委托人的最优工资安排。

9—3. 请讨论本章的艾奇沃斯盒与微观经济学中的艾奇沃斯盒有何不同。

9—4. 对于本章 9.3 节的讨论，如果我们假设代理人是绝对的风险厌恶者，即代理人的无差异曲线呈"L"形，请问委托人有没有可能通过激励合同解决道德风险问题。

9—5. 对于本章 9.3 节的讨论，如果委托人也是风险厌恶者，那么在什么情况下可以通过激励合同解决道德风险问题？你能画图说明这种情况吗？

9—6. 对于本章 9.3 节的讨论，如果委托人和代理人都是风险中性者，请问哪些合同可以使委托人的利益最大化？

9—7. 请设计并分析这样一个数字化例子：代理人有三种不同努力程度可以提供，委托业务的业绩有两种可能的结果。

9—8. 请讨论哪些方法可以用来克服"委托—代理"关系中的道德风险问题。

【注释】

［1］Tirole，J.，*The Theory of Industrial Organization*，Cambridge，MIT Press，1992.

［2］Ines Macho-Stadler，J. David Perez-Castrillo；translated by Richard Watt.，*An introduction to the economics of information：incentives and contracts*，New York：Oxford University Press，1997.

［3］Kreps，David，*A Course in MicroEconomic Theory*，New Jersey，Princeton University Press，1990.

［4］Grossman，S. and Hart，O.，An Analysis of the Principal—Agent Problem，*Economitrica*，51（1983），pp. 7—45.

［5］Radner，R.，Repeated Principal—Agent Games with Discounting，*Econometrica*，53（1985），pp. 1173—1198.

［6］Dewatripont，M. And Maskin，E.，Contract Renegotiation in Models of Asynnetric Inlornation，*European Economic Review*，34（1990），pp. 311—321.

第10章

拍　卖

这一章讲述信息经济学中一个十分精彩的专题——拍卖和招标。

拍卖与招标在英语中用同一个单词 auction，是一种既古老又新颖的交易机制。说它古老，是因为其历史可以追溯到古罗马时代，甚至更早；说它新颖，是因为其形式不断推陈出新，应用领域不断扩大。从形式看，密封投标第二价格拍卖、双向拍卖、网上拍卖等等，陆续出现。从应用领域看，现在拍卖常用于销售古董、精美的艺术品、二手家具、家畜、鲜花、土地、政府公债、破产资产和电信频道使用权等等。修筑一条公路，修建一个码头，要求提供一项服务，医院采购药品等等，则经常采用招标的做法。

尽管拍卖和招标的方式种类繁多，而且应用的领域甚广，但却有一些共通的道理。本章将从一些形式简单的拍卖入手，阐明拍卖和招标的基本原理。

这一章的内容，可以说是王则柯和李杰编著的《博弈论教程》[1]中相关内容的修订版。具体安排如下：10.1 节简单区分拍卖和招标，强调它们共同的方面，说明我们为什么集中于拍卖的讨论。10.2 节列举四种基本的拍卖制度，并按照最优出价策略把它们分为两个类型。10.3 节分析和推导独立私有价值的密封投标第一价格拍卖和密封投标第二价格拍卖的均衡出价策略。随后在10.4 节，我们站在卖主的立场，说明拍卖理论一个最重要的成果：期望收益等价原理。最后的 10.5 节，将介绍拍卖理论一些进一步的研究成果。

10.1 拍卖和招标

拍卖和招标是流行的组织和完成交易的方式，既是一种很古老的交易机制，又不断推陈出新。拍卖和招标在英语中都是同一个词 auction，但是我们中国人习惯把销售商品的 auction 叫做拍卖，把为了发包完成一项工程或提供一项服务的 auction 叫做招标。大体上说，拍卖是以商品兑钱，招标是花钱购买商品，特别是购买服务。在拍卖和招标中，金钱的流动方向是不同的，所以拍卖和招标容易区分。从术语上区分拍卖和招标，显示了汉语的智慧。

两相比较，在商品拍卖中，人们对"已经存在的"拍卖品的信息是比较完全的，而在工程或服务招标中，人们对"未来完成的"工程和"未来提供的"的服务的信息，就不那么完全，这是因为后者牵涉"未来"的不确定性。拍卖和招标的本质区别，就在这里。所以，商品拍卖总是"价高者得"，但是工程和服务招标，除了比较价格以外，还要考虑企业履行承诺的能力和企业信誉等其他因素，而不能只是强调"价低者得"，要慎防服务提供方的合同后机会主义。

在注意这一本质区别的前提下，我们可以发现，拍卖和招标不仅在形式上和操作上有许多共同的地方，而且在经济学意义上也有许多共同的规律。讨论清楚拍卖，招标的规律也就容易清楚了；反之，了解了招标的规律，也就了解了拍卖的规律。在权衡主要是讲拍卖还是主要讲招标的时候，有一个因素值得注意，就是由于大家都容易明白的原因，公众对拍卖和招标的熟悉程度很不一样。所以为确定起见，在下面的讨论中，我们将首先主要讨论读者们比较熟悉的商品拍卖的问题。

尽管表面上看拍卖和招标的方式种类繁多，但它们之间却拥有一些共同的重要特点：（1）通常交易的标的物潜在的价值都比较大；（2）通常每件交易的标的物都是独特的，各自有一个单独的价格。家畜是各不相同的，所以付给每一头家畜的价格也应该有所不同，而古董和艺术品更是这样，更何况工程和服务。拍卖和招标这种交易机制很适合于在这样的条件下来组织交易。

我们说"通常"交易的标的物潜在的价值都比较大，"通常"每件交易的标的物都是独特的，这是因为显然有许多不符合上述特点的情况。比如说在发达国家也相当普遍的乡间邻里旧货拍卖，标的物潜在的价值可能很小。另外也可能一次拍卖一批完全相同的东西，例如一大批茶杯，或者一定数量的营业执照。但是读者将很快看到，这些情况并不影响后面的讨论。

我们在本书第 1 章说过，博弈论的思想贯穿信息经济学的始终，这在拍卖理论中体现得尤为明显。因此，我们将按照博弈论的框架来展开这一部分内容。我们在第 1 章还说过，要完整表达一个博弈，关键在于讲清楚三个基本要素：参与人、策略和支付。所以，对于拍卖，我们也需要一开始就讲述清楚这三个基本要素。

我们先要明确把参与拍卖竞相出价以图赢得拍卖标的物的主体人，叫做拍卖的参与人，或者叫做拍卖的潜在买主，也可以简称为拍卖的买主；同时明确把主持拍卖的人叫做**拍卖人**（auctioneer）或者**拍卖师**。注意，虽然大家都知道拍卖人是拍卖活动的非常重要的参与者，甚至是拍卖活动的组织者，但是为了后续讨论中语言的方便，我们**不把拍卖人叫做拍卖的参与人**。

拍卖有不同的类型。例如，其中一个类型是潜在的买主向拍卖人递交密封的出价，提出最高出价的买主获得拍卖品。而另外一种则是公开喊价的英国式拍卖，所有的拍卖参与人集中在一间屋子里，从低到高逐渐喊出更高的价钱。随着出价的上升，不断把报价低的潜在买主淘汰出去，直到最后只有一个买主留下来，这个买主通过付出最高的价格来获得这件拍卖品。

随着拍卖行和拍卖人的职业化，现代社会的公开喊价拍卖多由拍卖师主持，拍卖师从高到低或者从低到高喊价，拍卖参与人（决策是否）跟着应价。所以，拍卖参与人的"出价"，表现为响应拍卖人的喊价的形式。在密封出价的情况，我们当然说拍卖参与人"出价"。为了术语的方便，我们约定在密封出价的情况下和在公开喊价的情况下，都说拍卖参与人**出价**或者**投标**（bid）。也就是说，即使在拍卖人喊价、拍卖参与人决策是否跟着应价的情况，也说是拍卖参与人出价，而不说拍卖师出价。

出价就是拍卖参与人的策略。关于参与人的支付，我们留到后面具体问题具体讨论。

对于同一件拍卖标的物，不同的拍卖参与人会有不同的保留价格，或者说会有不同的**私人价值、私人评价**（private valuation）。如果付出比保留价格即私人评价高的价钱赢得一件拍卖品，做的其实是亏本生意。理性的参与人不会这么做。我们一般说私人评价，但是也采用私人价值的说法，以便与以后讲到的公共价值对照。

所谓**完全信息拍卖**（auctions with complete information），是指每个参与拍卖交易的买主对拍卖品的评价是公共信息。也就是说，每个买主都知道自己以及其他买主对拍卖品的具体评价情况。当然，这个假设在现实生活中往往难以满足，事实上我们接触更多的情形是具有不完全信息的拍卖。所谓**不完全信息拍卖**（auctions with incomplete information），简单来讲就是每个参与拍卖的买主不清楚拍卖品对自己或者别人来说到底值多少钱，特别是不清楚拍卖品对别人来说到底值多少钱。这里需要注意区分两种极端情形：独立私有价值拍卖和公共价值拍卖。

在**独立私有价值拍卖**（individual private value auctions）中，每个参与拍卖的买主都知道这件物品对自己来说到底值多少钱，但不知道别人的私人评价情况，而且各人的估计是相互独立的，每个买主的评价和其他买主的评价之间不存在相关性。例如，一个自己对拍卖品评价很高的买主，并不能由自己的评价推断出别的买主对拍卖品的评价也一定很高。说得准确一点，就是买主的评价只有他自己可以观察到，但是我们在分析的时候可以把它看作是从某个已知的分布中随机地抽取的样本。各买主所面临的环境，实际上被隐含地设计成对称的，因为所有的买主都面临相同的策略决策，他们只知道自己的评价而不了解其他买主的评价情况。同时，在独立私有价值拍卖中，我们还假设每个买主独立地采取行动，他们之间没有勾结行为。因此，我们在这里将讨论的独立私有价值拍卖，是像拍卖一件艺术品那样的交易。不同买主对这件艺术品的评价是不相同的，因此他们对拍卖品准备出的价钱也不同。

与此相反，在**公共价值拍卖**（common value auctions）中，对所有的潜在买主而言，拍卖品的价值是一样的，虽然这个价值仍然可能是不确定的。比如一群买主为获取一块近海油田的开采权进行出价，油田的价值，就是以将来钻探开采和销售石油可以获得的利润来衡量的价值，在拍卖出价的时候还没有任何人可以确切获知。但不论这块油田的价值最后得到证实是多少，对所有买主而言，这个价值理应是一样的。这就是说，一方面不确定；另一方面应该对大家都一样，这与独立私有价值拍卖形成了鲜明的对照。

现实世界中的拍卖，经常是同时包括公共价值和私有价值两方面的因素。一方面，买主对自己的私有评价知道得也不是很确切；另一方面，虽然不同买主的评价各不相同，而这些评价之间往往相关并互相影响，而不完全是相互独立的。我们把具有上述特点的拍卖称为相关价值拍卖。相关价值拍卖的讨论需要运用相对复杂的数学工具，我们将基本上不涉及这方面的内容。事实上，本章旨在介绍拍卖理论的基础知识，将集中探讨独立私有价值拍卖。

10.2　四种主要的拍卖方式

当今世界上比较流行的基本拍卖方式，有以下四种。

（1）**英国式（公开喊价）拍卖**（English auction）：这是我们在上一节提到过的人们都比较熟悉的拍卖方式，是一种"升价拍卖"，因为在这样的制度下，竞争的买主不断地抬高价格，直到没有人愿意出更高的价钱为止。

（2）**荷兰式（公开喊价）拍卖**（Dutch auction）：在这里，拍卖师先提出一个很高的价格，然后他开始逐渐地降低价格，直到有人表示愿意以报出的价格买下拍卖品为止。这种拍卖也因此被叫做"降价拍卖"。

（3）**密封投标第一价格拍卖**（first price sealed bid auction，简称 FPSB 拍卖）：这种拍卖制度在前面也谈到过，参与其中的潜在买主向拍卖人递交密封的出价，出价最高的买主将赢得交易，付出他所出的价格。密封投标第一价格拍卖也可简称为第一价格拍卖。

（4）**密封投标第二价格拍卖**（second price sealed bid auction，简称 SPSB

拍卖）：这是一种普通读者不大熟悉的拍卖制度，但对帮助我们理解拍卖和招标理论却很有帮助。它是由维克瑞在 1961 年提出的，因而又叫做**维克瑞拍卖**（Vickrey Auction）。在这种拍卖中，买主递交密封出价，出价最高的买主赢得交易，但他只需要付出等于第二高的出价的价格。密封投标第二价格拍卖也可简称为第二价格拍卖。

我们首先讨论英国式拍卖和密封投标第二价格拍卖。

前面把公开喊价的英国式拍卖描述为所有拍卖参与人集中在一起，拍卖师从低到高逐渐喊出更高的价钱，不断把出价低的潜在的买主淘汰出去，直到最后只有一个买主留下来，这个买主获得这件拍卖品，付出他自己最后应价即出价的价钱。

想象一下处于英国式拍卖制度下的买主。当出价不断地被抬高的时候，他必须要作出决策，决定是出比他的竞争对手更高的价，还是退出这场出价竞争。如果对手的出价仍然低于我们研究的买主的私人评价，那么对这个买主而言，继续提出比对手更高的出价将是有利可图的。如果对手的出价已经等于或者高于现在面临出价的买主的评价，那么对于我们研究的这个买主来说，最好的做法就是退出竞争。我们可以想象这样的买主，在他的头脑中有一个最高的出价（保留价格），这个价格水平等于他对拍卖物品的私人评价。无论他的竞争对手怎么做，他的优势策略都将是：必要时**一直出价（即应价），直到等于他对拍卖品的私人评价为止**。如果他在喊价达到他的私人评价以前就退出拍卖，他会面临输掉这场可能有交易利益的拍卖的风险，但如果他在喊价高于自己的私人评价时还应价，就要面临不得不以一个高于他的保留价格的价格购买拍卖品的风险。

现在考虑密封投标第二价格拍卖中的买主。他必须把他的出价写下来，密封在信封里交给拍卖人。因为赢得交易的人只需付出拍卖的所有参与人的第二高的出价，所以在信封里写下他愿意付出的最大价格即保留价格将是符合买主利益的决策行动，这个保留价格就是他对拍卖品的私人评价。如果他赢得了拍卖，因为第二高的出价比他对拍卖品的评价低，买主就这样获得等于这个差额的交易利益或者说剩余。如果他写下的出价低于他的私人评价，他就面临着输掉这场可能有交易利益的拍卖的风险。但是如果他出价高于他的私人评价，他就要面临必须以一个高于他的保留价格的价格购买拍卖品的风险。因此，在这样的拍卖制度下，**按自己的评价出价**是一个优势策略。

因为许多读者不熟悉密封投标第二价格拍卖，我们在这里提供一个数值化的模拟例子。假设你参与一个密封投标第二价格拍卖，和其他的买主竞相出价购买一件对你而言价值等于 1 000 元的物品。如果你只应价到 800 元（即你只出价 800 元），而不是应价到等于你的评价的 1 000 元，这时候一旦有另外一个人出价 900 元，那么尽管你甚至很乐意用 950 元来购买，但你还是失去了以 950 元获得这件拍卖品的机会。为说话方便起见，我们把那个人叫做你的对手，并且默认他是（除了你以外）出价最高的拍卖参与人。如果你的对手只出价 500 元，那么你在出价 800 元和出价等于你的评价的 1 000 元的情况下，都同样会以 500 元获得这件拍卖品，你的交易利益不因出价低而增加。该你的就是你的，该你获得多少交易利益就是多少交易利益，并不因为出价低而占便宜。另一方面，如果你出价 1200 元，如果对手的出价是 800 元，那么你很"幸运"将以 800 元获得这件拍卖品，但如果有人出价 1100 元，那你就必须以高于你的私人评价 1 000 元的价格 1100 元来购买这件拍卖品了。问题是，如果对手的出价是 800 元，你并没有因为出价高就幸运，事实上你出 1 000 元同样将以 800 元获得这件拍卖品。还是那句话：该你的就是你的，该你获得多少交易利益就是多少交易利益，并不因为出价高而占便宜。可见，你应该按照你的私人评价密封出价。

以上的分析说明，尽管英国式拍卖和密封投标第二价格拍卖在规则上和实施形式上都很不相同，但从它们如何引导拍卖参与人的理性决策来说，效果是一样的，都是按照自己的私人评价出价。因此，我们说这两种拍卖在策略上是等价的，有些经济学家甚至借用数学语言说它们是"同构"的。在这两个例子中，参与人受到要"显示私人评价"的激励。这在密封投标第二价格拍卖中，是最明显的，因为每个买主直接把他们对拍卖品的私人评价写在密封的信封里。在英国式的拍卖中，买主通过逐渐抬高出价（应价）慢慢接近自己的保留价格，这样来显示私人评价。

用博弈论的术语来说，在这两种拍卖中，**讲真话**（truth-telling）是每个参与人的优势策略。这里注意，为了语言方便，我们已经约定把拍卖品的主人和他的拍卖代理人排除在拍卖"参与人"的说法以外。之所以可以这样约定，是因为我们已经给了拍卖方"拍卖人"的专用名称。

对于这两种拍卖，由于"讲真话"是每个参与人的优势策略，所以拍卖博弈的结果具有下述性质：

（1）赢得交易的最高出价，来自对拍卖品评价最高的参与人。因此，这样实现的交易的配置是帕累托最优的。获得拍卖品的人，是可以从拍卖中获得最多满足的人。而如果拍卖品到了私人评价较低的买主的手中的话，那么就有进一步发生这个人和对拍卖品评价最高的人之间的互惠交易的可能性。事实上，只要拍卖品不是由评价最高的参与人获得，交易结果就不是帕累托最优的。之所以说不是帕累托最优，是因为仍然有帕累托改善的余地。

（2）拍卖成交时买主实际付出的价格，等于第二高的出价。对于其中的英国式拍卖，我们或者说成交价在极限的意义上（见后）等于第二高的私人评价。

对于密封投标第二价格拍卖，这两个性质是比较清楚的，因为每个参与人都实施优势策略，把他们的评价直接写在密封的信封里，对拍卖品评价最高的人将赢得交易，他付出第二高的出价。为了理解英国式拍卖也具有这两个性质，特别是第二个性质，需要发挥你的想象力进行逻辑思维。对于英国式拍卖，之所以有第一个性质，是因为最后留下未被淘汰的买主，是对拍卖品私人评价最高的买主。至于第二个性质，则是因为评价第二高的买主是最后一个从出价竞争中被淘汰出局的参与人。因为所有的参与人都讲真话，第二高的出价，我们把它记作 P，实际上是参与人中对拍卖品的第二高的私人评价。正是这个对于拍卖品的评价第二高的参与人的竞争，把出价提高到他对拍卖品的评价的高度上来。这时候，对拍卖品评价最高的参与人，只要比 P 提高一点点出价（应价），就可以获得这件拍卖品了。这个"一点点"，是制度允许的最小的"一点点"。设想如果可以"连续"地出价的话，你比 P 多出 1 分钱，你也就赢了。1 分钱算什么呢？如果真是彻底允许"连续"地出价，你还可以只比 P 多出 1/10 分钱，多出 1/100 分钱……你就能赢得这次拍卖。因此我们说，至少在极限的意义上，英国式拍卖的成交价，等于第二高的出价。

但是绝大多数英国式拍卖，特别是由拍卖行主持的英国式拍卖，常常设定每次出价的最小升幅。比方说规定最小升幅为 100 元，那么这次叫价是 1 400元的话，下一次将是1 500元，或者更高。因为出价是不连续的数，因此可以叫做"离散"式出价的拍卖。在这种情况下，如果第二高的评价是1 400或者甚至1 490元，那么最后成交价将是1 500元。总之，一场英国式拍卖**将以按照拍卖的"拍子"来说刚刚比第二高评价高的那个出价成交**。所以，最后成交价总是由第二高的评价来决定，或者说得更准确一点，由第二高的评价按照拍卖实施细则来决定。这里，所谓"按照拍卖细则来决定"，指的是符合"最小升幅要求"的刚刚比第二高出价高的叫价或者应价。

基于这样的分析和理解，我们知道，英国式拍卖和密封投标第二价格拍卖的最后成交价格，是参与人中第二高的出价。

关于讲真话是每个参与人的优势策略，我们将在接下来的第 3 节中给出严格的数学推导。

接着再看荷兰式拍卖和密封投标第一价格拍卖。

考虑在荷兰式拍卖中的一个参与人，这个参与人会在拍卖开始之前确定他自己对拍卖品的出价。如果拍卖师喊出的拍卖价格果真下降到这个水平，他就以这样的价格应叫，赢得交易。如果有其他的参与人在他之前已经应叫，这意味着那个人的出价比他高，那他就不能赢得拍卖品。现在要问，他是如何决定自己的出价的呢？这将是一个困难的抉择。因为出价越低，赢得交易的机会越微，但一旦赢得交易，他可以获得的交易利益或者说剩余将越多；相反，出价越高，赢得交易的机会越大，但赢得交易以后他可以获得的交易利益或者说剩余将越少，甚至带来损失。

现在我们把荷兰式拍卖的情况和密封投标第一价格拍卖作一个比较。在密封投标第一价格拍卖中，参与人必须作出一个和在荷兰式拍卖的参与人一样的决策：即选择一个出价，并把它写在密封的信封里，交给拍卖主持人。有关选择合适的出价的策略问题也是相同的，他给出的价格越低，赢得交易的可能性越低，但一旦获胜，可以获得的交易利益或剩余就越多；他给出的价格越高，赢得交易的可能性越大，但一旦赢得交易，可以获得的交易利益或剩余却很少，甚至可能亏损。

所以至少我们可以从理论上说，荷兰式拍卖和密封投标第一价格拍卖在策略处境上是类似的，都有出价高一些好还是低一些好的两难问题。这两种拍卖制度虽然从外形上看很不同，但是我们将知道，两种拍卖制度在理论上实质一样。它们看起来非常明显的外在差别，其实是很表面化的差别。

至此，我们已经把四种主要的拍卖制度分成两类：一类是荷兰式拍卖和密封投标第一价格拍卖；另一类是英国式拍卖和密封投标第二价格拍卖。在接下来讨论参与人的均衡出价策略时，我们可以集注于讨论密封投标第一价格拍卖与密封投标第二价格拍卖。

10.3　独立私有价值拍卖

在这一节，我们讨论密封投标第一价格与密封投标第二价格的独立私有价值拍卖。独立私有价值拍卖是指这样一种拍卖形式：买主只知道他们自己对拍卖品的评价，但对其他买主的评价却并不清楚。例如，当你参加一件稀世艺术品的拍卖时，你只知道自己愿意为购买这件艺术品出多少钱，但对于其他投标人对这件艺术品的评价，你却不大清楚。

设想只有两个风险中性的买主的简单情形。在密封投标第一价格的独立私有价值拍卖中，假设买主 i 对拍卖品的评价为 v_i，并且出价最高的买主按照他的出价赢得拍卖品。如果两个买主的出价相同，则通过抽签的办法最终确定由谁赢得拍卖品，每个买主赢得拍卖品的概率都是 $1/2$。这样一来，两个买主的支付函数 u 分别为：

$$u_1(b_1,b_2)=\begin{cases} v_1-b_1, & \text{如果 } b_1>b_2 \\ \dfrac{v_1-b_1}{2}, & \text{如果 } b_1=b_2 \\ 0, & \text{如果 } b_1<b_2 \end{cases} \qquad (10\text{—}1)$$

$$u_2(b_1,b_2)=\begin{cases} v_2-b_2, & \text{如果 } b_2>b_1 \\ \dfrac{v_2-b_2}{2}, & \text{如果 } b_2=b_1 \\ 0, & \text{如果 } b_2<b_1 \end{cases} \qquad (10\text{—}2)$$

自然地，两个买主的出价 b_1 和 b_2 应当分别是他们关于各自对拍卖品的评价 v_1 和 v_2 的函数，即 $b_1 = b_1(v_1)$，$b_2 = b_2(v_2)$。

我们假设，每个买主都并不清楚另外一个买主对拍卖品的具体评价，但是却对另一个买主的评价具有一个正确的概率估计，即买主 i 知道买主 j 对拍卖品的评价 v_j 的分布函数 $F_j(v_j)$，据此每个买主可以推测另一个买主的出价的概率分布。这时候，每个买主的最优策略，是选择一个能最大化自己的期望支付的出价。

买主 1 的期望支付是：

$$Eu_1(b_1, b_2) = P_1(b_1 > b_2)u_1(b_1, b_2) + P_1(b_1 = b_2)u_1(b_1, b_2) + P_1(b_1 < b_2)u_1(b_1, b_2)$$

$$= (v_1 - b_1)P_1(b_1 > b_2) + \frac{1}{2}(v_1 - b_1)P_1(b_1 = b_2)$$

（10—3）

式中 $P_1(b_1 > b_2)$、$P_1(b_1 = b_2)$ 和 $P_1(b_1 < b_2)$ 分别是 $b_1 > b_2$、$b_1 = b_2$ 和 $b_1 < b_2$ 的概率。类似可知买主 2 的期望支付为：

$$Eu_2(b_1, b_2) = (v_2 - b_2)P_2(b_2 > b_1) + \frac{1}{2}(v_2 - b_2)P_2(b_2 = b_1)$$

（10—4）

按照纳什均衡的定义，拍卖的均衡是指满足下述条件的**出价函数**对 $(b_1^*(v_1), b_2^*(v_2))$：

$$Eu_1(b_1^*, b_2^*) \geqslant Eu_1(b_1, b_2^*)$$
$$Eu_2(b_1^*, b_2^*) \geqslant Eu_2(b_1^*, b_2)$$

只要这两个不等式成立，两个买主都不会偏离现有的出价策略。

下面我们分析一个具体的例子。假定两个买主都知道对方对拍卖品的评价服从区间 $[\underline{v}, \overline{v}]$ 上的均匀分布。也就是说，两个买主对拍卖品的评价的分布函数为：

$$F(v) = \begin{cases} 0, & \text{如果 } v < \underline{v} \\ \dfrac{v - \underline{v}}{\overline{v} - \underline{v}}, & \text{如果 } \underline{v} \leqslant v \leqslant \overline{v} \\ 1, & \text{如果 } v > \overline{v} \end{cases}$$

（10—5）

由于每个买主对拍卖品的评价以及他们所拥有的信息都是对称的，所以每个买主在选择最优策略过程中所进行的推理在本质上应该是相同的，因此在均衡处，两个买主很可能采取相同的出价函数。事实上我们可以证明，两个买主的出价函数：

$$b_1(v_1) = \frac{1}{2}\underline{v} + \frac{1}{2}v_1 \tag{10—6}$$

和

$$b_2(v_2) = \frac{1}{2}\underline{v} + \frac{1}{2}v_2 \tag{10—7}$$

构成一个纳什均衡。

上述纳什均衡有两个特点：（1）两个买主的出价函数都是线性函数。对此，我们可以形象地说买主使用线性出价规则。（2）两个买主的出价函数具有相同的函数形式。为此，我们称这样的均衡为对称的纳什均衡。

我们在图 10—1 中画出了上述线性的出价规则，两个买主的出价都将介于 $\underline{v}$ 和 $\dfrac{v+\overline{v}}{2}$ 之间。下面验证 $\left(b_1 = \frac{1}{2}\underline{v} + \frac{1}{2}v_1, b_2 = \frac{1}{2}\underline{v} + \frac{1}{2}v_2\right)$ 确实构成拍卖的纳什均衡。

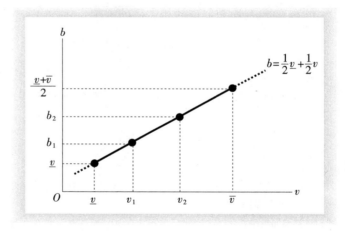

图 10—1 线性出价规则

由于两个买主面临的情况是一样的，我们只需要分析买主 1 的决策。由于买主 2 对拍卖品的评价 v_2 是服从区间 $[\underline{v}, \overline{v}]$ 上的均匀分布，而且买主 1 预期买主 2 的出价策略为：

$$b_2(v_2) = \frac{1}{2}\underline{v} + \frac{1}{2}v_2$$

因此，买主 1 对买主 2 的出价 b_2 的分布函数将会作出这样的估计：

$$G(b_2) = F(2b_2 - \underline{v}) = \begin{cases} 0, & \text{如果 } b_2 < \underline{v} \\ \dfrac{2(b_2 - \underline{v})}{\overline{v} - \underline{v}}, & \text{如果 } \underline{v} \leqslant b_2 \leqslant \dfrac{1}{2}(\underline{v} + \overline{v}) \\ 1, & \text{如果 } b_2 > \dfrac{1}{2}(\underline{v} + \overline{v}) \end{cases}$$

$$(10\text{—}8)$$

我们在图 10—2 中画出了概率分布函数 $G(b_2)$ 的图像。注意，在图 10—2 中我们将自变量放在纵轴，将因变量放在横轴。接着，我们在图 10—3 分析买主 1 的决策。设买主 1 出价 $b_1 < v_1$，那么，他赢得拍卖品的概率为 $G(b_1)$，期望支付为图中阴影区域的面积。根据图形分析，首先可以断定的是，买主 1 不会出价高于 $\dfrac{\underline{v} + \overline{v}}{2}$。因此，求解买主 1 的决策，就是求解最优化问题：

$$\max_{b_1} Eu_1 = \frac{2(b_1 - \underline{v})(v_1 - b_1)}{\overline{v} - \underline{v}}$$

这个最优化问题的解为：

$$b_1 = \frac{1}{2}\underline{v} + \frac{1}{2}v_1$$

至此，我们已经论证 $\left(b_1 = \dfrac{1}{2}\underline{v} + \dfrac{1}{2}v_1, b_2 = \dfrac{1}{2}\underline{v} + \dfrac{1}{2}v_2\right)$ 是拍卖的纳什均衡。

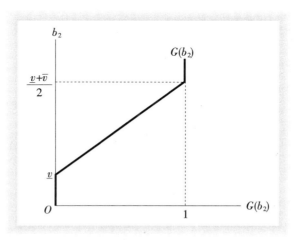

图 10—2 概率分布函数 G（b_2）的图象

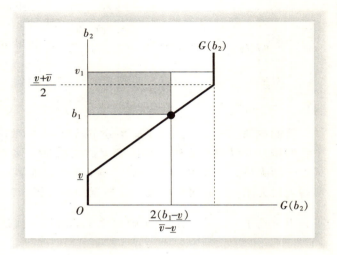

图 10—3　买主 1 的出价与支付

　　有一点需要提请读者注意：尽管我们找到了买主出价规则的纳什均衡的线性显式解，但是不要忘记我们推出结果的前提是买主们的私人评价服从区间上的均匀分布。因此，如果买主们的评价不服从区间上的均匀分布的话，均衡的出价规则可能就不是线性出价规则。

　　上面的讨论限于两个买主，现在我们拓展到 N 个买主的更一般的情形，$N \geqslant 3$。

　　如同前面的例子一样，假设每个买主 i 对拍卖品的评价 v_i 都服从区间 $[\underline{v}, \overline{v}]$ 上的均匀分布。当然，每个买主都清楚自己对拍卖品的评价，但只知道其他买主对拍卖品的评价的概率分布。我们用向量 $b = (b_1, b_2, \cdots, b_n)$ 表示买主们的出价组合。为了方便讨论买主 i 的决策，我们常常将 $b = (b_1, b_2, \cdots, b_N)$ 记作 $b = (b_i, b_{-i})$。用 m_{-i} 表示除买主 i 外其他买主的最高出价，用 r 是出价最高的买主的人数。当出现多个出价最高的买主时，就通过抽签的办法确定由谁赢得拍卖品，每个买主赢得拍卖品的概率相同。

　　由于这是一个密封投标第一价格拍卖，在给定出价组合 $b = (b_1, b_2, \cdots, b_N) = (b_i, b_{-i})$ 的条件下，买主 i 的支付函数为：

$$u_i(b) = \begin{cases} v_i - b_i, & \text{如果 } b_i > m_{-i} \\ \dfrac{1}{r}(v_i - b_i), & \text{如果 } b_i = m_{-i} \\ 0, & \text{如果 } b_i < m_{-i} \end{cases} \qquad (10-9)$$

　　由于每个买主都面临相同的情况，所以我们很自然就想到拍卖可能存在一个对称的纳什均衡。实际上我们可以论证，每个买主 i 都选择出价函数：

$$b_i(v_i) = \frac{1}{N}\underline{v} + \frac{N-1}{N}v_i \qquad (10\text{—}10)$$

将构成一个纳什均衡。

我们有代表性地分析买主 i 的决策，由于其他买主 j 对拍卖品的评价服从区间 $[\underline{v},\overline{v}]$ 上的均匀分布，而且可以预期他们的出价函数都为 $b_j(v_j) = \frac{1}{N}\underline{v} + \frac{N-1}{N}v_j$，所以买主 i 将推测买主 j 的出价 b_j 的分布函数为：

$$G(b_j) = F\left(\frac{Nb_j - \underline{v}}{N-1}\right) = \begin{cases} 0, & \text{如果 } b_j < \underline{v} \\ \dfrac{N(b_j - \underline{v})}{(N-1)(\overline{v} - \underline{v})}, & \text{如果 } \underline{v} \leqslant b_j \leqslant \dfrac{\underline{v} + (N-1)\overline{v}}{N} \\ 1, & \text{如果 } b_j > \dfrac{\underline{v} + (N-1)\overline{v}}{N} \end{cases} \qquad (10\text{—}11)$$

据此买主 i 可进一步推测出其余 N−1 个买主的最高出价 m_{-i} 的分布函数为：

$$H(m_{-i}) = \prod_{j \neq i} P(b_j \leqslant m_{-i}) = G^{N-1}(m_{-i})$$

$$\begin{cases} 0, & \text{如果 } m_{-i} < \underline{v} \\ \left[\dfrac{N(m_{-i} - \underline{v})}{(N-1)(\overline{c} - \underline{v})}\right]^{N-1}, & \text{如果 } \underline{v} \leqslant m_{-i} \leqslant \dfrac{\underline{v} + (N-1)\overline{v}}{N} \\ 1, & \text{如果 } m_{-i} > \dfrac{\underline{v} + (N-1)\overline{v}}{N} \end{cases} \qquad (10\text{—}12)$$

图 10—4 画出了 $H(m_{-i})$ 的函数图像，其弯曲的部分凹向原点。设买主 i 出价 $b_i < v_i$，则他赢得拍卖品的概率为 $H(b_i)$，期望支付等于图中阴影区域的面积。通过比较阴影区域面积容易知道，买主 i 不会出价超过 $\dfrac{\underline{v} + (N-1)\overline{v}}{N}$。于是，买主 i 的最优决策就是最优化问题：

$$\max_{b_i} Eu_i = \left[\frac{N(b_i - \underline{v})}{(N-1)(\overline{v} - \underline{v})}\right]^{N-1}(v_i - b_i)$$

的解。通过代数求解得到买主 i 的出价函数为：

$$b_i(v_i) = \frac{1}{N}\underline{v} + \frac{N-1}{N}v_i \qquad (10\text{—}13)$$

这验证了 $\left(b_1 = \frac{1}{N}\underline{v} + \frac{N-1}{N}v_1, b_2 = \frac{1}{N}\underline{v} + \frac{N-1}{N}v_2, \cdots, b_N = \frac{1}{N}\underline{v} + \frac{N-1}{N}v_N\right)$ 是

纳什均衡。

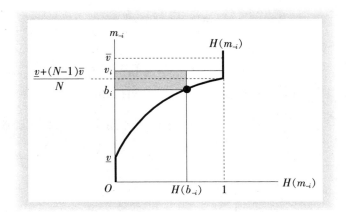

图 10—4 $H(m_{-i})$ 的图像及买主 i 的出价与支付

归纳起来，上述分析的主要结论有两点：

（1）最高的出价总是从评价最高的买主那里出现，因而拍卖品将被评价最高的买主得到。所以密封投标第一价格拍卖的结果产生的配置，是帕累托最优的。

（2）拍卖品的成交价格是最高的出价，即 $\frac{1}{N}\underline{v}+\frac{N-1}{N}v_H$，这里 v_H 表示买主中的最高评价。由于最高评价 v_H 不会随着参加拍卖的人数增加而下降，那么从上述式子马上可以得到一个推论：参加拍卖的人数越多，成交价格越高。

为了准确理解上述结论，我们必须注意：

首先，这样的结果是各个买主同时实施"最优反应"的结果，而不是他们的优势策略产生的结果。"最优反应"原则上需要准确判断别人的决策法则和精明计算自己的决策，但人是会犯错误的。事实上，你有可能对别人的策略选择估计错误，也有可能在计算自己的最优反应时出错，所以我们有理由相信，上述理论的均衡结果可能相当脆弱。

其次，这样的结果是建立在一些简化假设的基础上的。特别是，所有的买主都被假设成是风险中性的，而且服从一致的均匀分布。在后面我们将知道，如果评价最高的买主和他的竞争对手相比风险厌恶程度较低的话，买主们的最优出价策略很可能导致评价最高的买主不能获得拍卖品。这是因为，风险厌恶的买主为了规避风险，愿意为提高赢得拍卖品的可能性而舍去赢得拍卖品的部分收益。所以，风险厌恶程度越高的买主，出价也会越高。这样一来，最终谁将赢得拍卖品就很难说。简而言之，如果买主们对待风险的态度不同，将可能导致荷兰式拍卖和密封投标第一价格拍卖出现帕累托低效率的结果。

最后值得指出的一点是，对于评价大于 $\underline{v}$ 的买主，他们的出价都会低于他们的评价。这是很容易理解的，因为赢得拍卖品的买主付出的价格就是他的出价，所以如果他的出价等于他的评价，那么即使他赢得拍卖品也只能获得 0 的支付（交易利益）。买主只有出价低于他的评价，他才有可能获得正的交易利益。

下面再让我们讨论密封投标第二价格的独立私有信息拍卖。由于此时赢得拍卖品的出价最高的买主只需支付次高出价的价格，所以买主 i 在密封投标第二价格拍卖中的支付函数为：

$$u_i(b_1, b_2, \cdots, b_N) = \begin{cases} 0, & \text{如果 } b_i < m_{-i} \\ \dfrac{1}{r}(v_i - m_{-i}), & \text{如果 } b_i = m_{-i} \\ v_i - m_{-i}, & \text{如果 } b_i > m_{-i} \end{cases} \qquad (10\text{---}14)$$

$b = (b_1, b_2, \cdots, b_N)$、$r$、$v_i$ 和 m_{-i} 的含义如前所述。

我们首先证明一个重要的命题：如果拍卖采取密封投标第二价格拍卖制度，则 $b_i = v_i$ 是买主 i 的优势策略，即无论其他买主选择什么样的出价，$b_i = v_i$ 都是买主 i 的最优出价。

从买主 i 的支付函数可以知道，如果 $m_{-i} < v_i$，则买主 i 赢得拍卖品将会获得一个正的支付 $v_i - m_{-i}$，值得去赢得拍卖品，因而他应该出价 $b_i > m_{-i}$；如果 $m_{-i} = v_i$，则买主赢得和没有赢得拍卖品都获得 0 的支付，所以他出价多少都无所谓；如果 $m_{-i} > v_i$，则买主 i 赢得拍卖品将会获得一个负的支付 $v_i - m_{-i}$，最好不要去赢得拍卖品，因而他应该出价 $b_i < m_{-i}$。图 10—5 的阴影部分显示了不同的 m_{-i} 所对应的买主 i 的最优出价，我们发现，不论 m_{-i} 取什么值，$b_i = v_i$ 都是买主 i 的最优出价，因而 $b_i = v_i$ 是买主 i 的优势策略。

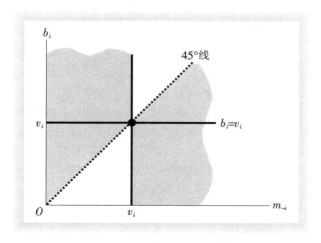

图 10—5 买主 i 的最优出价

我们已经证明，$b_i = v_i$ 是买主 i 的优势策略，据此可知 $(b_1 = v_1, b_2 = v_2, \cdots, b_N = v_N)$ 构成拍卖的纳什均衡，而且是优势策略均衡。在这个均衡中，每个买主都讲真话，按照自己对拍卖品的评价出价，拍卖品的成交价格等于所有买主对拍卖品的第二高评价。优势策略均衡具有很强的稳定性，所以我们可以比较肯定地说，均衡 $(b_1 = v_1, b_2 = v_2, \cdots, b_N = v_N)$ 就是拍卖的结果。

密封投标第二价格拍卖的结果与密封投标第一价格拍卖很不一样。最大的区别是，密封投标第二价格拍卖中的买主都会"讲真话"，按照自己对拍卖品的评价出价，而密封投标第一价格拍卖中的买主出价则低于他对拍卖品的评价。这两个拍卖也有一个重要的相同之处，那就是拍卖品都将由对拍卖品评价最高的买主得到。可见，密封投标第二价格拍卖的结果产生的配置，也是帕累托最优的。

仔细思考上面的论证过程，我们还会注意到，每个买主在进行决策时，都无需知道其他买主对拍卖品的私人评价如何分布，也无需推测其他买主的决策规则。这也是密封投标第二价格拍卖区别于密封投标第一价格拍卖的重要地方。相对而言，在密封投标第二价格拍卖中，买主们的决策简单得多，而且无需收集其他买主对拍卖品的评价的信息。如果决策和收集信息本身是需要成本的，那么密封投标第二价格拍卖就要比密封投标第一价格拍卖更有效率。

10.4　卖主角度：期望收益等价原理

前面的讨论主要从潜在的买主的立场出发，着眼于买主们博弈的均衡或结果，但对卖主的利益得失没有展开论述。现在我们回过来从卖主的角度考虑一下这些拍卖制度。很自然，卖主会偏好于那些可以使他自己获得较高卖价的拍卖制度。那么，密封投标第一价格拍卖和密封投标第二价格拍卖，哪一个拍卖制度能够给卖主带来更高的成交价格呢？

经济学家已经证明，在独立私有信息拍卖中，如果所有买主都是风险中性者，他们对拍卖品的评价服从相同的分布，那么无论采取密封投标第一价格拍卖，还是采取密封投标第二价格拍卖，卖主的期望收益都是一样的。这就是拍卖理论最重要的一个成果——期望收益等价原理。

作为例子，我们沿用上一节的假设，讨论每个买主 i 对拍卖品的评价 v_i 都服从区间 $[\underline{v}, \overline{v}]$ 上的均匀分布的简单情况。在这里，我们将所有买主对拍卖品的评价中的第 i 高评价记为 $v_{(i)}$。按照上一节的分析，在密封投标第一价格拍卖中，拍卖品的成交价格为 $\frac{1}{N}\underline{v} + \frac{N-1}{N}v_{(1)}$；在密封投标第二价格拍中，拍卖品的成交价格为 $v_{(2)}$。我们现在要比较的是，$\frac{1}{N}\underline{v} + \frac{N-1}{N}v_{(1)}$ 的期望值 $E\left(\frac{1}{N}\underline{v} + \frac{N-1}{N}v_{(1)}\right)$ 和 $v_{(2)}$ 的期望值 $E\left(v_{(2)}\right)$ 的大小。

由于所有的 v_i 都服从区间 $[\underline{v}, \bar{v}]$ 上的均匀分布，所以如果已经给定 $v_{(2)}$ 的值，则 $v_{(1)}$ 就应该服从 $[v_{(2)}, \bar{v}]$ 上的均匀分布，于是可知 $v_{(1)}$ 在这时候的期望值为 $\frac{v_{(2)} + \bar{v}}{2}$。然而，$v_{(2)}$ 本身也是一个随机变量，故 $v_{(1)}$ 的期望值为：

$$E\left(v_{(1)}\right) = E\left(\frac{v_{(2)} + \bar{v}}{2}\right) = \frac{E\left(v_{(2)}\right) + \bar{v}}{2} \tag{10—15}$$

按照类似的推导，我们还可以得到：

$$E\left(v_{(2)}\right) = E\left(\frac{v_{(3)} + v_{(1)}}{2}\right) = \frac{E\left(v_{(3)}\right) + E\left(v_{(1)}\right)}{2} \tag{10—16}$$

……

$$E\left(v_{(N-1)}\right) = E\left(\frac{v_{(N)} + v_{(N-2)}}{2}\right) = \frac{E\left(v_{(N)}\right) + E\left(v_{(N-2)}\right)}{2} \tag{10—17}$$

$$E\left(v_{(N)}\right) = E\left(\frac{v_{(N-1)} + \underline{v}}{2}\right) = \frac{E\left(v_{(N-1)}\right) + \underline{v}}{2} \tag{10—18}$$

上面一共 N 个方程，N 个未知变量，联立这 N 个方程，便可求出 $E(v_{(1)})$、$E(v_{(2)})$、$\cdots$、$E(v_{(N)})$ 的值。用代数的方法求解不会很复杂，但几何的方法更加简单。从方程的表达式可以知道，在一个数轴上，$E(v_{(1)})$ 是 $E(v_{(2)})$ 和 $\bar{v}$ 的中点，$E(v_{(2)})$ 是 $E(v_{(3)})$ 和 $E(v_{(1)})$ 的中点，$\cdots$，$E(v_{(N-1)})$ 是 $E(v_{(N)})$ 和 $E(v_{(N-2)})$ 的中点，$E(v_{(N)})$ 是 $\underline{v}$ 和 $E(v_{(N-1)})$ 的中点，这就等于将长度为 $\bar{v} - \underline{v}$ 的线段分为 $N+1$ 等分，$E(v_{(N)})$、$E(v_{(N-1)})$、$\cdots$、$E(v_{(2)})$ 和 $E(v_{(1)})$ 从左到右分别对应每一个等分点。图 10—6 给出了直观的示意图，据此可知，第 i 高评价 $v_{(i)}$ 的期望值为：

$$E\left(v_{(i)}\right) = \bar{v} - i\frac{\bar{v} - \underline{v}}{N+1} = \frac{(N+1-i)\bar{v} + i\underline{v}}{N+1} \tag{10—19}$$

因此密封投标第一价格拍卖的成交价格的期望值为：

$$E\left(\frac{1}{N}\underline{v} + \frac{N-1}{N}v_{(1)}\right) = \frac{1}{N}\underline{v} + \frac{N-1}{N}E\left(v_{(1)}\right) \tag{10—20}$$

$$= \frac{1}{N}\underline{v} + \frac{N-1}{N}\frac{N\bar{v} + \underline{v}}{N+1}$$

$$= \frac{(N-1)\bar{v} + 2\underline{v}}{N+1} = E\left(v_{(2)}\right)$$

可见，密封投标第一价格拍卖的成交价格的期望值等于密封投标第二价

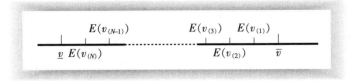

图 10—6 评价的期望

格拍卖的成交价格的期望值。也就是说，从期望收益的角度来看，两种拍卖制度对卖主来说都是一样的。这就是期望收益等价原理。

10.5 进一步的讨论

改变模型的假设条件，经济学家对拍卖进行了一系列进一步的讨论。这一节列举若干重要的结果，以便让读者有一个初步的轮廓。由于这些扩展主要集中于不完全信息方面，所以，下面提到的荷兰式拍卖、密封投标第一价格拍卖、英国式拍卖以及密封投标第二价格投标拍卖等拍卖形式，都是从不完全信息的角度考虑的拍卖。

买主的风险厌恶程度不同

如果其他条件相同，那么买主的风险厌恶程度越高，即越是志在必得，他就越倾向于为同样的拍卖品出更高的价钱。这个结论可以用下面这个由科克斯（J. Cox）等人建立的简单的模型[2]来说明。

假设买主 i 的效用函数为：

$$u_i(y_i) = y_i^{1-r_i} \qquad (10—21)$$

这里 $y_i = v_i - b_i$，其中 v_i 和 b_i 的含义如前所述，即 v_i 表示买主 i 对拍卖品价值的估计，b_i 表示买主 i 的出价，并且每个买主对拍卖品价值的估计都服从 0 和 1 之间的均匀分布，而 $y_i^{1-r_i}$ 如常表示 y_i 的 $(1-r_i)$ 次方，或者说 y_i 的 $(1-r_i)$ 次幂，r_i 是表示买主 i 的风险厌恶程度的系数，$0 \leqslant r_i < 1$。沿用和前面一样的分析方法，可以推导出均衡出价具有下面的形式：

$$b_i = (N-1)v_i / (N-r_i)。 \qquad (10—22)$$

我们把推导这个结果的工作，留给有兴趣的读者，作为一个富有挑战性的习题。

关于风险厌恶系数，我们不妨多说两句。从图形上看，如果我们用横轴表示金钱的数量，纵轴表示效用，则对于具有上述指数形式的效用函数，一个显然的事实是，$(1-r_i)$ 越小，则效用函数的图像越接近横轴，也就是说，要给买主 i 提供更多的钱，才能使他获得与原来相同的效用。因此，$(1-r_i)$ 的值越小，买主 i 越是风险厌恶。换句话说，r_i 越靠近 1，则买主 i 的风险厌恶程度就越高。相反，如果 r_i 越靠近 0，则买主 i 的风险厌恶程度就越低，他就越愿意冒风险。因此当一个买主的风险厌恶程度越高，就是说 r 越靠近 1，这时候他的出价越高。风险厌恶买主的存在，导致原本在英国式拍卖和密封投标第二价格拍卖与荷兰式拍卖和密封投标第一价格拍卖之间的期望收益等价的情况被打破，因为在荷兰式拍卖和密封投标第一价格拍卖的均衡中很有可能产生更高的出价，随之期望收益也会上升。而英国式拍卖和密封投标第二价格拍卖的出价是不受 r 的影响的，因为优势策略仍然是买主使自己的出价符合 $b_i = v_i$。

进一步说，如果人们的风险厌恶程度各有不同，那么荷兰式拍卖和密封投标第一价格拍卖可能无法在均衡中产生帕累托最优的结果。为了说明这一点，假设有两个买主，他们的风险厌恶系数分别是：$r_1 = 0$ 和 $r_2 = 0.9$，同时 $v_1 = 0.8$，$v_2 = 0.7$。参与人 1 是风险中性的，而同时他对拍卖品的评价是最高的，但参与人 2 却可能因为自己是风险厌恶的，从而开出了一个比参与人 1 更高的出价。事实上，如果按上面的出价公式计算，的确可以得出 $b_1 = 0.4$，$b_2 = 0.636$。这样产生的均衡的结果，因为拍卖品被对它评价较低的买主获得，所以按照帕累托效率标准，拍卖的均衡结果是低效率的。

保留价格的影响

在艺术品和其他商品的拍卖中，有时候标的物的当前持有人会给拍卖品设定一个保留价格。莱利（J. Riley）和萨缪尔森（W. Samuelson）1981 年的论文[3]讨论了这样的拍卖制度：卖主可以为拍卖品设定一个保留价格，如果出价一直或全部低于这个保留价格时，拍卖品将仍然为卖主保留。保留价格的设立，对拍卖的均衡结果产生影响。为简化讨论起见，我们仍然只就仅有两个买主参与拍卖的情形作出说明。

（1）如果两个出价者对拍卖品的评价都低于保留价格水平的话，拍卖品将不会被卖出去。这样，保留价格的设立对卖主而言就可能是有代价的，因为这将导致卖主遭受原本对卖主而言有利可图的交易告吹而带来的损失。这里我们注意，保留价之所以是保留价，在经济学分析的意义上说，一定是高于卖主对拍卖品的真实的评价的，不然他为什么要把东西拿出来拍卖呢？比方说保留价比真实价高出 100 元，那么因为设置保留价而造成不能成交的话，他就失去了也许可以成交而获利 90 元或者 50 元 30 元甚至 20 元的机会。

这里我们强调卖主对自己的拍卖品的"真实"的评价。真实不真实，"口说无凭"，主要由行动来显示；真实不真实，要从市场上看，而不是单凭个人的心理感觉。在日常经济生活中，买的人常常抱怨买得太贵，卖的人常常抱怨卖得太便宜。在经济学家看来，这种抱怨都是自相矛盾的。如果嫌贵，你可以不买；如果嫌贱，你可以不卖。因为在经济学讨论中，人们不是用言词，而是用行动表示出他们对商品的评价。如果某人自愿地花 10 元钱买了一小把菜，那么尽管他老是唠唠叨叨说东西太贵了，但是他肯付钱买这把菜的市场行动表明，对于这位唠唠叨叨的人来说，这笔交易即使不是完美无缺的，做这笔交易至少也比不做这笔交易要好。他的自主行动说明，10 元钱买这把菜还是值得的。这才是他对那把菜的真实评价的反映。

（2）如果一个买主对拍卖品的出价高于保留价格，而另一个买主对拍卖品的出价低于保留价格的话，那么因为设立了保留价格，它比第二高的出价高，拍卖品将会以高于第二高评价的保留价格出售。这时候，保留价格对卖主而言是有利可图的，因为它提高了拍卖品的最终售价。

那么这两种相反趋势的影响合起来对拍卖的期望价格造成的"净"影响是什么样的呢？两位学者证明，一般来说（2）的作用大于（1）的作用，所以期望价格会在某个比拍卖人的真实评价高的保留价格上得以最大化，从而对于卖主来说设置适当的保留价格是有好处的。

公共价值和相关价值

公共价值拍卖和迄今讨论的独立私有评价拍卖在学术研究上是很不相同的两个话题。有关这个方向的内容，现在做一个很简要的介绍。米尔格罗姆和威勃尔（R. Weber）1982 年的论文[4]，考虑了一种同时包含公共价值和私有价值两个因素在内的拍卖环境。他们的想法是，在很多拍卖中，买主实际上不太了解拍卖品的价值到底是多少，因此他们必须对它进行估价。通常，这样的估计实际上既包含买主之间的公共成分，也包含个别买主的独立成分。举例来说，所有的买主都可以看见一件古董的某些特征，而这样的共同观察，结果将导致他们的评价和其他人的评价有一定的相关性。这个估计的价值可能具体到不同的人有不同的取值，这是因为拍卖品对不同的买主而言能产生的效用是不同的，而且每个买主在他们的估计中会出现不同的独立的估计误差，从而导致最后买主们的出价各有不同。同样的分析也适用于买主对特许权、工程项目和合同等的出价。

米尔格罗姆和威勃尔抓住了在评价中的非独立性，他们把它称为"**联系**"（affiliation）。这就意味着一个买主对拍卖品的评价比较高，部分是因为在他看来，很可能其他的买主的评价也会比较高。

这样的假设产生的结果和影响是很深远的，我们可以把它概括如下。荷兰式拍卖和密封投标第一价格拍卖，将仍然是策略等价的，所以它们也仍将产生相同的期望价格。英国式拍卖和密封投标第二价格拍卖在这样的情况下将不再保持策略等价。直观地说，这是因为在英国式的拍卖中，每个买主都可以观察到整个拍卖的过程，因为买主对拍卖品的价值的估计是相互联系的，所以观察别的买主如何出价将会获得一些启示，而自己的出价也就这样受到了影响。在密封投标第二价格拍卖中，因为买主们都把价格写在密封信封里，所以他们不能得到其他买主出价的信息。这一差异的影响很大。米尔格罗姆和威德尔证明，在这两个拍卖制度中，只要参与拍卖的买主不只两个人，那么由于公共价值的作用，英国式拍卖中节节上升的出价，将导致在最后的均衡中出现一个比密封投标第二价格拍卖结果更高的期望价格。

英国式拍卖中潜在买主因为看到别人出价热烈或者冷淡而怀疑自己原来对拍卖标的物的私人评价，从而在拍卖现场临时修改自己的私人评价的现象，叫做**公共价值效应**（common value effect）。一般来说，修改的方向是提高自己的私人评价。公共价值效应厉害的时候，甚至会让潜在买主"发疯"，以远远高于自己原来的私人评价的价位出价，造成赢得拍卖但是输掉交易即带来负的交易利益的结果。博弈论中**倒霉的赢家**（winner's curse）的说法，说的就是这种情况。

注意荷兰式拍卖和密封投标第一价格拍卖都没有公共价值发生作用的条件。上述分析实际上还说明了，对卖主而言，英国式拍卖可能更具有吸引力，因为它可能产生更高的均衡期望价格。在商品拍卖中，拍卖方式一般来说是由卖方决定的，从而上述研究也很好地说明了，为什么英国式拍卖是出现最多的拍卖方式。说到底，拍卖行里面的热浪，对卖主是很大的诱惑，他们希望拍卖越"热"越好。同时，上面的讨论也可以解释为什么实证分析中关于英国式拍卖的分析总是居多的原因。

米尔格罗姆和威勃尔还考虑了在具有联系价值的拍卖条件下，一个拥有关于拍卖品的一些可证实的私有信息的卖主，会不会有通过采取一种政策来揭示这些私有信息，以便从中获利的动机？他们证明，总是披露信息的政策对卖主而言总是最好的，因为它能帮助卖主实现最大化的期望价格。直观地说，赢得拍卖的买主总是试图比他的对手了解更多的有关拍卖品的信息，以便从拍卖中获得更大的交易利益，而卖主为了阻止赢得交易的买主以低廉的价格获得拍卖，则会把他所拥有的全部的有关拍卖品的信息都公开，使所有的买主都可以了解，来防止某些人获得太大的额外利益。为什么披露信息总是能够提高人们对标的物的评价呢？记得本书前面说过，当信息未曾披揭露时，不知情的一方总是对他们不了解的信息做最坏的假设。既然不知情者对不了解的信息总是作最坏的假设，这就难怪信息被披露或部分披露以后，买主对标的物的评价通常总是会提高了。

串谋及再拍卖

格列汉姆（D. Graham）和马歇尔（R. Marshall）在 1987 年发表论

文[5]，从不同的拍卖对合谋的"接受程度"出发，讨论拍卖制度的设计。到目前为止，我们一直都假设在参与拍卖的买主之间不存在发生串谋的可能性，但是在实际拍卖中，串谋的情况不少。**小团体串谋再拍卖**是指一组买主在他们的出价上进行串通，在他们串谋成功低价获得拍卖品之后，再在他们中间重新进行拍卖的情况。通过小团体在主拍卖中串谋出价，他们可以以一个同不进行串谋的情况相比更低的价格获得拍卖品。具体来说，在英国式拍卖和密封投标第二价格拍卖中，一个小团体的代表可以按团体中的所有成员对拍卖品的最高评价来出价——如果他们成功了，他们只用付出在小团体外的买主的第二高的出价。这样一外一内，小团体的成员就可以以较低的价格获得拍卖品，而后在他们中间把获得的剩余进行瓜分。

那么，究竟哪种拍卖机制是最容易引起小团体串通出价的呢？这个问题可以反过来从是否存在小团体内部进行欺骗的动机和可以获得收益的大小的角度来考虑。在英国式拍卖中，小团体的成员无法通过请自己的一位朋友代表自己在小团体的外面出价来和小团体内其他蒙在鼓里的成员竞争，以成功地进行欺骗，这是因为小团体的成员将一直出价，直到达到团体中的最高评价为止。因此小团体在这种拍卖机制中是不太可能被小团体内成员的欺骗行为拆散的。但在荷兰式拍卖和密封投标第一价格拍卖中，小团体内的成员是可以通过欺骗来获得收益的：你可以请你的朋友把一个稍微高于小团体出价的价钱写在信封里，从而以一个很大的可能性赢得拍卖，而你所付出的价格和不存在那个小团体的情况下相比则低得多。因此小团体在这样的拍卖机制中是很容易被来自小团体内的欺骗行为拆散的。

正是这个原因使我们可以预料，当卖主怀疑在买主中可能存在小团体串谋的时候，采用荷兰式拍卖和密封投标第一价格拍卖可能更合适，更安全。

其他比较

英国式拍卖的缺点，是拍卖参与人必须出席拍卖的现场，至少他们的代理人必须出席。这一方面使一些人失去参加拍卖的机会，另一方面可能使拍卖偏离原来可以实现的价值。至于密封投标第二价格拍卖，如果在缺乏有效公证的情况下开标，就遗下了拍卖方作弊的机会。特别是在参与人出价不合拍卖人理想的情况下，拍卖人可以通过一个代理人自己把标的物买下来。历史上，甚至还有过许多对参与人密封的出价栽赃的故事。

英国式拍卖和密封投标第二价格拍卖可以在准备出价方面为参与人节省不少的成本。在荷兰式拍卖和密封投标第一价格拍卖中，每个买主的最佳策略部分地取决于其他买主的出价，所以人们可能会愿意花费一些资源收集有关其他买主的策略的信息。相反，在英国式拍卖和密封投标第二价格拍卖中，买主遵循的是一个只取决于自己的评价的优势策略。因此在这种拍卖中，他们在出价准备成本方面可以少花一些钱。

前面已经论述，本章所讨论的拍卖制度对卖主而言都是等价的，而且它们相对于其他可能的拍卖制度来说也是"最优"的。但是，参与人对风险的不同态度、勾结串谋、保留价格，等等，所有这些都可能影响拍卖的进行和结果。有人还考虑了其他一些可能的制度设计，比如引进入场费或参与费，或者反过来给予参与者补贴。

需要说明的是，寻找"最优"拍卖的努力，在一些情况下可能会导致非常复杂和古怪的设计的出现，它们常常相当勉强，缺乏说服力和适用性，在一些情况下可能运作得不错，但一旦条件稍有变化，就可能变得一团糟。与此成为对照，本章着重讨论的四种基本的拍卖制度的吸引力，还在于它们有很强的稳健性，就是说有很强的适应能力。它们可能并不总是最优的，但它们运作的结果很少、或几乎从来不会让你感到非常失望。

政府采购未可"价低者得"

本章开始我们说过，商品拍卖和工程招标不仅在形式和操作上有许多共同的地方，而且在经济学意义上也有许多共同的规律。在结束本章的时候我们却要强调，商品拍卖和工程招标，是信息结构在某些方面迥异的两种不同的经济活动，千万不要混淆。

前面说过，拍卖是一种纯粹的商品交易方式，在拍卖之前，商品已经完全确定，剩下的唯一的信号，就是价格。拍卖的进行和结果，完全由叫价的情况决定，或者说由价格变量这一个参数完全决定。工程投标则是一种承揽业务的交易方式，投标人根据招标人公布的工程要求和交易规定，经过仔细的计算，提出承揽交易的价格，进行投标。招标人对所有投标者的标底进行比较，在符合工程目标和经费概算的投标中，选择其中预期最好、要价也较低的投标者为得标人，然后由招标人和得标人签订详尽明确的合同，进行工程交易。在工程招标中，招标人不但要考虑价格信号，而且对投标人的信誉、实力，都要作深入的了解。归根结底，一个是拍卖现存的商品，一个是招标将做的工程，后者面临前者所没有的不确定性。设想你有一份重要函件，须在两小时之内将原件递到城市另一头的地方，你的秘书和正巧到办公室来看你的小外甥都乐意承担这项"工程"。谁将"中标"？大概不会是那个孩子，哪怕他比秘书表现出更大的热情，或者换一个说法，他的"标价"更低。

按照市场经济的一般原则，通常不对竞争商品提出最高限价。但是进行工程建设，不能没有基本概算，否则工程可能成为填不满的无底洞。现代经济学早已对政府开支和工程项目中"无底洞"这种所谓"软约束"现象提出过明确的告诫。

另外注意，包括"政府采购"在内，在潜在的卖主为出售商品而竞价的

"拍买"即"招标采购"中，也不能简单地奉"价低者得"为唯一标准。

大家知道"竞买"的商品拍卖是"价高者得"，于是许多人就想当然地认为"竞卖"的政府采购应当奉行"价低者得"的信条。但真是这样的话，一定会带来很大的弊病。

仔细琢磨商品拍卖、工程招标和政府采购可以发现，行业合同采购或政府采购，是介于商品拍卖和工程招标之间的一种市场操作。其区分，还是看价格是否成为竞争标的物的唯一信号。行业合同采购和政府采购，比如公开招标采购 100 辆汽车，或者 200 台台式电脑，或者未来一年的午餐快餐服务，等等，都有售后服务如何（如汽车、电脑）和兑现质量如何（如未来一年的午餐快餐服务）的问题，也就是说，标的物不是已经完全凝结不变、质量清楚的商品，而是仍然包含相当程度的不确定性。大家知道，看起来完全同样型号同样规格的电脑，信誉好的企业供应的，与信誉差的企业供应的，机器质量和售后服务硬是很不一样。信誉差的企业，往往愿意出低价来抢生意。如果只是强调"价低者得"，就很可能上圈套。在这种情况下，市场上胸脯拍得最凶、"跳楼价"喊得最响的人，往往是信用记录最不好的人。

所以，行业合同采购或政府采购不能一味强调"价低者得"，一定要对于投标人的信誉、实力和历史记录，全面给予考量。

把握拍卖的市场背景

斯坦福大学的米尔格罗姆教授，不仅是拍卖理论的权威，而且是拍卖设计的高手。阅读他在《拍卖理论的应用》[6]中对于一些现实拍卖的漫谈式点评，我们不由得为他"一针见穴"的功力击节叫好。

最精彩并且读了以后马上就可以领会的，是从北京迎接 2008 年北京奥运会切入，关于电视转播权的拍卖和体育场馆建设权的拍卖的实质性差异的论述。米尔格罗姆教授说，对于奥运会电视转播权的拍卖，拍卖本身就可以解决大部分问题，但是对于奥运会体育场馆建设合同的拍卖，除了价格以外，委托人还有许多事情需要担心。这里问题的关键，是电视转播权拍卖以后，赢得拍卖的公司是为自己做事，但是建筑合同拍卖以后，赢得拍卖的公司是为作为合同对方的别人做事。尽管两种情况都有合同，但是为自己做事和为别人做事，在激励方面有很大区别。在理性人假设之下，我们自然可以预料，一个公司如果是为自己做事，会在条件约束下努力把事情做到最好；但是如果一个公司是按照合同为别人做事，比较好的情况，是它会在能够经得起合同条款检验的前提下尽量偷工减料；比较不好的情况，则是它可能半路上撂挑子，甚至不惜破产。道理很简单：奥运会电视转播做得好不好，需要电视公司自己承担后果；奥运会场馆工程做得不好，着急的是建筑的委托人，因为如果工程不能按时完成或者工程做得不好，最大的受害者是奥运会的主办方，哪怕他控告承建商并且打赢官司获得赔偿，损失也难以挽回。

我们已经说明，商品拍卖基本上可以实行"价高者得"的原则，但是工程招标不能够奉行"价低者得"的信条，如果招标采购是牵涉未来的不确定性的，也不能奉行"价低者得"的信条。但是现在米尔格罗姆告诉我们，有些不确定性问题不必拍卖方自己操心。未来的奥运会的电视转播既然是未来的事情，那么它自然包含不确定性。但是因为在激烈的媒体竞争中，中标的电视台有非常强烈的激励去把奥运会节目转播做好，所以奥运会主办方仍然可以在政治正确的前提下，比较潇洒地实行"价高者得"的原则。你看，虽然面临不确定性，有时候他却仍然劝你可以潇洒，米尔格罗姆眼光之老到，不由得我们不佩服。

米尔格罗姆还告诉我们，投标者之间勾结串通的可能性如何，也是必须慎重考量的一个因素。奥运电视转播权的拍卖，虽然只有少数几家大型的电视公司参加，但是由于奥运现场直播是一个非常有吸引力的节目，动辄占到两位数的收视率，从而电视台之间的竞争一定非常激烈，所以拍卖方基本上不用担心电视公司私下进行勾结的问题。相反，虽然参加奥运场馆建设投标的建筑商的数目可能比参与电视转播权投标的电视公司的数目多，但是这些建筑商串通勾结的可能性却仍然比较大，我们不能掉以轻心。我国各地建筑工程招标的实践，已经很有力地说明，本来处于竞争关系的建筑商，可以如何勾结起来，轮流占招标方的便宜。例如，在上海和广东东莞的一些工程招标中，建筑商们甚至可以依靠一些似是而非的披着"经济学"外衣的"道理"，说服政府主管部门和招标方，采用一种所谓"中位数中标"的规则，便于他们串通中标，明目张胆地损害招标方的利益。

我们一向知道，资源的排他性是竞争的重要原因，但是米尔格罗姆告诉我们，排他性在不同情况下的实际作用，可以有很大的差异。建筑商中标承建一座奥运场馆，在建筑这个具体场馆的权利上，他具有排他性。问题是建筑这座场馆的权利被他排他地获得以后，别人还有机会获得建筑别的场馆的权利。由于这种排他性不具有全面覆盖的性质，所以，实际上在比较昏庸的招标人面前，老练的建筑商仍然可以串通起来，做出适当的"制度安排"，达到轮流分肥的目的，损害招标方的利益。相反，奥运节目电视转播权的排他性，是一种全面覆盖的排他性，这种排他性从而可以提供足够的竞争激励，排除投标者之间勾结的可能。

讲了那么多奥运关联拍卖，我们可以体会出投标过程串通勾结的可能性的差异和中标以后把事情做好的激励的不同。关于电信频道的拍卖问题，大家知道在世界上其他地区，投标者通常提交一个总的购买价格，以买下某个频道，但是香港地区拍卖 3G 服务电信频道，却采取按照所谓"权利金费率"的形式进行，也就是说，在香港，中标的运营商将支付的，是未来收入的一个比例。米尔格罗姆指出，有关拍卖的这个具体规定，会对运营商如何投标发生重要影响，具体来说，这种规则会把电信频道的价格变得昂贵，因为运营商的购买成本将随着未来的收入的增加而增加，这个成本最终会转嫁到消费者头上。而在其他地方的拍卖中，购买运营许可证所花费的是固定成本，而不是香港情况下的可变成本，这样，运营商就难以随便提高服务的费率。我们从中级微观经济学知道，只要存在竞争，固定成本就难以转嫁给消费者，从而企业需要更加关注提高自身的效率。米尔格罗姆的分析让我们知道，香港3G电信频道拍卖的规则，是一种罚优奖劣的规则，越是不打算或者不能够尽量利用频道资源的投标人，越可以高价投标赢得拍卖；相反，效率越高、频道利用率越高的运营商，如果中标的话，将来需要偿付的许可证代价也就越高。香港是一个市场经济发达的地方。大家知道，仅仅在十年多一点时间以前，在香港政府勾地拍卖中，就发生过一个缺乏行为能力的妇女进场一直举牌应标的事情，致使拍卖失败。现在，香港拍卖3G服务电信频道，又采用与众不同的然而不尽合理的规则，可见虽然拍卖理论已经经过半个世纪的发展，但是在拍卖的实务方面，还有很多东西等待我们发现和探讨。

拍卖过程中怎样避免不公平的信息透露，怎样防止投标者利用报价信号勾结，也是这篇文章的精彩之处。具体来说，米尔格罗姆提出以"冰山订单"制度取代上海证券交易使用的"订单驱动"制度，避免不公平的交易信息透露。

在1999年德国3G频道拍卖中，一共有10个许可证拍卖，规定最低的加价幅度是10%。结果，一家大公司对其中5个许可证出价2 000万，对另外5个许可证出价1 818万。如果你对数字敏感，马上就可以发现1 818增加10%正好就是2 000。你看，这家公司实际上是通过这样的出价，邀请另外一家大公司对那5个许可证从1 818万增加10%出价2 000万！他们的如意算盘，就是两家大公司都以2 000万的价格瓜分所有10个许可证。米尔格罗姆通过这些实例，详细说明投标人之间如何通过巧妙的报价，"邀请"对方做出勾结的响应，实现相互合作，就像打桥牌时的叫牌和应牌一样。

在评论另外一则拍卖中的奇怪做法的时候，米尔格罗姆感慨："我虽然没有把握，但还是倾向于认为它们并不是偶然发生的。因为那些参与者都是非常聪明的人，他们设计出如此荒唐的拍卖程序，与其说是由于其他原因，不如说是蓄意而为，以方便主要投标人之间的勾结行为。"这段话是否同样可以用于认识上海和东莞等地的"中位数中标"的工程合同拍卖，值得我们思考。

习题 **10**

10—1. 我们在正文中说，只要拍卖品不是由评价最高的参与人获得，交易结果就不是帕累托最优的。试构造数值例子说明这一点。

10—2. 在一场拍卖中，假定潜在买主对于拍卖品的评价是私有信息。如果他们按照抽签的顺序依次出价，你认为他们的出价会达到他们各自对拍卖品的评价吗？试说明理由。

10—3. 一个探险家在南美发现了一块距今 3 亿多年的化石，他决定拍卖这块化石。据他自己得到的信息，有两家博物馆认为这块化石值 300 万美元，另外还有一个潜在的出价人认为它值 250 万美元。这位探险家应该采取密封投标第一价格拍卖方式还是应该采用密封投标第二价格拍卖方式？请说明理由。你估计最终的拍卖价是多少？

10—4. 在一个只有两个买主的独立私有价值拍卖中，每一个出价人都知道另一个出价人的评价是一个服从区间 $[\underline{v}, \overline{v}]$ 上的均匀分布的随机变量。出价人 1 还知道出价人 2 的出价函数为 $b_2(v_2) = (v_2 - \underline{v})^2 + \underline{v}$，但出价人 2 不清楚出价人 1 的出价函数。请找出出价人 1 的最优反应出价函数 $b_1(v_1)$。

10—5. 在一个只有两个出价人的独立私有价值拍卖中，出价人 1 知道出价人 2 的评价是一个服从区间 $[\underline{v_1}, \overline{v_1}]$ 上的均匀分布的随机变量，出价人 2 知道出价人 1 的评价是一个服从区间 $[\underline{v_2}, \overline{v_2}]$ 上的均匀分布的随机变量。假定 $\underline{v_2} < \underline{v_1} < \overline{v_2} < \overline{v_1}$，。请找出均衡的出价人线性出价规则。

10—6. 假定在一个有 n 个买主参与的密封投标第一价格独立私有价值拍卖中，每个出价人都知道其他出价人的评价是服从区间 $[0,1]$ 上的均匀分布的独立随机变量。请证明：出价组合 $\left(\dfrac{n-1}{n}v_1, \dfrac{n-1}{n}v_2, \cdots, \dfrac{n-1}{n}v_n\right)$ 是这个拍卖的均衡。每个出价人在这个纳什均衡下的期望支付是多少？当 $n \to \infty$ 时，这个纳什均衡以及出价人的期望支付会怎样变化？

10—7. 如果对公开叫价的英式拍卖的成交规则做一点修改，使得叫价最高的人有权按照次高的叫价购得拍卖品，结局会是怎样？想想为什么这样的拍卖，不能成为市场经济生活中站得住的"第五种"基本拍卖方式？

10—8. 假设你是一个拍卖人，你知道在参与拍卖的潜在买主当中，有一个参与人对拍卖品价值的私人评价很高，并且你知道别的参加拍卖的出价人都不知道这个信息。这时候，你会采取何种拍卖形式？如果你知道有两个潜在买主对拍卖品价值的私人评价都很高，并且你知道别的参加拍卖的出价人都不知道这个信息，你又会采取何种拍卖形式？试说明理由。

10—9. 密封投标第一价格拍卖的最终成交价与密封投标第二价格拍卖的

最终成交价相比，有没有差异？试说明理由。

【注释】

［1］王则柯、李杰编著，《博弈论教程》，北京，中国人民大学出版社，2004

［2］Cox，J.，Roberson，B. and Smith V.，Theory and Behavior in Object Auctions，in V. Smith（ed.），*Research in Experimental Economics*，Greenwich，JAI Press，1982.

［3］Riley，J. and Samuelson，W.，Optimal Auctions，*American Economic Review*，71（1981），pp. 381—392.

［4］Milgrom，P. and Weber，R，A Theory of Auctions and Comprtitive Bidding，*Econometrica*，50（1982），pp. 1485—1527.

［5］Graham，D. and Marshall，R.，Collusive Bidder Behavior at Single Object Second Price and English Auctions，*Journal of Political Economy*，101（1987），pp. 119—137.

［6］米尔格罗姆，《拍卖理论的应用》，《比较》，吴敬琏主编，2005 年第 16 辑，第 15—28 页。

主要参考文献

Akerlof, George, The Market for Lemons : Quality Uncertainty and the Market Mechanism, *Quaterly Journal of Economics*, 84 (1970), pp. 488—500.

Cho, In-Koo and Kreps, David, Signaling Games and Stable Equilibria, *Quartely Journal of Economics*, 102 (1987), pp. 179—221.

Coase, Ronald, The Nature of The Firm, *Economica*, November 1937, pp. 386—405.

Cox, J. , Roberson, B. And Smith V. , Theory and Behavior in Object Auctions, in V. Smith (ed.), *Research in Experimental Economics*, Greenwich, JAI Press, 1982.

Dewatripont, M. and Maskin, E. , Contract Renegotiation in Models of Asymmetric Inlornation, *European Economic Review*, 34 (1990), pp. 311—321.

Graham, D. and Marshall, R. , Collusive Bidder Behavior at Single Object Second Price and English Auctions, *Journal of Political Economy*, 101 (1987), pp. 119—137.

Greenwald, Bruce, Adverse Selection in the Labour Market, *Review of Economic Studies*, LIII (1986), pp. 325—47.

Grossman, S. and Hart, O. , An Analysis of the Principal-Agent Prob-

lem，*Economitrica*，51（1980），pp. 7—45.

Heal，G，Do Bad Products Drive Out Good?，*Quarterly Journal of Economics*，90（1976），pp. 499—502.

Ian Molho，*The Economics of Information*，*Lying and Cheating in Markets and Organizations*，Blackwell，Oxford，1997.

Ines Macho-Stadler，J. David Perez-Castrillo；translated by Richard Watt.，*An introduction to the economics of information：incentives and contracts*，New York ：Oxford University Press，1997.

Kreps，David，*A Course in MicroEconomic Theory*，New Jersey，Princeton University Press，1990.

Michael Rothschild，Joseph Stiglitz，1976，Equilibrium in Competitive Insurance Markets：An Essay on the Economics of Imperfect Information，*The Quarterly Journal of Economics*，Volume 90，Issue 4，629—649.

Milgrom，P. and Weber，R，A Theory of Auctions and Competitive Bidding ，*Econometrica*，50（1982），pp. 1485—1527.

Milgrom，Paul and Roberts，John，Relying on the Entry under Incomplete Information：An Equilibrium analysis，Economitrica，50（1986），pp. 443—459.

Radner，R. ，Repeated Principal-Agent Games with Discounting，*Econometrica*，53（1985），pp. 1173—1198.

Riley，J. And Samuelson，W. ，Optimal Auctions，*American Economic Review*，71（1981），pp. 381—392.

. Rose，Colin，Equilibrium and Adverse Selection，*Rand Journal of Economics* ，24（1993），pp. 559—69.

Rothchild，Michael and Stiglitz，Joseph，Equilibrium in Competitive Insurance Market：An Essay on the Economics of Imperfect Information，*Quartely Journal of Economics*，90（1976），pp. 629—649.

Smith，Adam，*The Wealth of Nations*，The Pennsylvania State University，1776（publication in 2005）

Spence，Michael，Job Market Signalling，*Quarterly Journal of Economics*，87（1973），pp. 355—374.

Stiglitz，J. and Weiss，A. ，Credit Rationing in Markets With Imperfect Information，*American Economic Review*，71（1981），pp. 393—409.

Stiglitz，Joseph E. ，*Economics*，3rd Edition，W. W. Norton of Company，INC. ，2002.

Tirole，J. ，*The Theory of Industrial Organization*，Cambridge，MIT

Press，1992.

Vickrey，W.，Counterspeculation，Auctions，and Sealed Tenders，*Journal of Finance*，16（1961），pp. 8—37.

Wilson，Charles，Equilibrium and Adverse Selection，*American Economic Review*，69（1979），pp. 313—17.

Wilson，Charles A.，"Equilibrium in a Class of Self-Selection Models"，Ph. D. thesis，University of Rochester，1976

Wilson，Charles，The Nature of Equilibrium in Markets with Adverse selection，*Bell Journal of Economics*，11（1980），pp. 108—30.

Wolinsky，Asher，Price as Signals of Product Quality，*Review of Economic Studies*，L（1983），pp. 647—58.

米尔格罗姆．拍卖理论的应用．比较，2005（16）：15～28

欧瑞秋，王则柯著．图解微观经济学．北京：中国人民大学出版社，2005

王则柯，李杰编著．博弈论教程．北京：中国人民大学出版社，2004

王则柯著．信息经济学平话．北京：北京大学出版社，2006

王则柯著．人人博弈论．北京：中信出版社，2007

张维迎著．博弈论与信息经济学．上海：上海人民出版社，上海三联出版社，2004

索引

说明：条目按照文字的汉语拼音次序排列。条目后面一般只给出首次出现的章节，如 2.3 表示这个条目出现在本书第 2 章 2.3 节，不过有时候也给出再次出现的章节。如果一个条目在本书第 2 章的导言部分首次出现，后面就给出 2.0。

图书在版编目（CIP）数据

图解信息经济学/王则柯主编.

北京：中国人民大学出版社，2008

ISBN 978-7-300-09143-3

Ⅰ. 图…

Ⅱ. 王…

Ⅲ. 信息经济学-图解

Ⅳ. F062.5-64

中国版本图书馆 CIP 数据核字（2008）第 039148 号

图解经济学丛书

王则柯　主编

图解信息经济学

欧瑞秋　王则柯　著

出版发行	中国人民大学出版社	
社　　址	北京中关村大街 31 号	**邮政编码**　100080
电　　话	010 - 62511242（总编室）	010 - 62511398（质管部）
	010 - 82501766（邮购部）	010 - 62514148（门市部）
	010 - 62515195（发行公司）	010 - 62515275（盗版举报）
网　　址	http://www.crup.com.cn	
	http://www.ttrnet.com（人大教研网）	
经　　销	新华书店	
印　　刷	涿州市星河印刷有限公司	
规　　格	185 mm×240 mm　16 开本	**版　次**　2008 年 4 月第 1 版
印　　张	15.5 插页 2	**印　次**　2008 年 4 月第 1 次印刷
字　　数	281 000	**定　价**　32.00 元